后浪出版公司

分手后 成为更好的自己

Rebuilding

WHEN YOUR RELATIONSHIP ENDS

[美]
布鲁斯·费希尔
Bruce Fisher, EdD

罗伯特·艾伯蒂
Robert Alberti, PhD

著

熊亭玉 译

四川人民出版社

目 录

题献：

献给成千上万参加了心理重建课程的人们。我在课堂上帮助他们，也从他们身上学到了很多东西，并写在了这本书中。

献给我的孩子罗伯、托德和希拉。通过他们的爱，我看到了更多的现实，听到了更多的反馈，认识到了更多的真相。

献给我的父母比尔和维拉，随着人生阅历的增加，我越发珍惜他们给我的生命和爱。

献给我的妻子尼娜，她爱我，并给我我所需要的东西，而非我想要的东西。

最后，我要感谢我的合著者，同时也是我的编辑和出版人鲍勃·艾伯蒂，在他的帮助下，我们写出了我想要的书。

——布鲁斯·费希尔

（1931–1998）

献给我的父母卡里塔和萨姆，早在我接受正规的心理学训练之前，你们就让我明白了离婚虽然是一件痛苦的事情，但对成人和孩子来说可以是一段成长的经历。离婚过后，我们能做到生活得更健康、更幸福。

献给布鲁斯，他向我们展示了如何将这一切变成现实。

——鲍勃·艾伯蒂

序 言

维吉尼亚·萨提亚[①]

离婚就像一场手术，影响个人生活的方方面面。我经常说，离婚的根源在于婚姻存续时的情况和希望。很多人在结婚时都抱着美好的愿望，觉得生活会变得更好。恐怕只有傻瓜会一面觉得并非如此，一面选择结婚吧。离婚之际，人们到底有多失望呢？这取决于人们对生活的不同期待，或是配偶在他们生活中的重要性。

对于很多人而言，离婚就是一段支离破碎的经历，在继续个人的生活之前，他们需要收拾残局。他们通常强烈地感受到了绝望、失望、想要报复、无望和无助的情绪。为了将来的生活，他们需要重新定位。他们需要一些时间来缅怀过去的希望，并认识到希望不会凭空出现。

许多有关离婚的书籍都只是谈论各种问题。当然了，离婚后自我会受到伤害，自我价值感会降低，内心会不断纠结到底出了什么错，对未来会有很多恐惧。费希尔博士提供了一套非常实用且有效的框架。这套框架可以帮助人们审视这一短暂的过程，看一看自己所处的阶段，寻找未来的方向。他一步一步地引导人们去享受离婚之后的生活。他让人们认识到离婚是一个过程，在这期间人们可以从过去学到新的东西，可以更加了解自己，还可以获得成长，找到之前未知的新自我。有人说这一过程就像手术之后的恢复期，这一比喻非常恰当。

---

① 维吉尼亚·萨提亚（1916–1988），美国最受爱戴、最受尊敬的心理治疗大师之一，致力于婚姻和家庭的心理治疗。她是公认的家庭系统理论的创始人。她的众多著作奠定了家庭治疗框架的基础，其中就有她的畅销书《新家庭如何塑造人》（*PEOPLEMAKING*），而且她的著作还是当今家庭心理治疗理念的重要组成部分。萨提亚女士为本书的第一版撰写了前言。

人们在离婚之际以及离婚之后的情感经历非常类似于面对死亡时的经历。最开始，人们会经历否定期，拒绝承认已经发生的事情，接下来就想要逃离所处的环境。然后就是愤怒，责备别人让自己深陷困境。第三个层面是斤斤计较，处于这个阶段的人们想要拿出账本，把什么都算个清楚。其常见的表现形式就是离婚时对孩子的监护权和财产分割的处理。接踵而来的就是抑郁期，在这一阶段人们会自怨自艾并产生很强的失败感。经历了所有的阶段后，人们才会最终接受现实，接受自我。之后，才会对未来产生希望。我相信布鲁斯·费希尔的这本书可以引导人们度过这一道道的关卡。重要的是，心理重建需要时间，人们要给自己时间来唤醒内心中麻痹、压抑或未知的部分。愿每一位离婚人士都能摆脱失败感，带着希望走向生命的下一个阶段。

写于加利福尼亚门洛帕克[1]

1980年9月

① 门洛帕克（又译门洛公园，Menlo Park），美国加利福尼亚州圣马刁县东南部的一座城市——译者注

引言

罗伯特·艾伯蒂博士

翻开本书之际，你很有可能正因刚刚结束的恋情而伤心。也许你的婚姻曾持续了很多年。也许你的恋情稳定，但没有得到教会或政府的认可。你可能有小孩，也可能没有小孩。也许是你提出的分手，或者你收到了只有寥寥几语的短信，被告知分手了。你的前任可能是个不错的人，也可能是个混蛋。

无论你有什么样的故事，此时此刻，你心痛不已。我们知道这种排山倒海的感觉，但你是可以从恋情结束的痛苦中恢复，并走过这段艰辛的旅途的。这不容易，也不可能在一夜之间完成。但是，你可以办到。《分手后，成为更好的自己》这本书会告诉你该怎么做，本书中的 19 个步骤是经过验证的一套方法，已经帮助上百万名读者从离婚、分手或失去另一半的痛苦中恢复过来，重建他们的人生。

一次又一次，我们收到离婚男女的来信，他们读了这本书，一步步走了出来，他们非常感谢那些把这本书介绍给自己的朋友，那些朋友对他们说过："你离婚了？那你必须得读一读《分手后，成为更好的自己》这本书！"

这需要花一些时间

没错，你完全可以在几个小时之内就读完这本书。可是离婚恢复期的长短就是另外一回事了。好好利用这本书吧，也许要花一年或更多的时间，该用多长时间就用多长时间。你可能会前进几步，然后后退一步。如果你参加了以此书为基础的离婚恢复讨论班，你进步得可能会快一点，大多数人的情况是这样的。无论你做什么样的努力，都不要着急，要给自己充分的时间来度过布鲁斯所谓的“离婚期”阶段。他的研究表明：完全走出这一阶段需要两年左右的时间。什么？两年的时间？你不想听到这个，不是吗？在现实的世界里，你不可能在几周甚至是几个月的时间里完成从已婚人士到离婚人士，再到真正的独立人的转变。这总是要花上一段时间的。

就像是攀登高山

开始心理重建之路以后，你马上就会注意到，就像我们描述的一样，这个过程就像是攀登高山。（或许也没什么好惊奇的，布鲁斯成年之后大部分时间都居住在科罗拉多州的博尔德，就在落基山脉脚下。）攀登高山这个比喻很贴切：这一过程真有可能让你觉得漫长而艰辛。一路上，你可能还会觉得“走了弯路”；就像是山路一样，这条道路不可能笔直地通往顶峰。19个重建方块出现的顺序是针对绝大多数人而言的，并不意味着所有的人都是如此。一路攀登，你很有可能会遭遇挫折、迂回前进，偶尔还会偏离道路。不要因此而停下脚步。你走的每一步都是有价值的人生经历和教训。不要着急，给自己足够的时间，充分了解自己的痛苦，重建自己的能力，让自己得以前行。

你可能已经发现了，市面上关于离婚的书有成千上万种。大多数的书讲的都是解决法律、财务方面的问题，争取抚养孩子和监护权，找到新爱情。《分手后，成为更好的自己》这本书则不同。人生遭遇大的变故时，要想恢复自己的生活，就会面对各种不可回避的情绪问题，我们的目标就是帮助你处理这些问题。

这本书一开始展示了整个过程的全景，然后会指导你度过最初几个月，这段时间里你很有可能会感到非常压抑、非常愤怒、非常孤单，这是黎明前的黑暗。随着时间的流逝，我们会帮助你扔掉过去的包袱(你还一直扛着呢)。然后你就会开始认识到自我的力量和价值。虽然有风险，但你可以再次信任他人了，你可以开始新的恋情了。如果你继续攀登，最后就会找到有目标的自由人生。这一过程很有可能不会一帆风顺，但是这本书懂你，一路上，每当你需要支持的时候，它会给你向导。

在读本书的同时，如果你参加了费希尔离婚讨论班，讨论班会给你安排日程，你会和其他人一起参与讨论，从中你也会学到很多东西。如果你是一个人在阅读这本书，你可以自己安排进度，关注你生活中此时此刻正在发生的事情。无论你以何种方式阅读这本书，都能在书中找到有用的东西，在攀登过程中得到支持。

这本书是怎么来的呢?

布鲁斯·费希尔是个"爱荷华州的农场孩子"(用他自己的话来说)。大学毕业之后，他做了缓刑监督员，工作对象是青少年违法者。因为这段经历，他回到大学研究生院深造，希望更多地了解给人生带来冲击的情绪力量。后来他研究和职业生涯的关注点因为一场离婚而改变。他开始更多地了解人们是如何处理离婚这件事的，并研发出一套"测试"标准，来衡量离婚过程。在《费希尔离婚调整标准》的第一版通过调查研究之后，他发现离婚过程中人们会经历情绪上的痛苦，其中有高度一致性的15个阶段(后来调整为19个)。你可以在网上阅览《费希尔离婚调整标准》(http://www.rebuilding.org/assessment)。

费希尔将这一模式拓展成了讨论课，帮助其他人度过离婚恢复期，与此同时，他开始把自己的理念和经历整理成书。最初布鲁斯自行出版，书名是

《当你的恋情结束之际》，1980 年，我看到了这本书，当时我是影响出版社的编辑和出版人（我本人也是执业治疗师）。布鲁斯和我一起努力了很多年，把这本书改成了可普及的出版物。本书于1981年由影响出版社出版，书名为《重建于关系结束之际》。此时，布鲁斯已经开始培训其他人使用这一模式来指导讨论课了，他为期十周的讨论课开始在全美以及国外兴起。

30 年的职业生涯中，布鲁斯培训了成百上千名引导师，这些引导师指导了具体的讨论课，关于这一模式在讨论课中效果，他们给布鲁斯提供了非常珍贵的证据。数以万计的人参加了讨论课，他们的经历、取得的成果，给这一模式和这本书的不断提升提供了扎实的基础。1998 年，布鲁斯不幸因患癌症去世，这时他的重建模块已经从原来的 15 个发展到了 19 个，这本书则经历了三个版本，被印刷了近百万本，翻译成了多种语言，全世界的社区中心、教堂、诊疗中心、治疗师的工作室，还有无数的家庭都在使用他的模式，他们还孵化出了数百种讨论班。

读者和讨论班成员通过亲身经历肯定了这一过程在他们人生中的价值，不仅如此，教授、研究生、治疗师对此进行了几十项研究，并且在同行评议的专业杂志上发表了文章。这些研究表明，经历重建模式之后，大多数讨论班的参与者在自尊、对离婚的接受、对未来的希望、对过去的恋情的释怀、对愤怒情绪的接受和对新的社会关系网的重建方面都有非常重大的收获。因此，《分手后，成为更好的自己》是一本以事实为基础、制作精心、被证明行之有效的书，而不是一本随便的通俗心理读物。

变化中的恋情

我们知道，现在的恋情可谓是形形色色的。传统的婚姻不再那么受欢迎；

选择婚姻的年轻人更少了，要结婚的年轻人也结得更晚了。大多数离婚的人都会选择再婚，但是第二段婚姻维系的时间并不比第一段长。夫妻寻求超越传统边界的幸福，打破道德和宗教的边界是常事。前神父们也结婚了。人到中年，“单身”也不是贬义词了。花瓶妻子（Trophy Wife）一直都有，现在年龄不再像过去那样是一种障碍，花瓶丈夫也是屡见不鲜。2015 年美国最高法院才把同性婚姻纳入法律的范畴，因此我们对同性婚姻的离异了解得并不多。虽然有些人依然认为同性婚姻是一种罪恶，但这种婚姻关系变得更常见了，每个人都必须适应现实。《分手后，成为更好的自己》这本书中并没有特别针对同性离异者的内容，但我们知道 LGBTQ[①] 的关系也会破裂（从已有的数据看来，这个数字和异性离异者相似），我们认为重建过程在本质上都是一样的。也许以后我们发现同性离异者会经历不一样的过程，但在那之前，我们认为，具有任何性别取向的人在经历分手的痛苦之际，都可以从本书中吸取有价值的意见。我们都知道：我们之间的相似之处远远多于不同之处。

我们尽可能地在《分手后，成为更好的自己》这本书中介绍更多的内容，但是如果你没能在书中找到与自己恋爱关系 100% 重合的地方，还请你见谅。你会发现，重建过程是行之有效的！

关于一些用词

在这本书中，你会发现，我们经常提到布鲁斯创建的离婚恢复项目。我们一般称之为“费希尔离婚讨论班”。但有时我们也称之为“10 周的课程”、

① 性少数群体，是女同性恋者（Lesbian）、男同性恋者（Gay）、双性恋者（Bisexual）、跨性别者（Transgender）、酷儿（Queer）英文首字母缩略字，另外还有两类：间性者（Intersex）、无性恋者（Asexual）。——译者注

“费希尔离婚和个人成长讨论班”、“重建课程”、“费希尔讨论班”，有时甚至就简单地称之为“课程”，虽然称谓不同，但指代的内容是相同的。

帮帮我！

你在努力之际，不时会觉得自己需要额外的帮助。如果你觉得自己焦虑、压抑或愤怒的程度很高，我们的建议是：寻求执业治疗师的帮助。没错，最终从这一过程中走出来的是你自己，但就像处理任何一项具有挑战性的工作一样，你得有恰当的工具，才能最好地完成工作。发现自己卡在了某处，专业的帮助就是你最得力的工具之一。然而，在开始之初，你所需的东西都能在本书中找到。

我们建议你读完每一章（即使最开始看起来并不适用于自己的情况也要读）；记个人日志，记录你重建的过程；回答每章末“你现在过得怎么样？”的问题（对自己，一定要诚实）；在重建之初，不要贸然进入新恋情；可以的话，加入费希尔离婚讨论班，报个名，积极参与其中；然后呢，不要着急，一定要给自己足够的时间。

准备好，踏上征程吧。打起精神，乐观起来，要对未来充满希望。抛弃多余的包袱。穿上结实的鞋子。科罗拉多州的落基山脉是布鲁斯人生中重要的一部分。加利福尼亚州的内华达山脉是我人生中的重要一部分。这座重建的高山就在你的面前。准备好了吗？我们一起来攀登吧。

第 一 章

重建方块

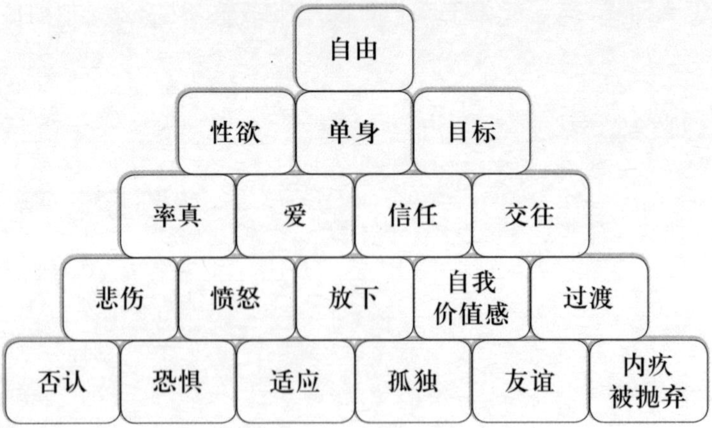

当一段爱情关系结束时，你很有可能会感受到随之而来的痛苦。如何面对逝去的爱情？这是一套行之有效的19步调整方法。这一章概括地介绍了这套方案中的心理重建方块。

你痛苦吗？如果你刚刚分手，当然会痛苦。但有些分手的人看起来并不痛苦，是怎么回事呢？要么就是他们已经疗伤完毕，要么就是他们还没有感觉到痛苦。所以没关系的，大大方方地承认自己的痛苦。痛苦是自然的、预料中的、健康的，甚至是很不错的。既然大自然用痛苦这种方式告诉我们，我们受到了伤害，需要治疗，那我们就着手开始治疗吧。

我们能帮助你吗？是的。25 年来，布鲁斯都在指导离婚期讨论班，我们可以和你一起分享这些课堂上的知识。有人参加了为期 10 周的讨论班，他们的成长令人惊叹。这本书的第一版有数 10 万读者，在此，我们也要同你分享一些他们的看法和反馈，或许这样做也能帮助你疗伤。

离婚后有一个调整期，这一过程有开端，有结束，中间有具体的学习步骤。你切身感受到痛苦，就会更急切地想要学习疗伤的方法。我们之中的大多数人都有多年的破坏性行为模式，也许从童年开始就是这样，而你可能就是其中的一员。改变是非常困难的。处在爱情当中时，你可能会觉得非常舒服，根本感觉不到需要改变。但是，现在你们分手了，痛苦摆在面前，你该怎么做呢？你可以把痛苦当作学习和成长的动力。这很难，但你可以做到。

调整期的各个步骤组成了金字塔形的“心理重建方块”。它象征着高山，而心理重建就是要攀登这座高山。对于我们大多数人而言，这是艰苦的行程。有些人没有力量和恒心攀登到顶峰，他们半途而废；有些人还没有被彻底治愈，就按捺不住，走进了另一段重要的恋情——他们也是没有攀登到顶峰就放弃了，未曾看到登峰之后壮丽的人生景致；有些人躲进山洞，待在自己的小小世界中，眼睁睁看着登山的队伍从眼前经过，也属于没能登上顶峰的一群人。遗憾的是，还有一些人选择了自我毁灭，在登山的小道边，看见第一个悬崖，就纵身跳下。

但我们可以肯定地告诉你，勇敢攀登吧，你不会后悔！登上顶峰，你就会发现一切艰辛的付出都是值得的。

攀登这座高山需要多长时间呢？根据《费希尔离婚调整标准》（*Fisher Divorce Adjustment Scale*），一般来讲一年的时间可以到达高山的林木线（也就是度过了攀登过程中非常痛苦的否定阶段），如果要到达登峰，花费的时间还要长一些。有些人花的时间低于平均水平，有的人则高于平均水平。研究表明，有些人需要3~5年的时间才能完成攀登。不要因此而泄气，重要的是完成攀登的过程，而不是纠结花费的时间长短。要记住，按照自己的节奏来登山，不要因为有人登山的速度比你快就心烦意乱。就像生活一样，你最大的收获来自登山和成长的过程。

我们倾听讨论班参与者的心声，阅读了成百上千封读者来信，所以非常了解你所处的状态。有时，人们问我们："难道上周我和前任说话的时候，你就在门外偷听吗？你怎么会知道他说了这些话？"虽然我们都是不同的个体，有着独特的经历，但在分手时，我们都会经历一些类似的模式。所以在我们谈到模式的时候，你很有可能会觉得某个模式很符合自己的感受。

生活中其他事情结束产生的危机和分手类似，它们的模式都是差不多的。布鲁斯的讨论班上有一个名叫弗兰克的参与者，他结束了教堂的神父生涯，说自己经历了类似分手的模式。南希被开除，丢了工作，她也经历了类似的模式。贝蒂的丈夫去世了，她的感受也是相似的。也许，最重要的个人技能之一就是学会如何调整自己以应对危机。活在世上，我们很有可能会遭遇更多的危机，学会如何缩短痛苦的时间就显得尤为重要。

本章会简短地描述我们攀登的这条小道。在接下来的章节中，我们将一一体会“攀登”过程中的情感学习。我们建议你现在就开始写日志，这样你的攀登过程会更有意义。等到行程结束的那一天，你可以重温你的日志，洞悉自己在攀登过程中的改变和成长。本章结尾有更多关于日志的内容。

金字塔形状的重建方块展示了 19 种具体的感受和态度，代表了你必须征服的高山。调整期和攀登高山一样艰难。从哪里开始呢？我该怎么登山呢？高山如此险峻，找一个向导，再来一份地图如何？重建方块就是向导，就是地图，曾经沿着小路登上山顶的人们为你准备了这位向导，这份地图。你只要一路攀登，就会发现：虽然分手给你带来了感情创伤，但你却可以找到极大的个人成长空间。

本书第一版出版于 1981 年，当时布鲁斯只讲了 15 个重建方块。之后，他又帮助成千上万的人度过了离婚期，进一步的研究让他在原来的基础上又增加了 4 个方块，还在原来的 15 个方块上做出了一些改动。很多人参加了布鲁斯的讨论班，很多人成了这本书的读者，他们的生活触动了布鲁斯，他对这些人心存感激。我们从他们身上学到了很多东西，并把它们写到了这本书中与你分享。

针对每一个重建方块，这本书都提供了具体的处理方法，以防这些方块成为绊脚石。（你很有可能已经摔得很惨了！）人们通常能立刻辨别出自己现阶段需要攻克的方块，但也有人无法找出自己的问题所在，因为他们善于隐藏自己对待该问题的情感和态度。等他们一路攀登到了高处，也许会发现并开始攻克最初忽略掉的重建方块。凯茜在一届讨论班做志愿者，一天晚课，她突然意识到：“我一直都卡在内疚和被抛弃的重建方块中，还一直没有意识到！”正因为发现了问题，下一周她就汇报说自己有了很大的进步。

本章接下来的内容会概括介绍我们的攀登行程，说明路途中逐一呈现的方块。最开始，我们看到的是否认和恐惧这两个方块，它们是一开始就出现在调整道路上的，令人痛苦不已的绊脚石。这种感受如此痛苦，你会觉得难以承受，甚至因此不愿意挪步攀登。

否认

否认："我不相信这件事发生在了我身上"

好消息是：人类的心理机制非常巧妙。它只让我们感受到自己能够承受的痛苦，这样我们就不会崩溃。难以承受的痛苦被放在了"否认的袋子"中，要等到我们足够坚强，能够承受这份痛苦之时才会被放出来。

坏消息是：我们中有些人一直处在否认当中，不愿意走上恢复之路，也就是不愿意攀登这座高山。造成这种现象的原因有很多。有些人无法接触、辨认自己的感受，因此很难适应任何一种变化。他们必须懂得这样一个道理："凡是我们能感受到的，都是我们可以治愈的。"有些人是因为自我评价很低，不相信自己可以征服这座高山。还有些人的恐惧心理太严重，因而无法攀登高山。

那你呢？你的否认之下隐藏着什么样的情绪感受呢？诺娜一直犹豫着要不要参加为期 10 周的讨论班，后来她终于明白自己为什么犹豫了："如果我真的参加了讨论班，那就是说我的婚姻已经结束了，我还不想接受这一点。"

否认　恐惧

恐惧："我非常害怕！"

你经历过暴风雪吗？狂风怒号，漫天飞雪，你只能看清几米之外的东西。那种感觉就是：找不到安身之处，就会性命不保。这种经历的确让人心生恐惧。

刚刚分居时，你感到恐惧，就像是身处暴风雪当中一样。到哪里藏身呢？

怎么才能找到该走的路呢？你选择不攀登这座高山，因为仅仅是站在山脚下，就已经让你感觉难以承受了。你觉得山路只会让自己更迷茫，让处境更危险、更恐怖。这样想，你怎么可能往上攀登呢？你想要躲起来，卷曲身体藏在某个角落里，躲避这场可怕的暴风雪。

玛丽打了几次电话报名参加讨论班，可每一届讨论班晚上开课的时候她都没有出现。事实是，她一直躲在自己空荡荡的公寓里，只有家里没食物时，才会冒险走出家门到食品店买东西。她想要躲避这场风暴，不想面对自己的恐惧。恐惧压倒了她，让她害怕得不敢来参加离婚讨论班的晚课。

你是怎么处理恐惧的呢？当被恐惧支配，动弹不得时，你做了什么？你能鼓足勇气面对自己的恐惧，然后准备好攀登这座高山吗？每征服一种恐惧，你就多了一份继续人生之旅的力量和勇气。

否认 恐惧 适应

适应："可是，在我小时候，这样做能行的！"

我们每个人都有很多健康的心理状态：好奇、有创造力、有爱心、自我价值感、适度的愤怒。可是在长大的过程中，我们受到家庭、学校、教会或是其他方面的影响，比如电影、书籍和杂志，它们并不总是对这些健康的心理进行鼓励，反而造成了压力、创伤、缺少爱和其他健康隐患。

如果一个人被照顾、被关注和被爱的需求没有得到满足，他就会想办法来适应。可是，并非所有的适应性行为都是健康的。适应性行为中就有对他人过度负责，成为完美主义者，取悦他人，或是产生了随时想要助人的冲动。不健康的适应性行为如果发展过度，就会让你失去平衡，而你可能会尝试通过与另一个人建立关系来重建自己的平衡。

举个例子，如果我是个过分负责的人，我就可能找一个不怎么负责任的爱人。如果我找的人还不够不负责任，我就会训练他不负责任。这样我就能将责任“极端地”放在自己身上：我变得越来越负责，而对方则变得越来越不负责任。这种极端化现象对恋情而言通常是致命的。这是一种病态的互相依赖。

吉尔的陈述很能说明问题：“我有4个孩子——我丈夫就是其中之一，他就像是我的大儿子。”所有的责任都落在了吉尔的肩上，记账是她的事情，付账单也是她的事情，她对此非常不满。其实她没有必要去指责丈夫杰克不记账，她应该明白，人与人之间的关系是一个系统，只要她过度负责，杰克就很有可能不负责。

孩提时代学会的适应性行为不一定会给你带来健康的成人关系。这样解释之后，你就明白为什么需要攀登这座高山了吧？

接下来的几个方块代表了“离婚深坑”：孤独、失去友谊、内疚与被抛弃、悲伤、愤怒，以及放下。这些都让人觉得不好受，而这段时光也非常难熬。要想熬过每个阶段，迎来好心情，需要下一番功夫。

否认	恐惧	适应	孤独

孤独：“我从来没有这么孤独过”

分手了，你可能会感到前所未有的孤独。配偶离开了，许多日常生活习惯必须改变。作为夫妻，你们或许也有分开的时候，但在那个时候，即使你的配偶不在身边，你们的夫妻关系也是存在的。而夫妻关系结束之际，无论从哪个方面而言，配偶都不在你身边了。突然间，你就形影相吊了。

“我一辈子都会这样孤单下去了”，这样的想法是难以承受的。有了这样的想法，就仿佛再也不会有爱人相伴了。你的孩子也许还和你生活在一起，你的身边也许还有朋友和亲人，你所爱的人给了你温暖的感觉，但这些都敌不过这种孤独感。这种空荡荡的感觉会消失吗？孤身一人，你还能有不错的感觉吗？

约翰频繁光顾酒吧。他审视了自己的这种生活，然后对自己说：“面对孤独，我一直都在逃避，一直想用酒精麻痹自己。我想，我要试着一个人待在家里，把自己的感受写到日志里，看一看这样做能不能更了解自己。”这样一来，他就开始把感到孤独变成了享受孤独。

否认　恐惧　适应　孤独　**友谊**

友谊：“人都到哪儿去了？”

你会注意到，最开始出现的重建方块往往都非常痛苦。正因为这些感受太痛苦了，所以你非常需要朋友来帮助你面对并克服。不幸的是，人们在离婚的过程中，已经失去了很多朋友。对于那些已经分居的人，这一问题尤为明显。而且由于情感上的痛苦以及害怕被拒绝，离婚人士会回避社会交往，这一问题也因此变得更加严重。你的朋友并不会觉得离婚是件高兴事，待在离异夫妇周围，他们会觉得不舒服、不自在。

贝蒂说，这个周末，以前经常一起玩的夫妻们聚在一起开派对，但没有邀请她和她前夫。“我觉得很受伤害，还非常愤怒。她们想的是什么？我会勾引她们的丈夫还是怎么样？”你可能需要重建社会关系，结交那些能够理解你的情感痛苦并接纳你的人。你应该用心留住一些老朋友，并且结交能支持你、倾听你心声的新朋友。

如今，在网上与他人联系真是太方便了，你可能很想用手机、平板电脑或是笔记本电脑来代替面对面的交流。确实，网络在很多方面都是非常好的资源，但是，我们强烈建议你不要因为短信、推特或脸书的存在而隔绝了面对面的接触。

否认	恐惧	适应	孤独	友谊	内疚 被抛弃

内疚 / 被抛弃：甩人者，内疚；被甩者，被抛弃

你肯定听说过甩人者和被甩者吧？凡是经历过分手的人都不需要别人来解释这两个词。通常来讲，两人中会有一个主动提出分手，这个人就是把别人甩了。而另一个更为被动的就是被甩者。伤害了以前的爱人，大多数甩人者都会感到内疚。而被甩者则难以接受被抛弃的事实。

甩人者主要感受到的是内疚，而被甩者主要感受的是被抛弃，因此两者的调节过程是不一样的。直到我们在讨论班讨论这一话题之前，迪克都觉得他的分手是双方共同的愿望。上完课回家，他思考了这个问题，最终承认了自己是被甩者。意识到这一点，一开始他变得非常愤怒！然后便承认自己很在意被抛弃，并且意识到自己必须处理好这种情绪，才能继续攀登下去。

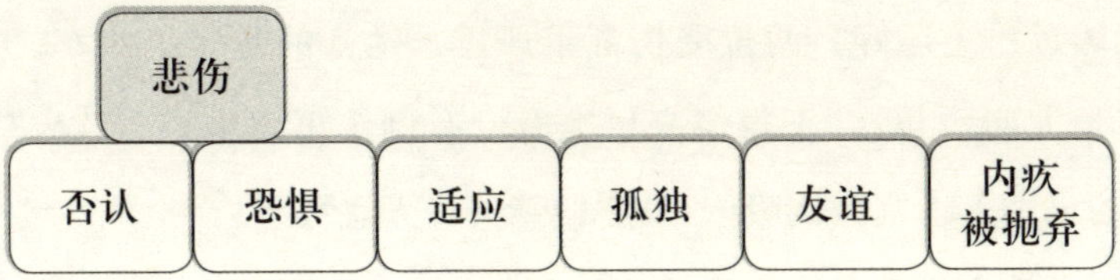

悲伤：“一种可怕的失落感”

悲伤是恢复过程中重要的一环。失去了爱，某段关系结束了，所爱的人不在了，没有了家，只要处在这样的情况下，我们都会为失去的东西感到悲伤。在有些人眼中，离婚在很大程度上就是一个悲伤的过程。是什么样的悲伤呢？难以承受的伤心再加上绝望的感觉。因为悲伤，我们会筋疲力尽，我们会相信自己无助，无力改变自己的生活。悲伤是至关重要的重建方块。

悲伤的特征之一就是体重下降，但也有一些人在悲伤阶段体重上升。布伦达对海瑟说：“我长胖了，得减肥，大概我会再次分手吧！”她这样说也不足为奇。

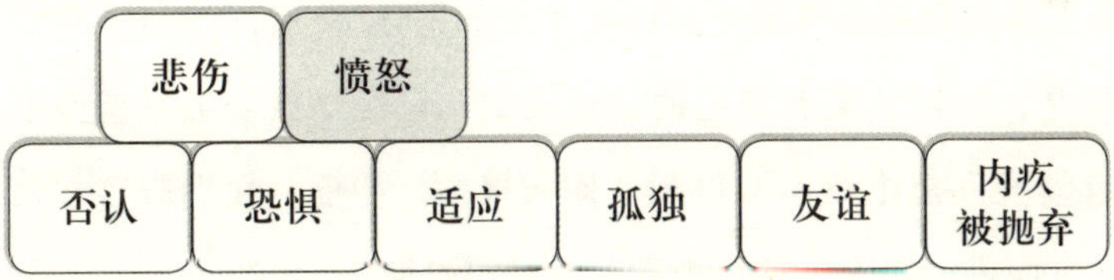

愤怒：“他妈的，那个杂种！”

除非亲身经历过，否则很难明白离婚期愤怒的强烈程度。《得梅因纪事报》（*Des Moines Register*）报道了一则轶事，从读者的反应就可以判断这人是离婚人士还是已婚人士：一位女性被甩者开车经过公园，看见把她甩了的前任正躺在毯子上，身边还有一位新女友。于是她开车进了公园，直接开车从那两人身上碾过！（还好，两位受伤都不严重，她开的是一辆小车。）离婚人士的反应是大叫一声：“干得漂亮！她有没有倒车再碾他们一次？”不明白离婚愤怒的已婚人士则会倒吸一口凉气：“天！太恐怖了！”

大多数离婚的人从未想到过自己会这么愤怒。这是一种特定的愤怒，只指向自己的前任。这种愤怒能够帮助你在情感上同前任拉开一些距离。这是应该的，所以如果处理得当，愤怒真的有助于你的恢复。

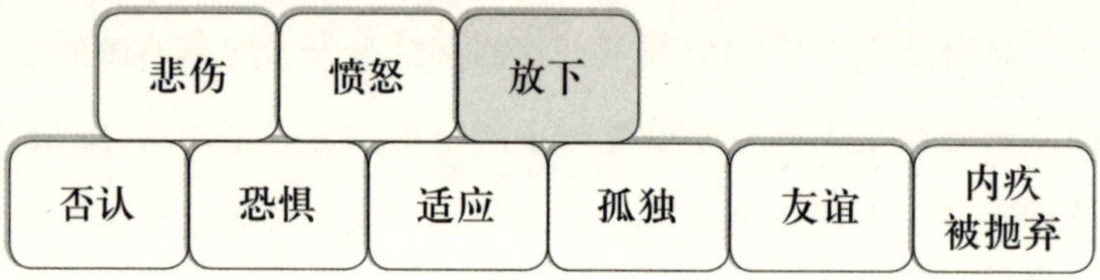

放下：解脱很难

爱情的联盟解体了，牢固的情感纽带却还残留，想要放下？不容易。然而，不要在结束的关系上继续投入感情，这一点很重要。

斯特拉（在第十章我们还会再次提到这位女士）先分居，后离婚，4 年后才来到讨论班。可是，她依然戴着自己的结婚戒指。已经结束的关系就像一具情感的尸体，继续投入是绝对不会得到任何回报的。相反，我们应该在回报丰厚的个人成长方面进行投入，这会帮助你走过离婚期。

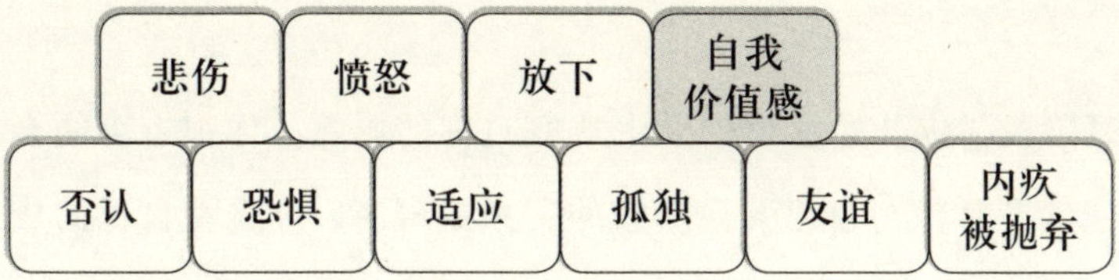

自我价值感：“也许我还不赖嘛！”

自我价值感和自尊极大地影响着人们的行为。自尊水平低，想要找寻更强的自我身份是离婚的主要原因。而离婚反过来又拉低了自尊，让人失去了自我身份。对很多人而言，分手之际，是他们的自我概念达到最低点的时候。他们在这段感情中投入了这么多，分手时，自我价值和自尊都遭到了毁灭性的破坏。

“我觉得自己一无是处，甚至早上都打不起精神起床，”简如是说，“每天，做任何事情，我都找不到理由。我只想变得小小的，待在床上不起来，直到找到起床的理由为止。既然没人会想我，那我起床干什么呢？”

而随着自我价值感的提升，你就能走出离婚的深坑，自我价值感也会提升。然后随之而来的就是勇气，你需要这份勇气走进面对自我的旅程。

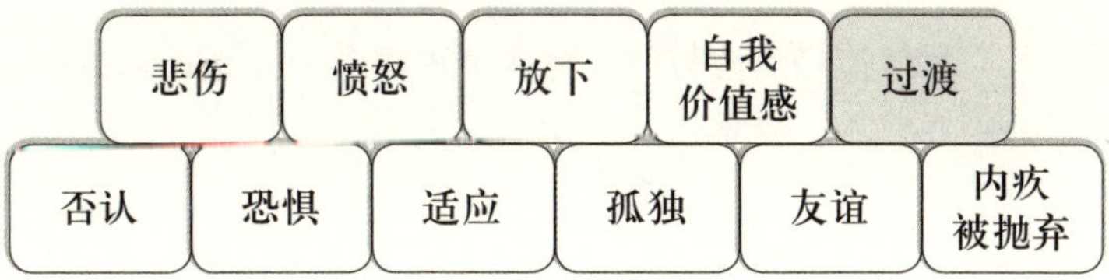

过渡：“我回过神来了，开始处理垃圾”

你想要搞清楚为什么自己分手了，也许你需要对已经逝去的关系进行“尸检”。一旦找出分手的原因，你就可以着手改变，在未来创造并建立起不一样的关系。

在攀登的过渡阶段，你开始意识到原生家庭对你的影响。你很有可能会发现自己以前的配偶非常像与自己关系不好的父亲或母亲，你会在自己的成人关系中试着解决童年没有完成的成长任务。

也许你会觉得自己厌倦了一直都在做的“应该做的事情”。对于该怎么过自己的生活，你现在想要做出自己的决定。你有可能会开始一段叛逆的阶段——破茧而出。

没有解决掉的绊脚石，最终可能导致分手的结局。

你应该把垃圾扔掉，把上一段恋情、过往恋情以及早年生活的残羹冷炙全都扔掉，是时候这样做了。你本以为已经处理好这些情感垃圾了，但一旦开始新的恋情，就会发现这些东西还在你的心里。肯就这样对布鲁斯说过：“无论我走到哪里，都摆脱不了这些东西。”

过渡是转变期，你会开始学习与他人交往的新方式。你想自由自在地做自己吗？这就是开端。

要征服下面四个方块非常困难，可一旦你面对自我，了解真正的自己，重建健康关系的根基，就会获得极大的满足感。率真、爱和信任会让你成为真正的自己，有了交往，你就能轻松地与他人再建亲密联系。

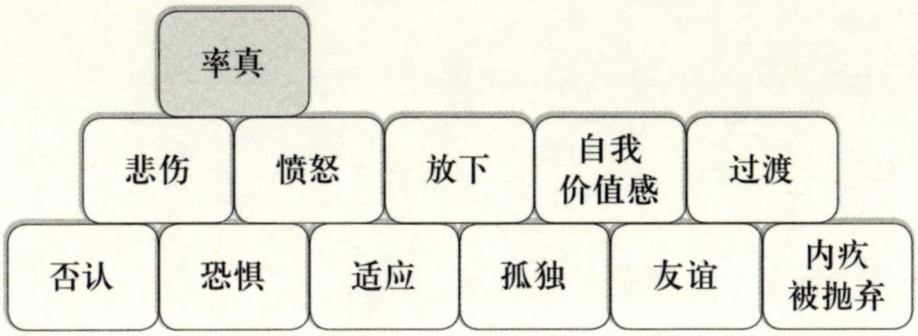

率真："我一直躲在假面具后面"

所谓假面具就是你所展现的情绪或形象，你想要别人认为这就是你。可假面具让别人无法了解真正的你，有时甚至让你无法了解自己。布鲁斯回忆起他童年时的一位邻居，这人总是笑脸迎人。"等我大了一些，我才发现那张笑脸下面隐藏了他内心堆积如山的愤怒。"

我们中很多人都害怕摘下自己的假面具，我们觉得别人不会喜欢真实的自己。可是，如果我们真的摘下假面具，我们的感受会是怎样呢？我们会感受到与朋友，与所爱的人之间的亲近和亲密。那是一种以前想象不到的亲近和亲密。

简在讨论班里吐露心声，说厌倦了在脸上挂着芭比娃娃般的幸福表情。"我真的好想让别人知道我的真实感受，我不想再装出幸福快乐的样子。"她的假面具变得沉重起来，这就意味着她可能准备好摘下假面具了。

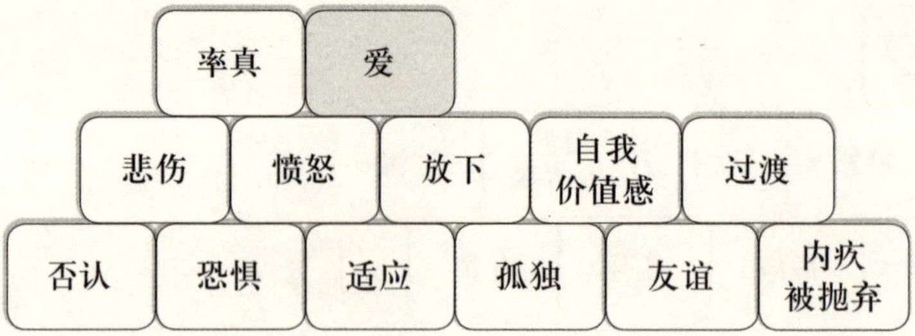

爱：“会有人真的在乎我吗？”

一个典型的离婚人士会说：“之前，我认为自己知道爱是什么，但现在我想，之前的我并不知道爱是什么吧。”分手会让人重新审视什么是爱。在这个阶段，人们有可能会认为自己不招人喜爱。伦纳德是这样说的：“我现在觉得自己不招人喜欢，我还担心自己永远也不会招人喜欢了！”这种担心有种让人崩溃的意味。

基督徒的教义是“爱邻如爱己”。但如果你不爱自己，会怎样呢？我们中有很多人爱别人胜过了爱自己。离婚之际，除了因为失去而受到的创伤外，他们爱的焦点也不在了。重建过程中重要的一点就是学会爱自己。如果你不爱自己，不能接受自己的本来面目，不能“完完全全地接受自己”，你又怎么能期待别人爱你呢？

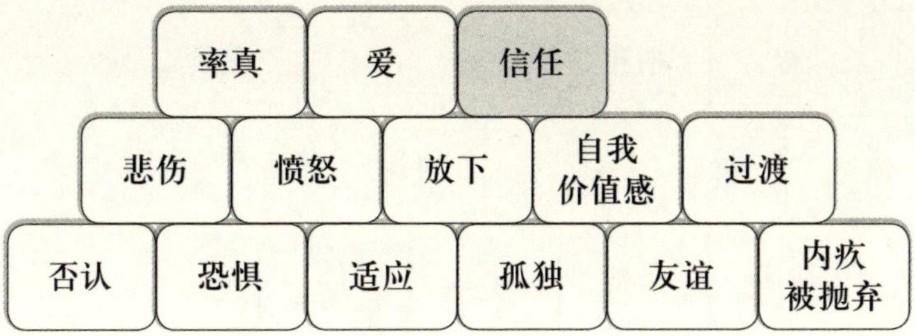

信任：“我的情感伤口开始愈合”

信任重建方块处在金字塔的中心位置，代表自己内心信任的基本层面，是整个调整期的中心。离婚人士经常说自己无法信任任何异性，但你对别人指指点点的时候，也有三个指头在指着自己。这句话虽是老生常谈，用在这里却非常恰当。离婚人士说他们不能信任异性，其实说的更多的是自己，而不是对方。

一段关系结束后，典型的离婚人上受到了来自爱情的深深伤害，这种伤害会妨碍他们再次坠入爱河。他们需要很长的时间才能担着受伤害的风险，再次在情感上接近他人。还有一点要提醒你的就是，保持距离也有危险！洛伊丝说，她第一次约会回家后，发现车门把在自己身体的一侧留下了压痕，原因就是：坐在车上时，她竭力想要离约会对象远一些。

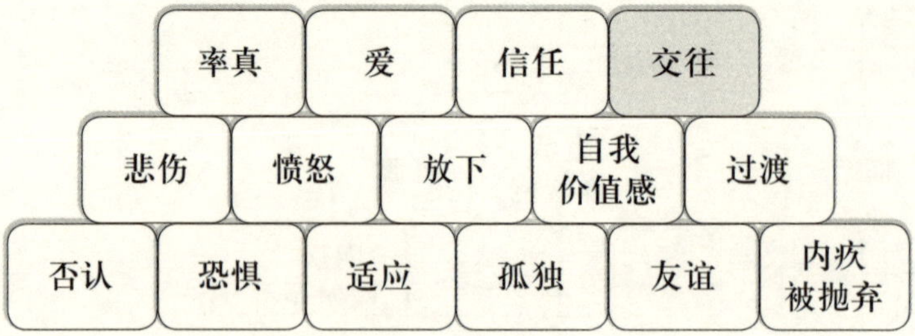

交往："交往有助于我进行心理重建"

分手后，人们会另找恋情，而且往往会觉得在这段恋情中找到了上一段感情中缺少的东西。人们的感受会是这样的："我相信我找到了那个人，那个我要与之厮守终生的唯一的人。这段新感情好像解决了我的所有问题，我要牢牢把握住它。我相信，现在这个人会让我幸福的。"

此时，人们需要意识到，自己的感觉之所以这么好，是因为自己想要感觉好。人们想要找回自己的力量，想要掌控自己的好感觉。

分手后的新恋情通常被称作"反弹恋情"，这个标签倒是说明了一部分问题。这段恋情一旦结束，往往比之前的分手还让人痛苦。痛苦能达到什么程度？签署了离婚协议的人中大约有 20% 没有参加离婚课堂，可这 20% 的人在反弹恋情结束后，都报名了。

你可能还没有准备好思考下一个方块。但是，时机已经到了。

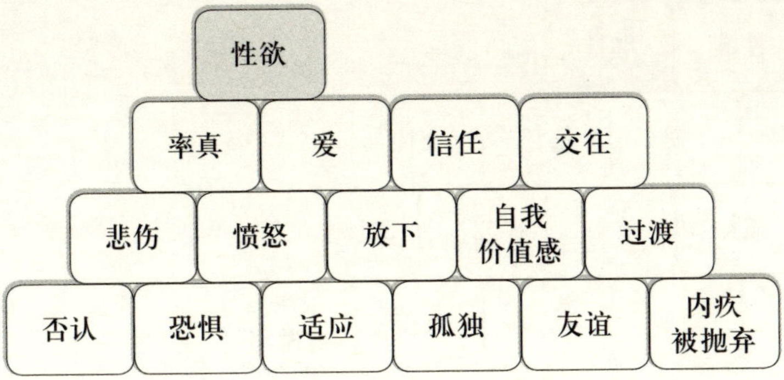

性："我有兴趣，但是我很害怕"

提到"性"这个词，你会想到什么？我们中大多数人可能会有情感性和非理性的反应。我们的社会过分强调了性，美化了性。以至于在已婚人士的想象中，离婚的人往往都是纵欲的——他们可以自由自在地"在性的草地上嬉戏玩耍"。事实上，在离婚期中，性欲往往是这些单身人士觉得最为烦恼的事情之一。

处在恋情中的人是有性伴侣的。虽然恋情结束了，但性的需求还在。事实上，在离婚期的某些阶段，人的性欲会更为强烈。然而，一想到约会，这些人多多少少还是有些害怕的，他们就像又回到了青少年时代；想到自从上次约会之后，约会的规矩已经变了，他们就更害怕了。有些人的父母告诉他们该如此这般；有些人的孩子正好十多岁，这些孩子也乐意充当起家长的角色！（"妈妈，一定要早点回家哦。"）如此一来，对很多人来说，约会成了充满不确定性，令人迷茫的一件事。性欲上的不满足是常见现象，这也不足为奇。

我们已经快要攀登到顶峰了。努力到现在，我们会感到很有成就感。剩下的这些方块是：单身、目标和自由。现在，我们终于可以坐下，从顶峰欣赏美丽的风景了！

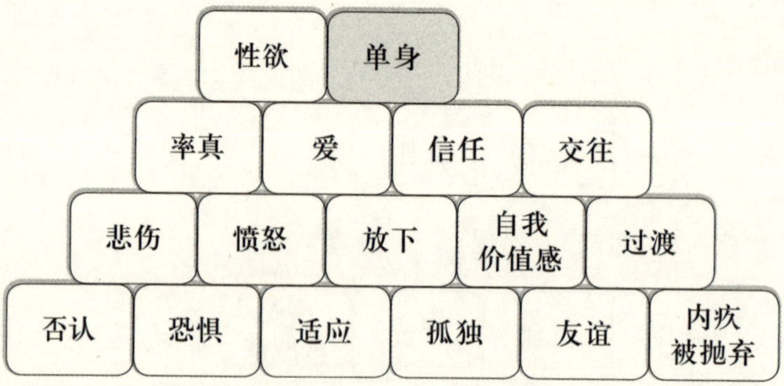

单身：“单身也没关系，你是这个意思吗？”

有些人直接就从父母家走进了“两口之家”，他们没有经历过单身生活，完全错过了这个重要的成长时期。其中一些人的大学生活可能都是在“父母式”的监督之下度过的。

无论你以前的经历如何，现在的单身期作为独立个体的成长阶段，是非常有价值的。分手后的这一调整会让你真正做到对过去释怀，让你学会如何成为一个完整的个体，学会自我增值。单身何止是可有可无，单身是必要的！

在讨论班上谈到单身这个话题时，琼显得非常兴奋。“我一直很享受单身的状态，还以为自己不正常呢。听到你们这样说，我觉得做个幸福的单身人士是正常的。谢谢。”

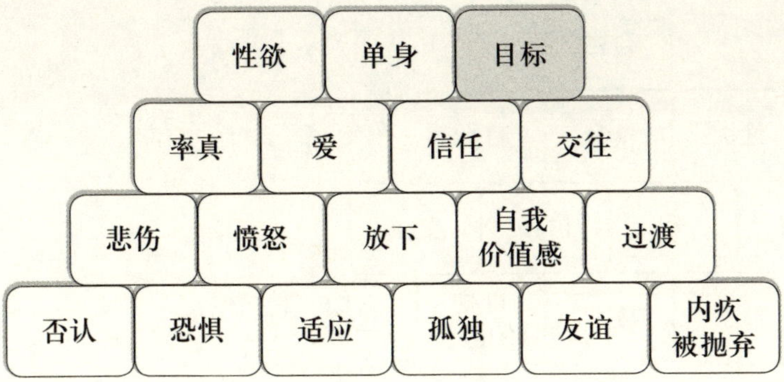

目标："现在，我的未来有了目标"

你了解自己能活到多大年纪吗？40 岁那年，布鲁斯离婚了，他惊奇地意识到，自己的人生路只不过才走了一半。如果还有那么长的人生路要走，你的目标是什么呢？分手调整完成后，你要怎样规划自己的人生呢？

勾勒出自己的"人生轨迹图"，看一看自己的人生模式，找一找未来可能有所成就的领域，会对你很有帮助。规划，能帮你在当下看到未来。

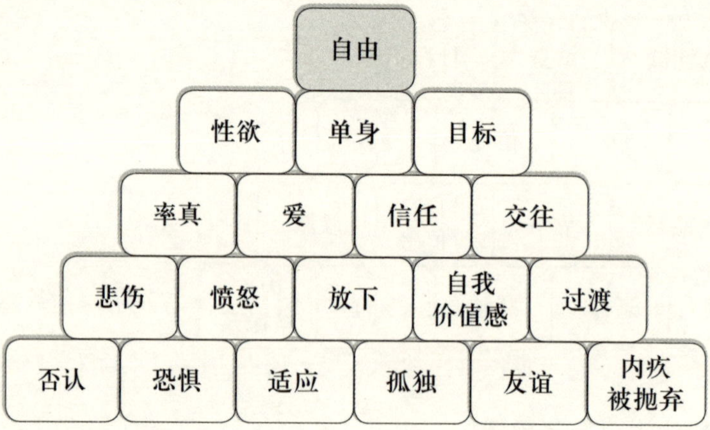

自由：破茧成蝶

最后，顶峰！

最后一个阶段有两个层面。一个是选择的自由。你已经攻克了所有的重建方块。在过去，这些方块就是你的绊脚石，现在你自由了，已经为进入下一段恋情做好了准备。你能让新的恋情更有意义，更有回报。是快乐单身，还是快乐恋爱，你都可以自由地选择。

另一个层面的自由就是：做自己的自由。大部分人都有未被满足的需求，这些未满足的需求会成为我们的负担，可能会控制我们，阻止我们自由自在地成为想要成为的人。如果我们卸下这副担子，学会满足这些未被满足的需求，我们就能自由自在地成为自己。也许，这才是最重要的自由。

回顾

我们现在已经浏览了分手后的调整期。在攀登高山的过程中，有人偶尔脚下一滑，便会回到之前已经处理过的重建方块。我们这本书给这些方块从 1

到19标了号，但如果你遇到了问题，处理的时候也不一定要按照这个顺序来。事实上，你很有可能会同时处理所有的方块。遭遇大挫折（比如说打官司或是又分手了）会导致你在攀登的路上下滑、后退一段距离。

重建你的信仰

有人问信仰和重建方块有什么关系。可以继续前往离婚前所属的教堂吗？很多处在离婚期中的人觉得很难做到这一点，原因不止一个。有些教堂依然认为离婚是一种罪恶，或至少是“不体面的”。即使教堂不谴责他们，很多人也觉得自己有罪。许多教堂都是以家庭为导向的，所以离婚后的单亲家庭会觉得缺少归属感。在教堂里找不到安慰和理解，很多处在离婚期的人都远离了教堂。这种疏离感加重了他们孤单和被抛弃的感觉。

幸运的是，也有很多非常关心离婚人士需求的教堂。如果你的教堂没有这种项目，我们强烈建议你表达自己的需求。组建单身团体，参加成人课堂。如果感觉被排斥和孤独，要让自己的牧师知道。请教职人员教育他人，让他们明白离婚人士的需求。

我们每个人的生活方式都反映了我们的信仰，我们的信仰极大地左右着我们的幸福感。布鲁斯是这样说的：“上帝想要我们最大限度地开发并且发挥出自己的潜能。”重建方块的目的就在于此——让我们最大限度地发挥出自己的潜能。学习如何适应危机是精神层面的进步。我们与周边人关系的质量，还有我们对他人表现出来的爱、关怀和照顾都表明了我们与上帝之间的关系。

孩子也需要心理重建

“孩子们呢？”很多人询问重建方块和孩子们之间的关系。孩子的适应过程和成人的非常相似。重建方块同样适用于孩子（同时也适用于其他亲人，比如说祖父母、姨妈、姑妈、舅舅、伯父以及密友）。很多父母非常用心地帮助孩子度过适应过程，反而忽略了自己的需求。

如果你是一名刚刚踏上心理重建之路的单亲家长，我们建议你先学会照顾自己，完成整个调整期。这样的话，你会发现自己的孩子调整起来更容易。对于孩子，你能做出的最大帮助就是调整好自己。孩子们通常会与父母卡在同一个重建方块上，你进步了，也就帮助孩子进步了。

在接下来的章节中，我们会一一讨论每一个重建方块，也会谈论每个阶段对孩子的意义。你可以依照附录 A 来设定“父母离异儿童”工作室，帮助自己的孩子更好地适应父母的离婚。

家庭作业：在行动的过程中学习

在生活中或与人交往时遇到了问题，不计其数的人会选择从自助书籍中寻找答案。他们知道了各种字眼，有了觉悟，却并没有在现实中进行深层次的情绪学习。情绪学习包括在你的情感中留下标记的那些经历，比如：母亲通常会安慰你，某些行为会被惩罚，分手是痛苦的。我们在情绪上习得的东西会极大地影响我们的行为。我们要学会适应危机，其中很大一部分就是对情绪的再学习。

有些从小到大你一直信奉的东西可能并不正确，你需要进行再学习。智能学习包括思想、事实和概念方面的学习，这些东西是有价值的，但前提是你要先进行情绪学习。只有你完成了情绪学习，智能学习才能在你的生活中起作用。我们在这本书中纳入了有助于你进行情绪再学习的作业。许多章节都设定有特定的作业，完成作业之后，再继续攀登高山吧。

现在就是第一套家庭作业：

记日志或是写日记。写下自己的感受。你可以每天都写，也可以是每周写，或是按照适合自己的规律来。日志中最好多用“我感觉”这几个字眼开头的句子，这样你就能更多地记录下自己的感受。记日志不仅仅是一种有助于个人成长的情绪学习，还能够成为测定个人成长的标尺。数月后，人们通常会回过头来阅读自己当初写下的东西，这时他们就会惊奇地发现，自己居然完成了这样的改变。记过日志的人都告诉我们，这件事值得做。我们的建议是：阅读完第一章的内容，就马上开始记日志吧。也许每阅读完一个章节，你都想在日志里写点东西；也许你一周写一次，或是有其他规律。无论是否有“规律”，你的重建过程一定要有记日志这个部分。

找一个你信任的、可以求助的人，然后学会向他请教。找一个你想要更加了解的人，建立友谊。你可以用尽一切办法来开始这段友谊，总之就是要迈出这一步。如果你愿意，可以告诉对方这份家庭作业的内容。学习建立朋友支持的体系。在你多多少少感觉安全的时候，建立起联系。等到你接近离婚深坑边沿时，至少有一个朋友可以扔给你一条情感救生索（如果你已经陷在坑里，再伸手求救就困难了）。

为自己建立一个支持小组。支持体系非常重要，这是你第一份家庭作业的核心部分。我们的建议是：找一个或是多个朋友，最好是男女朋友都有。你遇到的重建方块越让你觉得难办，你越可以与他们进行讨论。如果对方经历过或是正在经历离婚期，你们之间的沟通就会容易得多，毕竟已婚人士在理解你的感受和态度方面会有困难。然而，最重要的是你信任对方。如果你选择在救生索式的朋友中成立讨论组，这本书就是你们的指南书。我们必须要警告你的是：并不是所有的“支持小组”都能达到支持的目的。你在选择小组成员时，一定要慎重。他们必须像你一样，坚定积极地追求成长经历，不会对外泄露个人信息。

回答清单中的问题。每章的末尾，都会有一系列的问题，其中绝大多数都来源于布鲁斯的《费希尔离婚调整标准》，我们在调整之后列成了清单。花点时间回答这些问题，然后通过自己的答案判断自己是否可以继续征服下一个重建方块。（如果你想要完成全套的《费希尔离婚调整标准》，请联系专业的咨询师或是心理学家，请他们为你测试、评分，并对结果进行解释。）

你现在过得怎么样？

这是你的第一份清单，回答后再继续下一章的内容。用满意、需要改进或是不满意来评估每个问题的答案。

1. 我已经明确了目前需要进行的重建方块。
2. 我明白什么是调整期。
3. 我想要开始自己的调整期。
4. 我想要利用这次危机带来的痛苦了解自己。
5. 我想要利用这次危机带来的痛苦作为动力，推动个人成长。
6. 如果我还不太愿意成长，我会努力搞明白是什么样的情感在妨碍我的成长。
7. 我要坦然面对自己的想法和感情，以求找到当前阻碍自己前进的重建方块。
8. 我能够在这次危机中重建自我，将这次危机变成创造性的学习经历，对此我满怀希望和信心。
9. 我同朋友们讨论了这种重建方块的调整模式，以求更好地把握自己所在的阶段。
10. 我一定要搞明白为什么我分手了。

11. 如果我有孩子，无论他们多大，我都要尽力帮助他们完成他们的调整期。

如何使用这本书?

独立使用。大多数《分手后，成为更好的自己》的读者都是刚离婚不久的人，都在独自使用这本书。如果你属于这一类，我们的建议是：从头开始读，每次只读一章。继续下一章内容前，先完成所读章节的作业。本书的章节顺序正是你心路历程的走向。

但是，我们知道很多读者都想要先睹为快，然后再从头开始，一路走下来，完成所有的作业。无论你采取什么样的方式，我们的建议是：阅读此书时，使用荧光笔进行标注，以便更好地理解本书传达的信息。有些读者多次阅读这本书，每次都用不同颜色的荧光笔，他们觉得这很有用。每次阅读，你都会发现以前没有看到的新概念。你只会看到自己想看到的内容，而看到的内容取决于你所处的个人成长的阶段。

读者看了这本书后会有很多不同的反应。有些读者在得知某些信息后，反应非常大。比如说，你可能会意识到自己分手分得太快，还得回头和前任处理一些未完的事务。乔治（费希尔离婚课程几年前的一个学员）告诉布鲁斯，自己读完第一章后，感受到巨大的愤怒，并用尽全身力气把这本书扔向了墙壁。

小组。组建一个小型的讨论组，每周聚在一起讨论一章内容，这种形式胜过了独自使用这本书。组建这样的讨论组并不需要什么领导才能，然而有了讨论组，你会惊喜地发现自己从中得到了很多支持。同别人一起讨论这本书，你会学到更多的东西。很多教堂都为其单身成员提供了这样的讨论小组。

《重建工作手册》(*Rebuilding Workbook*）和《重建引导师指南》(*Rebuilding Facilitator's Manual*）这两本书解释了该如何开展为期 10 周的离婚恢复课程，从以往的经验来看，遵循这两本书的讨论组成员在个人成长和转变方面最有收获。为期10周的课程是以本书为教材的。《重建工作手册》这本书中有10份教案，一次课程一份。对于这10周的课程，你如果有问题，还可以在《重建工作手册》这本书中找到答案。

大多数人都惊异于课程参与者在10周内所发生的转变。虽然这门课通常被叫作“离婚恢复课程”，但实际上旨在帮助人们掌控他们的生活，帮助他们学会如何在生活方式方面做出“爱的选择”。研究表明，当一段恋情结束，你致力于将你的生活复原的时候，这套课程便是最有效的一种治疗方式——甚至超过了个体心理治疗。

警告。很多教堂和团体都开展了离婚恢复课程，这让人感到欣慰。然而，有些课程除了使用本书，每周还有相关话题的专家讲座。这样一来，你不仅要调整适应自己的危机，还要忙于应对每周的新观点。在这种讲座中，你没有机会参与积极的讨论，不能从同伴身上学到东西；而讨论和互相学习则像是一个实验室，你可以从中学会如何掌控你的生活。相反，讲座这种形式是让你被动地倾听他人的想法。讲座强调的是信息，而费希尔重建课程的重点是成员参与，看重的是成员之间的互相交流和联系，讲座则正好阻碍了这种交流和联系。

请你不要误会我们的意思。获取有关离婚期的信息完全没错，市面上有很多与这方面有关的好书，我们也鼓励你多读书，扩展自己对离婚、离婚康复以及离婚后生活三方面复杂性的了解。但是，如果只有信息，就会像在疼痛的地方贴上创可贴，你无法真正痊愈，也无法改变自己的生活。

我们并不想妄称知道所有问题的答案，但我们的确知道这本书讲的内容行之有效。无数人利用这本书成功度过了离婚期。它能帮助你有效处理危机，掌控自己的生活。我们相信，这本书会给你实用的信息，帮助你学习、成长、疗伤，使你更加接近你想成为的那种人。我们预祝你攀登成功！

第二章

否认

“我不相信这件事发生在了我身上！”

分手可能是你经历的事情中最痛苦的一件。这太痛苦了，你很有可能会做出否认或是不相信的反应。而否认或是不相信只会妨碍你直面“为什么我不得不分手”这一重要问题。这个问题的答案往往比较复杂，回答起来需要时间和精力。如果你不能接受分手的事实，你的调整和重建工作就会面临巨大的困难。

猫头鹰在黑暗中孤独地鸣叫，

昨晚我听见它在呼唤配偶。

我同它一起等待，想要听到熟悉的回应之声，

它的心往下一沉，我的也一样

耳边一片寂静，甚至比鸣叫还要刺耳。

今夜，它依然在鸣叫，

回应它的是无尽的寂静。

我从未见到过这只猫头鹰。

我只听到它的叫声

还有它的等待……

——南希

看看那一大群人吧，他们聚在了登山口，等着攀登这座高山！等待的人群中有各种各样的人：各种身材、各种肤色、各种年龄，有男人，也有女人，有些人富有，有些人贫穷。有些人认为只有失败者才会离婚，但这里很多人看上去像是人生赢家；有些人要攀登了，已经开始活动筋骨；有些人看上去受了惊吓，仿佛刚刚目睹了死亡；有些人抬头望了望这座山，觉得自己永远不可能登上山顶，手足无措。很多人就在那里等着，期望前任再来找自己，这样他们就不用登这座山了。

很多人看上去六神无主。约翰摇着脑袋，喃喃地说道："我还以为我们的

婚姻很幸福。当时我是高中橄榄球队的队长，她是啦啦队队员。所有人都觉得我们非常般配。上周，她丢了一颗炸弹在我头上。她说，她不幸福，她不爱我，她想要离婚。她把我们的两个孩子放在了她父母家。我一句话都说不出来。我从未想过这件事情会发生在我头上。”

玛丽迫不及待地开始了攀登。她告诉旁边的人：“在婚姻中，我感到非常不幸福。我想要离婚，可不敢采取行动。后来列车失事，他死了。我一点都不悲伤，所有的人都觉得我古怪。他死了，我自由了，可以攀登这座高山了。我们什么时候开始？”

丽塔说：“他离我而去，现在同另一个女人生活在一起，但我知道，在我心里，他永远都是我丈夫。上帝让我们在婚姻中结合，只有上帝才能结束这段婚姻。我拒绝攀登这座山，直到我死的那天，我都是他的妻子。也许等到我们上了天堂，我们会再次聚在一起。”

大卫正在跺脚取暖，他看起来很冷，而且依然震惊：“我的婚姻不错。我们从不争吵。可是昨天晚上，她对我说，她爱上了我最好的朋友，一边说，一边收拾行李准备离开。我走进浴室，非常难受。今天早上，我给律师打了电话，启动了离婚的各种手续。”

玛丽亚是一位头发花白的老奶奶：“我和他一起生活，我把一生都给了他。我已经到了收获的年纪，原本计划和他一起共享安宁的晚年生活。可是他连个理由都不给我，就离开了。我的收成毁掉了，而我也太老了，不可能再耕地播种了。”

类似的故事说也说不完。这么多的人对分手做出了不同的反应，他们的故事有相似之处，也有各自的特点。

你如此伤心，任何人都很难安慰你。在这一阶段，我们能够提供的最大帮助就是倾听你述说你的心情。你似乎感觉自己失败了，感觉自己被人一拳打在了肚子上，感觉情绪崩溃，感觉自己虽然还活着，却像死了一样。那些决定要分手的人，对这场危机是有准备的。对于他们而言，最初的震惊要小一些，可是，无论对哪一方来说，分手都是痛苦的。

为什么非要分手呢?

你心中可能有个巨大的问号：为什么呢？到底是哪里出问题了呢？你觉得很有必要搞清楚，要给这段逝去的关系来一个“尸体解剖”。你想要知道为什么，可同时又否认痛苦的存在，这一来，你往往不能接受这次解剖的结果。搞清楚为什么，对你克服否认的心理状态很有帮助，所以在这一章和下一章的内容中，我们会讨论人们分手的原因。

拿这个问题来问青少年，得到的答案都很有意思，当被问到“你们中有多少人打算结婚？”通常会有一半的人举手。接下来再问“你们中有多少人打算离婚”时，却从来没人举手。

没有人一开始就计划要离婚。而离婚一旦发生，我们中大多数人都会否认它。我们想要像鸵鸟一样把脑袋埋在沙子里，躲过这场风暴。但是，在别人眼里，我们爱情关系中的问题就要明显得多，而我们自己可能还像鸵鸟一样没看见。

爱情关系中有三个实体：两个人和他们之间的关系。爱情关系就像一座桥：两个人是桥的两座根基，两人之间的关系就是两座根基之间的跨度。如果这座桥的某个根基，或是两个根基都发生了改变，桥梁就会疲劳。有些变化是桥梁无法承受的，当这些变化发生时，它就会坍塌，落进河里。作为根基的人发生变化，可能是因为个人成长、教育、宗教经历、态度变化、疾病、焦虑、愤怒、迁居，又或者是对压力或创伤的反应。

（有一种方式能防止两人之间的关系出现压力，那就是不要成长或是变化。这样的生活方式也不太健康，不是吗？）

你可能会认识到，由于你或你的爱人最近发生了变化，或是你们经历了个人成长期，所以你们爱情关系的体系被打乱了，桥梁也因此塌掉，陷进河里。

你如果扪心自问，就会觉得自己本来可以适应变化带来的压力。如果你真的办到了，那你还真不是凡人。我们活在世上，需要学习两个最为重要的能力：一是如何建立并且维护爱情关系中两人之间的桥梁；二是如何做父母。关于扮演这两个重要的角色，我们接受的教育和培训从何而来呢？大部分都来自我们的父母、电视节目以及其他成人。这些来源不一定对我们有帮助，或者说不一定可靠。有一次，布鲁斯同差不多100名女性座谈，他问，有多少人想要拥有父母那样的婚姻。只有一个人举手！其余的人从自己家里得到了良好的熏陶吗？懂得如何拥有幸福的爱情关系吗？要适应爱情关系中的压力，你是否接受过这方面的良好训练和教育呢？

也许你会觉得婚姻咨询可以帮助你调整，事实是不是这样呢？也许可以。如果夫妻双方都想要改善关系，那么咨询师就是超级优秀的婚姻咨询师，但如果只有一方想要调整，他们就表现得非常差劲！

你的爱情关系到底是什么样的？是不是你和爱人都想要改善这一关系，还是只有你想要努力一下呢？如果努力是单方面的，这段关系得以改善的概率就很小了。两匹马可以拉动一辆很重的货车，而一匹马不干了，这辆车就动不了了。

分手后，你感到失败。你有可能深感自责，想着如果自己换一种做法，事情可能就会大不一样："如果我能更多地倾听她说话；如果我没有那么怒气冲冲；如果每次她想要发生关系时，我都满足她；如果我没有这么混蛋……"

我们希望你的自我惩罚到此为止。我们的建议是：坦然一些。自责是后见之明，但也是很大的进步。在你发现爱情存在问题后，你对生活和自己会有了更多的了解。你的觉悟和见地都有了很大的提高。为什么不把自己的新觉悟和见地用于将来的成长呢？为以后的生活做些什么吧，不要沉溺于后悔。试着这样说："以我过去的认知为基础进行自我评估的话，我已经尽了全力，做了所有该做的努力"，然后就不要再纠结了。现在，你要着手的是今天、明天、后天、大后天……

也许你们分手的原因是因为第三者介入。比起对前任或是对自己，我们更容易对第三者产生愤怒。真叫人左右为难啊——如果你对前任愤怒，你感觉糟透了；如果对前任没有愤怒，你也感觉糟透了，怎么做都没好结果。你曾经爱过对方，怎么愤怒得起来呢？可是对于那个介入你们关系，把"你的爱人从你身边带走"的那个人，愤怒就来得容易得多。

为何爱情关系中的一方会找第三者呢？原因很多。你可能会觉得，有些东西第三者可以给对方，而你不行。有些人的确是因为这个原因找的第三者。但是，不要忘了，每一段爱情关系的根基都有一些裂缝；由于各种情况和原因，这些裂缝最终导致了关系的破裂。早在分手之前，你们之间发展和互动的模式就已经成形了。你们的关系中有严重的裂缝，但即使在此时，你可能也很难洞察到这些裂缝的存在。

举个例子。许多人在结婚的时候并没有摆脱父母的影响。他们只是父母的孩子，除此之外，并没有属于自己的身份。到后来，这样的人可能会决定甩掉自己的爱人，发生了什么呢？其实他真正甩掉的是父母的控制和影响。反抗自己的配偶，实际上可能是在反抗自己的父母。

所以，你们关系中的裂痕也有可能在你结婚之前就存在了。如果你们的关系中存在裂痕，那第三者就可能通过弥补这一裂痕，轻易地介入你们的关系。关系中若存在不足，关系之外的人往往能更容易，或是看似更容易填补这一不足。好的婚姻咨询师可以帮助你发现并了解爱情中的裂缝和不足。

婚姻会走到尽头，还有另外一个极为常见的重要原因。许多夫妇犯了个错误，即把自己所有的时间和精力投入到婚姻之外的某件事情当中。比如说，装修新房子、工作或是去读书。他们如此投入，结果没有了时间和精力来经营他们的爱情。事实上，他们做的事情可能成为回避对方的方式。房子建成了，夫妻之间却再也没有了共同之处，新房子成了他们的离婚纪念碑。

最初是怎么开始的?

许多人会问:“那个谁和谁为什么离婚了？”有时，更为贴切的问法应该是:“为什么那对夫妇会结婚?”

（鲍勃在大学时期写的一篇论文的开头是:“离婚的基本原因是结婚。”这一见解也许算不上深刻，但我们只要看一看大多数人离婚的原因，就会发现这句话并不离谱。）

许多人结婚的理由就是不恰当的，其中包括: 1. 避免孤单; 2. 逃离不幸福的原生家庭; 3. 他们觉得人人都应该结婚; 4. 认为只有找不到结婚对象的失败者才会单身; 5. 想要成为父母，或是为自己找一个父亲或是母亲; 6. 奉子成婚; 7. 因为我们“坠入爱河”……理由多着呢。

我们会在另外的章节着重讨论爱情，现在我们只说一句话：爱情有多个层面，有些层面并不成熟，爱情并不足以为婚姻铺垫一个良好的基础。人们往往会将对方理想化，然后爱上理想化的对方，而非真正的对方。蜜月期一结束，幻想就破灭了，你就会发现对方达不到你心目中理想的状态。也许，“坠入爱河”只是人们为了填补心中的空缺所做的一种尝试，并不是建立婚姻的良好基础。

那些因错误的理由（“坠入爱河”也是其中之一）而结婚的人可以被描述为半个人，他们想变得完整，想要通过结婚来找到幸福。甚至婚礼誓言里也有“两人合二为一”这样的句子。有一次，布鲁斯和一些神父进行座谈，有人问他是否认为婚礼誓言是离婚的原因之一。他回答说“是的”，然后讨论变得非常活跃，之后有些在座的神父改变了婚礼誓言。

同样地，鲍勃并不赞同婚礼上常见的用两根蜡烛（代表双方）点燃一根蜡烛（代表他们的关系）的形式。好吧，仪式进行到这里也没有什么不妥。可接下来，原来的两根蜡烛就被吹灭了！“蜡烛”被吹灭了，原来两个单独的个体到底怎么了？

你若是准备好了单独面对生活，单身也能找到幸福。这说明你做好了准备，可以与另一个人一起面对生活了。这种情况其实是两个完整的个体双双完成了个人成长和自我意识方面的探索。另一种情况是两个半个人，想要结合在一起组成一个完整的人。两者相比较，前者往往会建立起更有活力的关系。

大多数错误的结婚理由都可以总结为：不幸福的人想要通过结婚找到幸福。你还记得以前有部关于婚姻的电影吗——《30、40和50年代》（有了电视，无论老少都看过这部电影！）。电影讲的全是恋人之间的追求过程，等到他们结婚，电影也就结束了。其中微妙的信息就是：现在你结婚了，可以不费吹灰之力地“幸福到老”。这就是童话！

布鲁斯的儿子托德把自己的想法写在了论文里。他的想法颇为深刻。作为一个年轻人，他很好地描述了结婚的恰当理由：

> 我走在成长为一个完整的人的道路上，在未来的某个时间，我感到自己杯子里的东西是如此丰富，需要找一个人来分享多出来的部分。

结束了……就是结束了

这段既不幸福也无价值的关系结束了，你要认识到这一点，这有助于你明白离婚是明智的决定。看一看你的上一段关系，你的前任，还有你自己，在这一刻，请忘记社会上各种所谓“你们是天造地设的一对”的理由。现在是坦承痛苦的时间。问一问自己：

你和前任曾是朋友吗？

你们互相吐露过心思吗？

你们共同的兴趣是什么？有共同的爱好吗？有共同的人生态度吗？政治观呢？宗教信仰呢？养育孩子的方式呢？

你们的自我目标，互相设定的目标，或是婚姻的目标相似 / 相容吗？

你们之间解决问题的方式合拍吗？（具体的解决方案不一定要相同，而是方式合拍）

对方让你生气的时候，你是直接解决、隐藏情绪，还是想要伤害对方？对方生气的时候又是怎样的呢？

你们有共同的朋友吗？

你们一起出席过社交场合吗？

你们是不是按照约好的方式来共同负担挣钱和做家务这两件事情？

你们是不是给了对方独处的时间？

你们互相信任吗？

你们是否觉得彼此的关系非常重要，在必要的时候会做出一些个人牺牲？

我们希望这些问题没有给你带来太大的痛苦。诚实地回答完这些问题，你就很有可能认识到“从多个角度”看来，你们的关系甚至在正式分居 / 离婚之前就走到了尽头。承认自己之前的婚姻有问题，已经很不容易。要承认自己也是问题的一部分，就更难了（而责怪对方，责怪社会或是别的什么就容易多了）。然而，接受，正是“否认”（第一个重建方块）最重要的积极面。

花点时间做到这一点。另外你还要记住：你没有必要为了接受分手这个事实而背上重重的负疚感！不要想什么“如果我这样，如果我那样”，导致离婚的因素，就像支持桥梁的结构一样，非常复杂。要修建一座坚固的桥梁，需要大量地分析已知的各种力量、压力、承重和材料强度。成功的爱情关系远比这个复杂得多！而我们对人际压力、承重和自身强度真正知道多少呢？大多数人都知之甚少！

在向上攀登的途中，你会对此有更多的了解。现在，试着深吸一口气，说：“我的恋爱关系已经结束了。”

现在，就哭上一会儿吧。

从否认到接受

想着自己分手的原因，仔细审视上一段爱情关系当中的裂痕，你泪水滂沱。现在，你可能感觉“更难过，却明智了一些”。你也许对自己感到有些泄气。很多人在这个时候都有这种感觉。

如何才能接受分手这个事实呢？我们在用计算机分析数据的时候，发现了一个重要的方面。《费希尔离婚调整标准》有一套子测试，用于检测你在多大程度上接受了分手这个事实。我们把数据输入计算机进行分析，却发现这个子测试的各项结果消失了！我们进行调查，想要找出这些结果去哪里了，最终发现许多结果和自我价值联系在了一起。数据和人的感受同时说明了一个问题：你的自我价值感越高，就越容易接受分手这个事实。

如果你觉得很难迈出攀登的第一步，这是因为你拒绝接受分手这个事实，你可能需要提升自我概念。如果你最近才分手，还处在震惊的状态，那么此时我对你说，你需要提升自我概念，就是在白费口舌，没有多大作用。但尽管如此，你仍然需要明白这个道理。我们会在第十一章着重讲解自我概念，之后你就会发现更多的自我价值所在，你看待自己的眼光也会大为不同。

你现在是单身，已经分手了，这是事实。随着你越来越靠近这个事实，你情绪上的痛苦也会变得愈发强烈。你感受到的痛苦是真实的。在人的一生中，离婚和配偶去世有可能是两个最痛苦的经历了。你分手了，你的感受和数百万人的感受是一样的：痛苦。是的，虽然知道还有很多人经历着相同的痛苦，可这并不能给你多大帮助。可是，我们应该以离婚为动力，实现自己的成长，把危机变成机会，而不是让这次经历给自己留下永远无法愈合的伤口。痛苦可以成为我们尖刻、愤怒和不幸福的理由，但我们也可以因为痛苦而成长。你愿意选择哪一个呢？

有些人觉得自己会和前任复合，这样的人可能会觉得没有理由去攀登自我调整这座高山。在科罗拉多州，有 20%~30% 提出离婚申请的人并没有得到最终的判决（每年的数据都会有些差异）。我们不知道这些夫妇最终怎么了，但我们猜他们中很多人的爱情复活了，于是重新走到了一起。

如果你们还想和前任复合，怎样做才最好呢？还有必要攀登调整的高山吗？如果你们的关系已经破裂到实质性分居的地步，你们已经开始谈论离婚的问题，那你们可能需要分开一段时间，在这期间，改变之前的互动模式。也许你还需要关闭桥上的交通，然后加固根基。在你们开始改善桥梁之前，你们双方都应该经历个人成长，可是不要忘了：除非双方都能做出改变，否则你们之前的关系很难变得更有意义。在你和前任复合前，你可能也需要攀登这座高山。

孩子的痛苦

“否认”会在三个方面给孩子带来困扰。第一，父母离异的孩子会继续幻想父母会复合，并且为之投入大量的情感。他们很难接受父母已经分手的现

我对朋友和爱人的看法

你现在非常脆弱，会陷入另一段感情中，以为这样就不会感到痛苦了，在这里请允许我说教几句。我的看法是：你现在需要的是朋友而不是爱人。

你读过荷马的《奥德赛》(*Odyssey*)吗？这是古希腊的史诗，讲述了一群水手在旅途中遭遇各种阻碍的故事。其中的一个阻碍就是他们路过一个小岛，看到了很多迷人的女海妖。海妖想要引诱水手停留。(这些水手事先就得到了警告：停留即是毁灭)。他们把自己捆在了桅杆上，蒙住了自己的双眼，以免受到海妖的蛊惑。

就像荷马笔下的水手一样，你也需要把自己捆绑在自我约束的桅杆之上，在情感痛苦部分愈合之前，不要深陷另一段恋情。长期看来，深感痛苦之际产生的恋情几乎无一例外会给你带来更大的悲哀。友谊却对你有帮助。对现阶段的你而言，建立友谊比恋情更有意义。

想一想马戏团的钢丝绳。钢丝绳被搭在两个高台之间。一个高台代表的是你在恋情中的安全感，而另一个高台代表的是你需要在内心中发掘的安全感。你需要走过调整期中的钢丝绳找到内心的安全感。如果你躲在公寓中，躲在家里或是完全不与人交往，你就会失去平衡掉下去。

如果深深地陷入了一段长期的有承诺的恋情，而且对这段感情的投入胜过了对个人成长的投入，你也可能失去平衡摔下去。一天清晨，你从睡梦中醒过来，发现自己为了维持恋情，正在竭力讨好对方，而没有努力成为自己想要成为的那个人。

想要在钢丝绳上保持平衡，就需要拥有能够帮助你保持平衡的朋友。他们不会因为想要获得你的爱情而给你偏颇的回应，他们会给你诚实的反馈。朋友比爱人更为客观，在这个阶段，你需要客观。给自己设定一个目标：在出双入对前，要先学会成为幸福的单身人士。

——布鲁斯

实。孩子们在这方面的幻想非常强烈，往往会出乎父母的意料。你需要不断地向他们说明父母已经分手的事实，这样他们才不会继续在这方面投入大量的情感。孩子们可能会调用各种手段来促使父母复合，比如说让你们有时间共处，或是让你们交谈。孩子们不接受父母分手的事实，并投入了大量的情感，希望父母能够复合；对待孩子的这种反应，你的态度要温柔而坚定，不断地告诉孩子自己的决定：这场婚姻已经结束了。

就孩子和否定 / 接受这个重建方块来说，第二个重要方面是，孩子们认为是因为自己做错了事情，所以父母才分手的。比如：上一次他们没有听话，没有上床睡觉，或是吃饭后没有端走自己的盘子，或是没有做自己分内的家务……他们认为那就是父母争吵和离婚的原因。一定要尽全力帮助孩子明白：父母离婚不是孩子的错，离婚是成年人间的问题。

第三个方面就是孩子的恐惧：现在双亲中的一位已经“离开”了，另一位也会走吗？他们往往会黏在父母身边，他们需要反复确保父母不会离开他们。孩子需要明白：父母间的婚姻关系会结束，但他们不会和自己的孩子分开。你需要向自己的孩子保证，即使和配偶分开了，你也永远不会离开孩子。

你现在过得怎么样？

也许你不想攀登这座山，也许你心里还觉得自己没有离婚，但也请开始这段行程。情感上实在是太痛苦了，你知道自己必须攀登。在攀登的过程中，尽可能多地学习吧，你将受益良多；积极地看待这次攀登之旅吧，不要把它当成苦不堪言的差事。

在下一章，我们将继续探讨为什么爱情会终结。然而，在你继续阅读下一章的内容之前，请花点时间完成本章的清单，看一看自己是否准备好继续前进了。检查一下自己是否有进步。没有人会给你评分，你对自己要做到完全的诚实。

1. 我能够接受自己已经分手的事实。
2. 告诉朋友亲人自己已经分手时，我并没有感到什么不安。
3. 我开始有些明白为什么我们会分手了，这有助于我克服想要否认的念头。
4. 我认为，离婚虽然痛苦，却是一种积极的创造性的经历。
5. 我准备好致力于个人成长，以期成为想要成为的自己。
6. 我想要先成为幸福的单身人士，然后再认真地找另一段恋情。
7. 即使我和前任打算复合，我也会继续努力地实现个人成长。

第三章

恐惧

“我非常害怕！”

恐惧能够让人无法动弹。可是，如果你认识到恐惧是你自身的一部分，是你的朋友，那么恐惧就成了动力，就成了一种更好地了解自己的方式。陷入离婚的深坑时，恐惧是你的主要感受之一。

恐惧是我最大的障碍。我害怕自己掌控不了的变化，同时又害怕没有变化。恐惧影响了我的整个生活！我害怕独处，可同时我又主动与他人隔绝；我害怕以后再也没人爱我，然而在爱情靠近之际，我又把它推得远远的……我完全卡在这里了，恐惧让我不能动弹……后来我承认了自己的恐惧，把它们一一列出来，坦率地加以讨论，这时它们就再也奈何不了我了。——杰雷

之前，我做了33年全职太太，照顾一大家子人。我属于中上层阶级，生活安定舒适。后来，我就成了单亲妈妈，不但要抚养我们最小的孩子，还要自食其力（此时，我已经没有什么谋生技能了），恐惧之下，我真的是无法动弹。

——乔安妮

这条小路让人望而生畏，不是吗？有些人还没有开始攀登就开始如此评论，他们暴露出了自己的恐惧："不要走那条路，你会从悬崖边上摔下去的！""这条路太陡峭了。我担心自己爬不上去。""登山的时候，不知道会有什么野兽扑向我。""我不想登山。""如果我选择攀登，期间产生的对自己的进一步了解会让我感到害怕。"

分手会让人产生各种各样的恐惧。有些恐惧是你前所未有的，你也从未想过自己还会有这样的恐惧。有些恐惧一直都存在于你过去的生活中，只不

过你一直都予以否认。

恐惧很容易让你无法动弹。你太过害怕，不敢登山，恐惧让你举步维艰。一点点恐惧能够起到推动的作用，但太多的恐惧则会让你很难继续正常的生活。关于恐惧，我们知道两三个关键点，它们能够帮助你处理这种情绪。第一点：没有认清的恐惧最恐怖。一旦认清自己的恐惧，直面它们，你就会发现它们没有那么可怕，也没有那么不可战胜。你只需要做一件非常简单的事情，那就是一一列出自己的恐惧。这真的非常有用。认清你所害怕的东西，这样你就能贴近自己真实的感受了。

另一个关于恐惧的真知灼见就是：那些你因恐惧而不敢面对的情况更有可能发生。比如说，我害怕被拒绝，我就会找各种方式避免被拒绝。为此，我有可能一味地取悦他人，或是养成了过度负责任的性格，又或是不肯表达愤怒。这些行为看起来能使我免遭拒绝，但事实上却增加了我遭到拒绝的机会。人们感觉到我不实在、不诚实、不真实，他们有可能因此拒绝我。如果我们不肯面对恐惧，我们害怕的事情就很有可能变成现实。如果你害怕自己恐惧，最好不要否认它们的存在，而是坦然面对。仅此一点就足以赶走部分恐惧心理了！

你在害怕什么？

我们来看看大家共同的恐惧。在这里，我们谈论的是离婚期常见的恐惧，能帮助你找到并且认清自己的恐惧。其中有多少是你正在经历的呢？

最大的恐惧之一就是害怕未知的将来。这条山间小道一路往上会是什么样子，我不知道。我对自己或是对别人会产生什么样的了解，我不知道。要怎样一个人生活，我也无法想象。

这些对未知的恐惧扎根于我们的性格形成期。就像半夜你从梦中醒来，觉得自己真的看到了鬼魂一样。这种恐惧是真实的，但那些你认为自己看到的东西并不真实，而是你想象出来的。未知的将来就是这样的鬼魂，你需要明白，自己能够面对它们，过好每天的生活。你要对学习的过程充满信心：自己最终是能够面对分手后出现的每一次新感受的。

另一个常见的恐惧是成了离婚人士。别人会怎么想呢？他们会发现我是个失败者。如果我解决不好爱情中的各种问题，我还能得到什么呢？这就像我吃着东西，然后洒了自己一身，所有的人都在叫喊："看呀，那个蠢货洒了自己一身。"我觉得尴尬、局促不安、丢人现眼、羞愧，而且害怕再也不会有人喜欢我了。

还有一个恐惧是家丑外扬。通常我们都没有想到这一点，可是家丑真是外扬了。我们在一起的时候，我可以同爱人大吵一架，并且不让任何人知道。婚姻有问题，我们觉得难为情，可至少外界并不知道这回事。现在我们分居了，孩子的老师总会知道。朋友们很快就发现，找我的前任要打另外一个电话。邮局马上发现，她的邮件要转寄到另外一个地址。还得通知公用事业公司，我们要等解决好一些财务问题之后才能付账单。以前只有我们两个人知道，现在整个世界都知道这点家丑了。

我感到恐惧，我不得不做出决定，可是我不知道该如何做决定。我该找什么样的律师呢？我该咨询什么样的治疗师呢？我没有足够的钱支付所有的账单，我该如何决定先付哪些账单呢？之前都是我的配偶在处理付账的事情。现在我怎样才能学会记账呢？车子该怎么保养呢？我完全没有概念。我之前从来没有开车去过维修厂，那里的人肯定会占我便宜的。我要学会所有这些，要做出明智的决定。这简直就是一份全职工作。我本来就在情感上不知所措，完全没有余力考虑车子的问题呀。

我担心钱的问题。现在要供两套房子了，我怎么做才能赚到足够多的钱呢？我现在上班除了哭什么都干不了，好担心自己会被开除。我无法集中精力，工作干不好。我的效率这么低，会有谁想要雇用我呢？去哪里赚钱付账单和养孩子呢？我真是不知道呀。

说到孩子，我害怕做单亲家长。我自顾不暇，真的没有耐心，没有勇气，也不够坚强，无法单枪匹马满足孩子的需要。筋疲力尽的时候，没有人帮我一把，替我一下。我必须一天 24 小时，一周 7 天地满足孩子的需要。我想要躺在床上，把头埋进被子里。我希望能坐在谁的膝盖上，希望有人能够抱抱我，我不想故作坚强地把孩子抱在膝盖上。

我害怕失去孩子。我的前夫说想要监护权。虽然一直都是我在照顾孩子，孩子们也说想和我在一起，但我前夫的经济状况更好，他能够给孩子们买他们想要的东西。他会在物质方面向孩子们做出许诺，而这样的条件我是没法提供的。这样一来，孩子们肯定会改变心意，他们肯定想要和他生活在一起。如果举行监护权听证会，我的孩子们会说什么呢？他们会不会说妈妈现在有多么心烦意乱，会不会说妈妈很忙，情绪又差，根本没有时间和他们待在一起呢？

我担心找不到人倾诉。我想要找人倾诉，可是他们会懂我吗？我的大部分朋友都是已婚人士，没有经历过离婚。我告诉他们的话，他们会不会说长道短呢？我现在离婚了，他们还会继续做我的朋友吗？我肯定是这个世界上唯一一个有这种感受的人。连我自己都不了解自己，别人也不可能了解我。

我害怕上法庭。我从来没有上过法庭。我认为只有罪犯或是那些触犯了法律的人才会上法庭。我听说过离婚时的“战争场面”是怎样在法庭里上演的，我害怕经历这样的事情。我知道我的前任会找到附近最好的离婚律师，我肯定会一败涂地。我不想表现得尖酸刻薄，但为了保护自己，我恐怕也不得不如此。我会怎么样？我的家庭会怎样？我的孩子会怎样？为什么这些事都要由法院说了算，凭什么法院有这么大的权力？我到底做了什么要受这份罪？

我害怕愤怒。我害怕自己的愤怒，也害怕配偶生气。小时候，一旦父母生气吵架，我就恐惧不已。我学会了看到愤怒就绕着走。我和我的配偶从不吵架，也不会以任何形式表露出愤怒。有时我发现自己很生气，但那时我真的很害怕。如果我生气了，会怎么样呢？那么我们就再也没有复合的机会了。很多时候我觉得生气，但又认为自己不该生气，这样不安全，也不对。我觉得压抑，有时我会思考自己的压抑和愤怒之间是否有什么联系。

我害怕失控。我的内心非常愤怒。我的父母生气了就会失控，如果我也像他们一样，该怎么办？我听说有人离婚时做出了暴力行为。如果我失控了，也会做出暴力的事情吗？

我害怕独自一人，害怕独自生活。如果独自一人，等我老了，谁来照顾我呢？我看到过夫妻之间互相照顾，这样就不用去养老院或是退休中心了。如果我病了怎么办？也许我会死在空荡荡的公寓里，也没人知道。如果我病了，没有人会照顾我。如果我病得厉害，动不了了，或是没法打电话求助，也没人会知道。

我还害怕发现自己不讨人喜爱。我的前任最了解我，如果连前任都不想和我一起生活，那我肯定是不讨人喜爱的。一个人度过余生，还觉得自己不讨人喜爱，这日子怎么过得下去？我一直都害怕被人抛弃，现在我被抛弃了。我就像个玩具，被玩腻后扔掉了。

我觉得自己精神不正常了。我觉得自己疯了，简直可以进精神病院了。我觉得自己真的是疯了——想到进了精神病院，有人照顾我，有人提供一日三餐，我甚至还觉得蛮不错的。我从来没有想过自己会疯到这一步，连精神病院对我而言都显得有诱惑力。可是，我真的觉得它有诱惑力呀。我想要变成小孩，想要有人照顾我。只要有人能够照顾我，就算是去精神病院我也愿意。

我害怕受到更深的伤害。我从来不知道自己能如此伤心。我爱的那个人——我本以为爱我的那个人深深地伤害了我。我长这么大，从来没有谁这样伤害过我。我想躲起来，这样就再也不会受伤了。我太伤心了，我已经麻木了，就仿佛我的心里长满了老茧，已经感受不到疼痛了。我担心这层外壳会裂开，我担心再受一次伤害，自己会活不下去。

我害怕改变。我的生活会发生怎样的改变？我得从自己家里搬出去吗？我得找新工作吗？我得交新朋友吗？为了活下去，我非得改变自己，改变性格吗？这些未知让人不寒而栗。为了度过这场危机，我不知道自己必须做出什么样的改变。

想到约会，想到和他人在一起，我就恐惧不已。我甚至都不要想这些事。

让恐惧变成朋友

有些人通过做危险的事情来处理自己的恐惧。他们想要面对自己的恐惧，觉得冒险能够让自己感受到恐惧。在离婚期中，他们会去攀岩，会尝试危险驾驶，或是让自己置身险境以感受到恐惧。这样极端的行为鲜有成效。我们不应该去超越恐惧的极限，更有价值的做法是让恐惧成为朋友。

面对心中充满恐惧的咨询者，治疗师通常会让他们想想这事最糟糕的结果是什么。你会因为这场危机丧命吗？你会因此生病吗？你会被关进监狱吗？通常来说，最糟糕的情况也就是你会非常伤心地生活一段时间而已。最可能发生的事情是：这场危机会引导你发生转变，引导你在更深的层次感受人生。

我们每个人心中都有恐惧，这是正常的。我们可以与恐惧交朋友。正是因为恐惧，我们就不会去冒不必要的风险，不会让自己置身危险中，也不会处于无助而容易受伤害的境地。没有了恐惧，我们就会置身于威胁生命的处境中，甚至早早丧命。我们需要恐惧来保护我们。被火烧伤过一次，你就会学会敬而远之，明白了火可以烧伤你，并对其有了恐惧。情感上的伤害也是同样的道理。现在你受到了伤害，便学会了在情感伤口愈合前不与他人产生太亲密的关系，以此来保护自己。

恐惧也可以成为动力。为了生存，恐惧能够促使我们学会应对技能，能促使我们产生更好的防御机制，还能促使我们在情感和体能上变得更加强壮。恐惧可以成为动力，促使我们走过调整期。比如说，我可以告诉自己："我不想如此痛苦。我想要走出这个阶段，征服我的恐惧。"

征服恐惧的最好方式就是让自己感受它们，"唯一的出路就是一路走出去。"你需要发现自己的恐惧，坚定地征服它们，并通过它们更加了解自己。

举个例子。你也许害怕教育孩子，害怕处理孩子的事情。克服这一恐惧，你就能成为更好的家长。面对恐惧，解决恐惧，你就能有更多的时间和精力致力于个人成长和职业发展，从而发展出更好的交往技能，成为更好的父母。

处理恐惧

感到恐惧时，你要注意身体哪一部分对恐惧做出了反应，这一招很有用。大多数人的反应区域都在腹腔神经丛，也就是我们平常所说的心窝处。但是，你身体的其他部分也可能会有反应，比如心跳加快、腿部肌肉紧张等。了解身体的反应，有助于接受并解决自己的恐惧感受。

这样做对你会有帮助：找一个舒服的地方坐下或是躺下，然后做深呼吸。用腹式呼吸法尽可能地多吸气，尽可能让肺部下叶也充满空气——深深地吸一口气，再慢慢吐出。让氧气在全身特别是你的头部循环。

然后放松。从头顶到脚趾，让每块肌肉都彻底放松。在越来越放松的同时，保持深呼吸。闭上眼睛几分钟，想象自己处在一个安静而放松的环境（在海滩上，在高山草甸上……）。

接下来，就开始具象化自己的恐惧。想一想：我恐惧的东西会威胁生命吗？这个恐惧源于何处？是现在才开始的，还是以前就有的？比如说，配偶对着我发怒时，我有没有感觉到小时候父亲发怒时我心中的恐惧？我的恐惧有没有让我想起过去某次情感或是身体受伤的时候？感到恐惧的时候，怎么做才是恰如其分的？现在感受到的恐惧会压垮我吗，还是我能利用它更加了解自己呢？

思考这些问题时，继续深呼吸。慢慢地“回到你所在的房间”，准备好后就睁开眼睛。经常使用这种深度放松练习来探索自己的恐惧，更为有效地对它们进行处理。这样处理恐惧，有助于让恐惧成为你的朋友，有助于更好地掌控自己的生活。你能做出的选择越多，恐惧对你的控制就越小。

没错，一段时间的深度放松没法治愈你的恐惧。你得坚持下去，经常进行放松练习，尽可能地面对自己的恐惧，并且“解决”这些恐惧。如果你觉得已经承受不住，或者因为恐惧，你已经无法正常生活，就要寻求专业的帮助。征求你的牧师、拉比、阿訇、医生或是信任的朋友的意见，请他们推荐执业心理学家或是家庭治疗师。

分手这场危机能给你带来很大的个人成长和转变空间。面对并克服恐惧能够帮助你将这场危机变成创造性的经历。

你的孩子比你还要害怕

“我对 8 岁的女儿说，我要走了，然后我就进房间收拾衣服。等我出来想要和她亲吻告别时，她正躲在床底下。她当时害怕极了，直到今天，她都说自己不记得这件事，否认自己曾躲了起来。”（布鲁斯）

父母离婚时，小孩内心的恐惧是难以想象的！他们觉得自己的整个世界都受到了威胁：我的父母还爱我吗？我会住在哪里？我会跟着妈妈，还是爸爸？我的朋友会怎么想？我还会有朋友吗？我到底会怎么样？

孩子通常会觉得所有人都会弃他们而去：“妈妈要走了，爸爸也会走吗？”“爸爸搬走了，我无话可说。我担心妈妈什么时候也会搬走，然后就剩我一个人了。”

我们需要给孩子传达一种信息：父母间的婚姻关系会结束，但他们不会和自己的孩子分开。婚姻结束了，可父母和子女的关系是永远不会结束的。无论是在语言还是在行动上，你都要给孩子这个保证。在这个阶段，这一点非常重要。

恐惧非常强大。和成年人一样，孩子们也能学会认清自己的恐惧，并谈论它们，然后更为坦然地处理自己的恐惧。我们所有人都要意识到：感到恐惧是没关系的，每个人都有感到恐惧的时候。

顺便说一句，本文提到的放松和深呼吸的方法对于孩子来说也非常有效。早一点学会这种方法，孩子们就可以在各种具有焦虑感和恐惧感的生活情境下运用了（比如考试、公众演讲等）。

你现在过得怎么样？

下面这份清单用于帮助你检测自己是否完成了这段行程。如果你还没有鼓足勇气面对自己的恐惧，攀登将会非常艰难。

1. 我已经认清了自己的恐惧，并且列出了清单。
2. 我已经找了朋友或是愿意帮忙的人一起谈论我的恐惧清单。
3. 恐惧可以成为我的朋友，我正在学习这一点。
4. 我正把恐惧从一种让人无法动弹的感觉变成动力。

5. 通过直面自己的恐惧，我更加了解自己了。

6. 我经常进行深度放松练习，这样做能帮助我处理自己的恐惧情绪和日常压力。

第四章

适应

“可是，在我小时候，这样做能行的！”

在成长的过程中，由于对爱和关注的需求没有得到满足，我们习得了各种各样的适应方式。小时候，有些方式帮助我们得到了自己想要的东西，但到成人阶段，这些方式就成了累赘。比如说，在成人关系中，过分负责或是不够负责都是行不通的。重建过程能给你提供很多机会，让你改掉不健康的行为，建立真正有助于关系成长的行为。

在第一段婚姻中，我扮演的是照顾对方的妈妈角色。在我的下一段恋爱关系中，我想要找一个爸爸一样的人来照顾我，呵护我内心的那个小女孩。也许到了我的第三段恋情中，我就能找到平衡点，建立健康的恋爱关系吧。

——珍妮丝

你还在思考自己的婚姻为什么会结束，是不是呢？

我们还要继续征服重建方块。在这之前，要先花一些时间探索这个问题。自己的婚姻为什么会结束？几乎所有经历离婚的人都想对此有更多了解，这一章会帮助你回答这个问题。

当你决定要结束爱情关系时，你并没有100%纯粹的感觉。考虑离婚时，你是什么感受？也许是80%赞成离婚，另外20%反对离婚？处在危机情况下，内心充满矛盾的声音，让你因此而迷惑，这是极为正常的。

我们每个人都有很多面。你开车经过冰激凌店，内心的一个声音说：“我们停一下，进去买一个冰激凌蛋卷。”另一个声音却批评道：“还记得你的新年计划吗？你可是想要减掉9公斤呀。不停地吃冰激凌，你永远也达不到这个目标！”超级棒的就是，这时候还会有个声音出来调停：“你已经很克制了，一周吃一个小冰激凌蛋卷没什么问题，算是奖励吧。”

倾听内心的声音，你就能更好地了解自己不同的子人格。你在倾听内心的不同声音之际，还要注意辨认代表自己的声音。对于很多要离婚的人来说，可能内心都经历过这些不同声音的“内战”，而这些内战最终演变成了自己和配偶之间的“战争”，进而导致了关系的终结。

了解自己的不同面，对你的疗伤过程也非常有益。你能够因此更加了解自己，进而在未来建立更为牢固的爱情关系。

健康的关系

在健康关系和不健康关系之间进行选择时，为什么会有这么多人选择不健康的关系呢？不过，健康关系看起来是什么样子的呢？身处一段健康的关系之中又是怎样一种感觉呢？我们怎样才能建立和自己内心以及他人的健康关系呢？

为了回答这些问题，我们先来看一看什么是健康性格的组成部分。

我们每个人都有感受，有人称之为“内在自我”。接触自己的感受，认清自己的感受，这一点很重要。有证据表明，你能感受到多少自我和你能疗愈到何种程度之间是相关的。一个人如果不能获取、谈论自己的感受，那么他适应危机所需要的时间就要比其他人长得多。

我们也都有创造性，能够想出新的行为或思考方式。创造性是可贵的天赋，不仅给予我们艺术的灵感，还让我们拥有原创性、唯一性、个人特点以及自我实现。创造性好的一面能让我们的个性更为突出，而非整齐划一。

我们都有幻想的一面，这一面的我们看到花园种子的商品目录，就觉得自己种下去的种子也能长出和目录上一模一样的花朵和植物。幻想的这一面喜欢看《阿拉丁》（*Aladdin*）一类的电影，想着只要有块魔法地毯，我们就可以飞起来。幻想平衡了我们的严肃和理性，让我们的生活更加有趣，否则我们就会一直吃麦麸、西兰花这一类对身体有益的食物了。

我们有滋养层面，但我们经常因为滋养而失衡。我们很容易滋养他人，而忽略了滋养自己。我们接受了这样的观点：与其接受，不如给予，因此常常因为过度给予而付出代价。健康的做法是既要滋养他人，也要滋养自己。

我们有精神层面，我们通过信仰与另一种至高无上的力量相通。信仰可能不理性、不知性、也不成熟，通常是我们比较孩子气的一面。有了这种精神层面上的孩子气，我们会在更强大的力量面前低头，但同时也会用自由的意志在生活中做出爱的选择。

你还能想出其他健康的方面吗？好好想一想，列出一份清单来。

你的成长过程健康吗？

有几个重要的问题，请你好好想一想。你的家人、你童年时期的家庭环境在多大程度上对你的健康品质进行过鼓励？如果你是男性，你的哭泣得到过鼓励吗？如果你是女性，你适当的愤怒，还有愤怒的适当表达得到过鼓励吗？你的好奇心和创造力得到过鼓励吗？有没有人鼓励你独立，鼓励你独自思考，或者你听到的都是“我们是你的父母，我们说怎么做，你就怎么做”？

童年的其他影响因素，比如说学校，又是怎么样的呢？你的创造性有没有得到过鼓励，还是因为与众不同而不断遭遇麻烦？有没有人鼓励你的愤怒、哭泣，谈论自己的感受？你有爱心，你追求精神层面，你相信魔法神话故事，有人鼓励过你吗？

你的宗教教育怎样呢？你所在的教堂鼓励你对信仰提出创造性质疑吗？你的愤怒得到鼓励了吗，或是被视为罪恶、不虔诚？你关爱自己的行为得到鼓励了吗？或者他们教给你的是给予要胜过索取？

从讨论班参与者的反馈看来，有些人性格的健康面得到了更多的鼓励。有些人的原生家庭给了他们更多的空间去施展创造力，去相信魔法的存在，为他们付出，让他们获得滋养。有些人的学校除了教读、写、算三方面的基础知识外，还允许了他们保持个性和唯一性。有些家庭、学校和教堂教导我们如何做到有爱心，但更多的家庭、学校和教堂强调的则是恐惧和控制，好让我们具有“应该有”的行为。

因为各种各样的原因，我们当中很多人都没有学会如何承认并且鼓励自己性格中的健康面。作为成人，我们忘记关注自己的感受，忘记创造性，忘记要在自己身上花时间，忘记要进行精神健康层面的投入。拒绝这些健康面已经内化成我们的一部分：这样我们才能与人相处，才能有归属感，才能得到分数，才能赚钱，才能成为别人想要我们成为的样子。现在，我们多多少少感觉到没人爱，没人滋养，不开心。我们的自尊水平也许很低，我们在各种关系中寻找让我们感觉良好的方法，却没有审视自己的内心。正因为如此，我们才会觉得健康的关系让我们不自在。我们其实是对内心可能存在的健康面感到不自在。

健康与不健康的适应策略

我们人类有非常强的适应性。我们的智力高度发达，能够表达个性，也能够应对自然和社会环境所呈现出来的无穷无尽的变化。

如果我们在人生早期生活得美好，那我们的适应能力就能帮助我们成为有创造力、探索性、自我表达型、有爱心、有责任心的人。

如果在性格形成期，我们的情绪和心理需求被忽视，我们就会找一种方式来应对这种非滋养性局面。为了在这样的环境中生存下去，我们就产生了性格的其他面，通常是不健康的，即“适应性行为”。童年的经历越是压抑，创伤越多，对适应性行为的需求就越高。我们现在来看一看这种非健康的适应策略是怎样的。

卡伦养成了“渴望助人”的性格面。如果家里其他人不开心，吵闹不休，火气大，滥用毒品，她就会“帮助”家里人，这样她的感觉就会好些。关注家人的痛苦和不舒服时，她自己的痛苦和不舒服就减退了。现在她是成人了，只要看到别人需要帮助，她就会出一份力：开车时，看到有想搭顺风车的人，她就让别人上车；在食品店，有人看起来一副难过或是恼怒的样子，她就要跟别人交谈；在路上看到流浪猫，她就要带回家。她可能会选择与处在困难中的人结婚，因为她寻找的就是需要帮助的人，以此来平衡自己“渴望助人”的性格面。

杰拉尔德养成了适应性的过度负责行为。作为家里的长子，他给弟弟妹妹换尿布，照顾弟弟妹妹，还帮着父母准备饭菜。他通过做这些事情，获得承认、关注和爱。长大后，他继续照顾家里其他人，而这正是他从小就厌恶的事情。后来，他找了一个不够负责的人结婚了（如果他的妻子还不是特别不负责任，他就会把她“训练”成一个更不负责任的人）。

在很多人的成长环境中，成年人都是非常挑剔的。小时候，乔就开始整理家里的庭院。他慢慢明白：草坪要整理得平平整整，不能有草茎冒出头来；每棵树都要修剪；道路旁的草坪要用对角线的方式修整，看起来要像职业联赛的棒球场。如此这般，他受到的批评就会少些。至于听到父母表扬他“好小子”之类的话，又或是从他们那儿得到鼓励，他早就不抱希望了。他知道，只有从邻居那里才能得到赞扬：他的父亲经常在别人面前炫耀自己的儿子，可从来不会当面表扬他。

乔长大了。跟他一起买东西真是太艰难了，因为他很难决定要买什么。他害怕做出错误的决定，因为他父亲的一部分已经内化成他内心的批评家。我们中很多人的都有很强的适应性“内在批判”面，这一面不断地提醒我们应该做到完美，提醒我们没有做到“应该”做到的完美。所有的决定，即使是购物的决定都应该尽可能做到最好。就像乔一样，我们竭力想要做到完美，好让内在批判的叫声小一点。

这种具有适应性行为的完美主义者会寻找什么样的配偶呢？也许会找一个取悦他人的人，这种人能够不断满足对方的内在批判面，而内在批判在成人关系中很容易就变成了“他人批判”。和一个完美主义者生活在一起很艰难，更为艰难的是和内心的完美主义生活在一起。有些完美主义者的配偶与他们完全相反，行事很是邋遢，但这样完美主义者就能在对方身上不断找到可批判的地方了。

查尔斯童年的家庭环境非常糟糕：家人回家时总是醉醺醺的，看起来情绪古怪、行为荒谬，整天怒气冲冲、情绪激动。查尔斯的选择是：做通情达理、知性理性的人，回避所有的感受。他适应混乱家庭的方式就是：思考和无感觉，一旦进入感觉的状态，他就会觉得受伤、受批评，感觉不舒服。他学会了回避一切感觉，特别是愤怒的感觉。“大人”可以愤怒，但他不可以。

查尔斯埋葬了自己所有的感受，像他这样的人会寻找什么样的爱人呢？他过着理性的生活，回避所有的感受。他是一个失衡的人，因此要找一个平衡，他找到了一个非常情感化、善于表达感受的人！（相较于女性，男性更容易成为回避感受的人。通常，女性的感受要多一些，这是因为在我们的社会中，女性的成长过程往往就是学习如何感受并信任自己的感受。）

查尔斯是回避感受的人，他与情感化的人结婚后，情感化的人就会不停地想要让他吐露情感，随便什么情感都行。可是，情感化的人越是努力，查尔斯这样的人就越是关注于思考而非感受。回避感受的人思考得越多，情感化的配偶越是情感化。这种关系可能会极端化，也就是说一方承担了思考的所有部分，另一方承担了关系中情感的所有部分。

人为什么会结婚？大多数人认为是自己“坠入了爱河”。有一种说法认为“坠入”爱河实际上是一种不稳定的状态，甚至可以算得上是情感疾病！通常，坠入爱河跟爱情没什么关系，反倒是与双方失衡的方式有关。有些人与自己个性中缺失或没有使用的部分结了婚，却称之为“坠入爱河”。

为什么会离婚?

适应性策略与婚姻的终结之间有什么关系呢?

两人之间的关系就像一辆车，坐在驾驶座上的则是非健康的适应性行为的某个方面。如果再遇上刚性适应性行为，周围的人更是不得不忍受这种驾车方式。没有满足的需求导致了非健康的适应性行为模式，这种没有满足的需求越多，适应性行为就更为刚性，更具有控制性。举个例子，如果驾驶者是过度负责的人，其他人就不得不应对很多控制性行为（如果这些人选择维持与驾驶者的关系），学会成为不够负责任的人。如果坐在驾驶位的人不想自己做决定而去取悦他人，其他人不得不告诉他该如何开车，以及开往何处。

非健康的适应性人格掌控局面时，在一定期限之内，万事可以正常运行。然而，其中一方迟早会厌倦这种不平衡的状态。

南希是个过度负责的人，她厌倦了掌控局面。她对配偶杰克产生了很多怨恨：杰克简直就是自己活生生的一部分，而且是自己不想要或者不想承认的那部分。南希看到的是：杰克玩得更开心，担负的责任更少，而且没有挑起他那副担子。更让南希愤怒的是，杰克连开支票这种小事都做不好，有时因为账上的钱不够，他开出的支票都退了回来。还有时压根没开支票或是没付账单，导致电话都停机了。南希决定结束这段关系。

像南希一样，婚姻中过度负责的一方往往会厌倦这种角色，决定离开。对于杰克还有像杰克那样不够负责的人，这场危机是唤醒自己、让自己变得更为有责任心的机会。如果他们没有做到这一点，就会再找一个妈妈或是爸爸似的人结婚，然后在下一段婚姻中重复同样的模式。

而在婚姻结束前，如果杰克决心担负起更多的责任，他可能会怨恨南希“阻碍”自己成长；他有可能决定结束这段关系。这种情况下，不够负责的人往往会变得叛逆、郁闷、易激惹和愤怒，想要逃离对方那些令自己窒息的行为。

如果杰克结束了婚姻，而南希没有利用这次机会审视自己和自己的适应策略，她很有可能会再找一只流浪猫来照顾，这样她过度负责的一面又能控制局面了。

你是什么时候第一次注意到某件事情打破了自己婚姻关系的体系呢？面对这个问题，很多人提到的是类似孩子出生了，妻子开始在外面工作，丈夫换了新工作，祖父母生病了或是生命垂危，又或是差点在大洪水中送掉性命。怎样才能调整、适应关系中发生的变化呢？他们通常的回答是自己的关系太僵硬，已经没法调整。大的生活改变就是他们关系结束的开始。

在你的生活中，有没有哪件事情打破了你的体系，最终导致你们关系的终结呢？

跨越责任的桥梁

我们用比喻的方式来帮助你思考这种过度 / 不够负责的关系。想象一对爱人，分别站在桥的两端（可以想象是南希和杰克，或是你和配偶）。这两人共同维护着这座关系之桥：桥就是他们二人之间的联系。过度负责的人（南希）是大桥的清洁工，负责打扫整个桥面（从自己这一端到杰克那一端）。不够负责的人（杰克）坐在桥的另一头，手里拿着钓鱼竿。杰克总是在钓鱼，完全没有负责自己那一端桥梁的清洁工作，南希对此心生怨恨。钓鱼的杰克也怨恨南希，觉得她从来不花时间来享受钓鱼的快乐，更糟糕的是她一直都在打扫，把鱼都吓跑了。

我们着重讨论了这种过度 / 不够负责的适应性行为，布鲁斯在离婚课堂亲自指导了 2 000 人，这种行为是这一人群中最为常见的非健康适应策略。看起来，这种模式是离婚的主要原因。这种关系也可以被称为家长 / 孩子关系、照顾/被照顾关系、成瘾者/促成者关系。这是一种特定的互相依赖形式，处在这种关系中的双方互相依赖，以维持体系的平衡。（或者我们更应该称之为不平衡状态。）你养成了什么样的适应性行为呢？如果说你的性格是一辆车，适应性行为是不是坐在驾驶座上呢？你想不想选择更好的驾驶员呢？你要怎么样才能做出改变，掌控自己的生活呢？

适应性行为背后的感受

过度负责的人给予别人的东西往往是他们想要得到的。他们的需求没有得到满足，因而养成了非健康的适应性行为，这种行为能让他们感觉好一些、舒服一些；通常而言，这些未被满足的需求始于令人失望的童年。其他的适应性策略也是如此。我们在性格形成期有未被满足的需求，想要掌控自己的生活，就要学习如何满足这些需求。如何开始呢？那就要了解这些适应性行为背后的感受。

朱莉养成了非健康的适应性行为模式，原因是："我不想有被拒绝和抛弃的感觉。如果我照顾他，他就不敢离开我。他就会觉得有必要不去拒绝我。"她照顾别人，这样就会觉得自己能少一些被拒绝的感受。

韦恩照顾苏珊，原因是什么呢？他在讨论班上说："如果不照顾她，我就觉得内疚。如果我为自己着想，我的内在批判就会开始数落我有多么自私。我觉得自己为别人做得还不够，我还需要更有爱心。照顾苏珊时，我内疚的感觉便减轻了。"

适应性策略背后最常见的感觉就是对批评的恐惧。比尔是这样说的："在我的童年期，我常常听到大量批评的声音，这些批评来自一些重要的成年人[①]，

---

① 可指父母长辈、兄弟姐妹、老师等人。——编者注

因此我的内心总有一种焦虑感。我觉得有必要让自己的世界尽可能完美，如果外部的世界不完美，我就会觉得害怕。我形成了这种适应性行为，为的就是减少心中的恐惧。”

爱德华是这样说的：“只有在为别人付出的时候，我才觉得自己有价值。我的自尊水平很低，但在执行适应性行为的时候，我的感觉就要好一些。小时候，我没有感觉到被爱；大人说话时，我不会插嘴。我取悦他人，如果不这样做，我就觉得自己没有价值。”

“我觉得是愤怒，”亚力克承认道，“我不知道该如何表达自己的愤怒，或者说，我不允许自己愤怒。因此，我变得非常挑剔，这是一种适应性行为。我看到父亲的愤怒，但他从来不表现出自己的愤怒。他对别人非常挑剔。为了掩饰自己不想承认的愤怒，我也变成了挑剔而且有控制欲的人。”

詹妮弗的成长经历非常普遍：“我是女性，我看到的就是母亲照顾全家人，因此我的非健康适应性行为就是模仿母亲的样子，照顾其他人。”

迈克尔也模仿了家长的榜样：“我是男性，我看到的就是父亲挣钱养家，因此我的适应性行为就是赚钱，要和我父亲做得一样好，要挣钱养家。在我看来，更重要的是多花时间工作，而不是与家人共度时光。”

与内在批判讲和

大多数人的内在批判都是一副营养充足、活力无限的样子，因此内在批判往往会成为性格这辆车的驾驶员。小时候，那些挑剔的人找到了控制我们的方法，同样，我们的内在批判也非常擅长寻找方式控制我们。

讨论班上，我们让参与者给自己的内在批判起一个名字，他们大都以自己父亲或是母亲的名字给它命名。从双亲或其中一位得到的批评逐渐形成我们的内在批判，大多数人都是如此。

贝弗利在讨论班上说："我常常会把内在批判当成我，或者说我的本质就是那样的。"我们指出，她需要认清内在批判只是她性格多个方面中的一面，她还要在自我的本质和内心批判之间修建边界，这一点非常重要。只要认识到内在批判只是我们内心中的一面，我们就可以削减它对我们的影响。我的内在批判比我弱小，我可以比它强大。面对内心批判，我们中很多人的反应就和小时候面对父母时一样。如果我们相信父母对我们的批判是对的，我们的自尊水平就会降低。同样的道理，如果我们相信内心批判，那就是在听任它降低我们的自尊。有些人反抗了自己的父母，这些人很有可能也会反抗自己的内心批判。

一定要记住，如果我们总是顺从性格中的某一面，我们就会受到控制。如果我们总是反抗性格中的某一面，我们也会受到控制。如果我们回避父母，不再听他们的话，我们也能回避内心批判的声音。

你要如何回应内心批判的声音呢？是不是像过去应对父母时那样呢？你想不想用不同的应对方式呢？怎样才能做到和之前不一样呢？

我们是倾听内心批判的声音，还是要忽略它、不相信它？忽略和不相信就是不承认、不肯应用内心的批判，这样做并不对，我们应该倾听内心批判的声音。换个角度想一想：一个人坐在你身旁，而你则想要忽视对方的存在。那么对方就有可能更想要吸引你的注意力，也许还会对你大喊大叫，打你一下或让你坐立不安之类。

而内心批判可比坐在你身边的郁闷家伙要厉害得多，它就住在你的心里，想要忽略它的存在更是难上加难。你可以开始有意识地倾听内心批判的声音。你甚至还可以把你听到的东西写下来。它很有可能一直都在用"你"字开头的句子说话："你真是个蠢货。""你就不能不犯错？"承认它的存在，它的用词慢慢地就会温和下来。内心批判觉得你在倾听，觉得自己重要，觉得你理解它，它就会把“你”字开头的句子变成“我”字开头的句子：“我不喜欢自己处理那件事情的方式。”注意到了吗？这样说话，建设性就大大增强了，接受内心批判是自己的一部分，它的价值便大大增加了。

每次内心批判说完了，你也可以简单回应一句：“谢谢你。”

这到底是怎么一回事呢？其实这就是你在与“内心的父母”讲和。通常来讲，我们的内心批判非常类似于童年时父母的责备警告。当你倾听内心批判的声音，并开始掌控它，它也就变成了全新的健康“好父母”了。

帮助你掌控自己的生活

这本书，以及为期 10 周的讨论班的主要目标有：帮助你了解过去关系中的问题；帮助你了解自己非健康的适应性行为如何导致了失衡的生活。现在我们就给你一份家庭作业，旨在帮助你开始更加平衡的生活。

如果在上一段关系中，你的适应性行为是过度负责，那你很有可能是一个善于付出而不善于得到的人。你对他人负责，却对自己不负责。你需要在付出和得到之间建立平衡，做到兼顾两者。

那你的家庭作业就是：首先，请别人为你做点事情。（我们知道，你们当中会有人说：“这一点，我办不到。”你应该舍弃自己的非健康适应性行为，可你还没有准备好，是吗？）第二步是：当有人请你为他做事时，说“不”。你明白这份家庭作业的用意了吗？它就是要帮助你在付出和得到之间建立平衡。做这份家庭作业时，有一点很重要，就是你需要注意在以下六种感受中，你的感受是哪一种：被拒绝、内疚、害怕、生气、自我价值感低，或是无法停止自己的模仿行为。

如果在上一段关系中，你是不够负责的一方，你就应该说到做到，负起责任，做出具体的改变。

戴夫和大家分享了他的家庭作业。他的前妻是过度负责的一方。离婚后，十多岁的女儿们过生日时，他依然要问自己的前妻，女儿们喜欢什么。作为一个过度负责的人，前妻当然能准确说出女儿想要的东西。前妻推荐什么，他就买什么，这样，戴夫就能继续不够负责的行为，前妻也乐于继续过度负责的行为。过生日时，女儿们得到了自己想要的东西，当然也高兴。只是戴夫还在继续不够负责的行为。做了家庭作业，在班上分享的时候，他说："当时，我自己想了想女儿们会喜欢什么，就做了决定。我没有咨询任何人，就给她们买了礼物。我买的东西并不是她们当初想要的，可她们看起来也是非常兴奋的！"

在上一段关系中，如果你的适应性行为是完美主义，你的家庭作业就是：这个星期起床之后，不要整理床铺。（"哦，我可做不到。那样我一整天都会想着乱糟糟的床，什么工作都做不了。只要不整理床铺，房间看起来就是乱得一塌糊涂。如果水管突然坏了，修理的人进来看到一团糟的房间，那可怎么办？"你还没有做好改变的准备，是吗？）

你在做家庭作业的时候，一定要体会自己的感受，这样你就能了解适应性行为背后的感受了。

在上一段关系中，如果你的适应性行为是取悦他人，你的家庭作业就是：做一些让别人不快的事情。什么事情呢？有可能是别人请你帮忙，你说"不"。有没有什么事情是你早就厌恶不已、不想做的呢？而你一直都在做这件事，原因是你害怕自己不做，别人会因此不悦。那就不做，试试看呀。但还有个问题，就是你可能会听从我们的建议，完成这份家庭作业，然而你有可能是为了取悦我们才去做的。所以，你还是自己给自己布置家庭作业吧，这样对你更有帮助。做家庭作业的时候，要关注自己内心的感受。

在上一段关系中，如果你是一个偏重思考、忽略感觉的人，那么你的作业就是：每天以"我觉得"为开头写10句话，坚持一个星期。（以"我觉得"

开头的句子就是简单陈述自己的感受，注意了，是陈述你当时的感受，而不是你的想法。“我觉得生气”或“我觉得迷惑不解”，不是“我觉得你这样做不公平”。最后这个句子是观点和想法。）要谈论自己的感受，要关注自己的感受！

在上一段关系中，如果你的适应性行为是拖延邋遢，在脏乱之中隐藏自己，那你的家庭作业就是：写一份“今日事项”清单。关注适应性行为背后的感受。

在上一段关系中，如果你的适应性行为是叛逆，那么你的家庭作业就是：以“我是”为开头的句子写一份清单。（以“我是”为开头的句子是自我描述，但不涉及社会角色。比如“我是一个讨厌规则的人”，这样的句子就符合作业的要求。而“我是俄亥俄州的居民”，这样的句子就不行。）这份作业旨在帮助你认识自我，而不是让别人掌控你的生活。如果别人想掌控你的生活，你就会觉得必须反抗。

在上一段关系中，如果你还有其他的适应性行为，就需要为自己设定相应的家庭作业。

学会抚慰自己

即使你还没有发现自己有非健康的适应性行为，你也要做这份家庭作业，为自己做点事情，让自己开心一下。停下车，买个冰激凌蛋卷，吃完了再去接孩子。好好地洗个泡泡浴。读一本自己长时间以来一直都想读的书。培养一门新的爱好。全身按摩一次。找一个人，让他整晚照顾你、抚慰你，而你自己什么都不用做。你喜欢自己的哪些方面？找出 20 条来，写在卡片上，贴在你看得到的地方，天天看，一直看到自己相信为止。

孩子与适应性行为

这一段路程对孩子来说尤为重要。通过阅读本章，我们已经看到，在性格形成阶段，通常是在应对父母的过程中，人们养成了非健康的适应性行为，即：需要没有满足之时，恐惧之时，还有就是需要更多的关注和爱之时。

在父母分居离婚之际，孩子们就更加迫切地需要适应性行为，这一点也不足为奇。母亲若是不在，长女就变成了伪妈妈，注意过这种现象吗？如果儿子和妈妈在一起，他就变成了“新的一家之主”。父母处在离婚的深坑中，行为不够负责之际，孩子往往就会变得过度负责！

我们成年人有想要当小孩子的需求，这时我们往往就会鼓励孩子养成非健康的适应性行为。我们处在某个阶段中，由于感觉很艰难，希望有个“大人”在身边。这样的心情我们可以理解，但这个做法并不好。我们要慎重，不要利用孩子来满足自己的需求。

在孩子成长发展的路上，我们可以鼓励他们独立自主，但不要鼓励他们照顾自己的父母。我们应该帮助他们成为有创造力、有好奇心的人；帮助他们与自己的内心批判达成和解，帮助他们将内心批判变成友好的向导，走向负责任的独立生活。

你现在过得怎么样？

登山小路上的人群躁动不安，他们中大多数人想要继续往上攀登。在这之前，请问一问自己是否做到了以下几点，如果是，就继续前进吧。

1. 我已经意识到了自己的适应性行为。

2. 通过抚慰和照顾自己，我一定会变得更加灵活，更加平衡。

3. 我要控制自己的非健康适应性行为，而且已经找到并且完成了相应的家庭作业。

4. 我已经知道了自己适应性行为背后的感受。

5. 我列出了清单，鼓励自己性格中的健康面。

6. 我更加明白自己为什么会分手了。

第五章

孤独

“我从来没有这么孤独过”

分手之际，倍感孤独，这是正常的。如果倾听自己的痛苦，愈合就能随之而来。通过孤独成长，你能够到达独处的阶段——即使独自一人，也觉得自在。

孤独是一种疾病，
你浑然不觉，它却慢慢生长。
症状令人胆战心惊。
孤独是一张黑暗的，
看不见的面纱，
用悲伤包裹着你。
你的精神和情绪都极度空虚，
你绝望地挣扎……
在这个残忍的世界上。
我就身患这种疾病，
我希望找到良方——
即便是一缕阳光，
那也是上天的恩赐。
孤独盛气凌人，
带走你的一切。
除了无尽的孤独，
什么都不会给你，
仿佛这世界上就只有你一人。

——伊莱恩

攀登在重建方块的高山上，环顾四周，我们会看到很多孤独的人。有些人退缩到自己的“山洞”中，偶尔探出头来，看上去非常难过、颓废。有些人坚持要和别人在一起，所以总是握着别人的手或跟着别人转悠。还有些人，因为总在忙碌，所以不必面对自己的孤独。有些人表达出自己的孤独，但他们就像真空吸尘器，会把周围的人“吸进去”填补内心的空虚。还有些人就像冰山，只要一有机会，就尽可能地靠近别人取暖。

孤独是痛苦的。但是，这种痛苦是在告诉我们：还有重要的东西需要学习。

离婚人士摆脱不了孤独。无数人饱受着孤独的折磨。对于很多人来说，孤独在童年时就存在了，并一直贯穿婚姻始终，离婚之后也是如此。（这也是离婚的原因之一，整理笔记的人可以记下这一点。）如果孤独是困扰你多年的绊脚石，它也可能就是你攀登途中的关键之处。

那个特殊的人离开了，随之而来的孤独尤其强烈，你往往从未感受过这样的孤独。突然，你就得一个人吃饭、一个人睡觉了，孩子成长过程中的特别时刻你也找不到人分享了。在家里，你本已习惯听到那个人的声音，嗅到那个人的气味，感受那个人的触摸，而现在什么都没有了，只有寂静一片。即使家里满是孩子，房子也呈现出一种奇怪的空荡荡的感觉，就仿佛有人在敲锣，你却听不到声音。你在看，你在听，你在感受，可你觉得满世界都找不到一个与你的方式相同的人。朋友们向你伸出手来，即使你真心想要与他们亲近，他们看起来也是那么遥远。

你内心可能有个声音在警告你："往后退、往后退，这样你就不会再受伤害了！"你想要离群索居，就像是受伤的狗退到隐蔽的地方，等待伤口痊愈。与此同时，你又渴望情感上的温暖，想要成为孩子，想要"妈妈"来照顾你。

有些人在婚姻中就感到孤独，对于这些人来说，分手事实上是一种解脱。但是，离婚后的孤独是另外一回事。在婚姻中，这些人并没有与爱人产生真正的亲近感；与对方的共同生活有可能伴有痛苦、愤怒、沮丧、冷淡以及孤独。（这也是离婚的另一个原因，你记下来了吗？）分手了后虽然解脱了，但新的孤独随即而来。

孤独阶段

许多重建方块都是三阶模式。孤独的第一阶段是退缩；这个阶段的人或是躲避，或是开始幻想。有些人垂头丧气地躲在空荡荡的公寓里，觉得这样别人就不知道自己的恐惧了。另一种方式则是上演“我是个可怜的小东西”的游戏，希望有人来可怜自己。目的就是不想让其他人知道自己的内心有多痛，但却要让前任知道。

在这个阶段，“寂静”时刻提醒着你，你的伴侣离开了，真的离开了。这种寂静让人难以承受。你没有办法集中精力，也无法阅读。电视又是那么无聊。什么都让你兴奋不起来！你内心蠢蠢欲动，非常想要做些什么，可是做什么呢?

孤独并不是什么佳侣良友，可是处在这个阶段，对一些人而言，退缩可能还真是一种得体的行为。这时，他们在情感方面真是贪得无厌。面对这样的需求，朋友会感到窒息，感到自己的空间和作为朋友的空间都受到了侵犯。有个古老的民间故事，讲到亿万只猫开始互相啃食，最后一只猫都没有了。在这个阶段，亲密朋友之间可能就会“互相啃食”，最后做不成朋友。

人生就像钟摆，从一个极端到另一个极端，不停地摆动。为了逃避这种孤独感，很多人都不再退缩，进入了第二个阶段，成为“忙碌狂”，工作日每天晚上都有活动，到了周六周日，每个晚上还要参加两个活动。他们长时间工作，找各种各样的理由继续工作，就是不想回到空荡荡的家中。（也许他们在离婚前就是工作狂，以工作为借口回避孤独的婚姻。这也是离婚的原因之一。）他们和别人一起出去玩，事实上他们并不喜欢这些人，这样做只是为了避免孤单。单身人士的派对可能会通宵达旦，因为没有人想回家一个人待着！

他们在逃避自己，就好像自己的内心有一个可怕的、孤独的幽灵。对于那些一直都孤单的人而言，这个幽灵开始变得如此真实！他们忙于逃避，从来不会停下来看一看自己在干什么，或是看一看自己在前往何处。这时，他们没有攀登高山，而是在原地打转！（听起来是不是很熟悉？）

这种忙碌的孤独感会持续多久呢？感觉会有多强烈呢？因人而异。有些人可能只是感觉自己想要忙起来；有些人可能忙得脚不沾地。慢慢地，所有人都会觉得疲惫，这时他们就会认识到：生活不仅仅是为了躲避孤独的幽灵。接着，他们就会慢下脚步，逐渐进入独处的阶段。

独处

通过努力，你到达了独处的阶段——独自一人也自在的阶段，有人称之为“一体”阶段。你可能会选择一个人在家，坐在壁炉边看书，而不是出去和不喜欢的人一起玩。你内在的潜力得到了发展，你有了新的兴趣、活动、想法和态度，一个人独处也自在了。

“我是怎么做到这一切的呢？”从直面孤独幽灵并意识到它确实是一个幽灵开始！你曾经逃避它，惧怕它，避开它。但当你转向那个孤独幽灵并大喊“去！”时，这个幽灵往往会失去它的力量和对你的控制。你承认了孤独是人生的一部分，从那时起，独处对你来说变得更加舒服。

你要知道的是：孤独也能疗伤。一段时间的孤独能够让你反思自省，以及实现自我成长和发展。内在的充实和力量取代了空虚和虚无。独自一人也能自在，不再依赖他人的陪伴，做到这一点，你就朝着独立迈出了一大步。

在这个阶段，我们鼓励你放慢脚步，不要急于寻找新恋情。你真的需要学会独处。而且，为了逃避孤独而选择与另一个人在一起，这种开始新恋情的理由非常不健康。在开始新恋情之前，你需要独处一段时间，甚至是孤独一段时间，这对于疗伤有极大的好处。

时间真的是疗伤的最好药物。一段时间的孤独，也是一段自我发现之旅，这正是你所需要的治疗之一。等到时机对了，你就能选择是否走进新恋情，而不是需要新恋情来克服孤独。

心理健康的人在独处和与他人相处之间处于平衡状态。你需要找到适合自己的平衡点。

孤独的孩子

父母离异后，孩子也会遭受孤独的折磨。就像他们的父母一样，孩子的心里也有空荡荡的感觉。他们也想和别人在一起，填补那份孤独，但是他们又害怕与别人亲近。

他们的同学们可能有各式各样的反应。有些社区离婚的现象非常普遍，小家伙告诉同学们自己的父母正在办理离婚，其他的孩子会说："你父母终于要离婚了，是不是？"而到了另一个社区，离婚可能还是一件"错事"，非常少见。如果是这样，孩子可能就是整个年级里唯一一个父母离异的学生。

父母的日常生活改变了，孩子的日常生活习惯也变了。现在家里就只剩下一位家长陪着他们，和他们一起游戏，哄他们睡觉。如果父母一方搬家了，或是双方都搬家了，新环境也会给他们带来孤独感。由于父母中的一方没有监护权，这位家长的家里可能就没有孩子熟悉的玩具或是书籍。通常而言，这位家长的新家并不是为孩子设定的，可能还在远离孩子的朋友的陌生社区。

要健康地独处，父母需要通过孤独这一关，孩子们也是如此。孩子们需要知道，他们有能力独自一人待着，并不是非要别人陪伴左右。

许多孩子在父母离婚之前就感到了孤独，家里的整个氛围让他们没有归属感。离婚往往放大了没有归属这一不好的感觉。然而，我们也能利用这场危机来直接处理这个问题。

在这个特殊的时间段里，父母要帮助孩子们找到归属感，让他们感觉到爱，让他们知道自己是新（重组）家庭重要的一部分。他们面对的是父母分开生活这一情况，他们要学会与父母中的一方生活，与继父母生活，与继父母的子女一起生活，他们需要帮助。（我们再次提醒你不要过早发展有承诺的新恋情！）

无论处在哪一个重建方块，你都很难留出足够的情感和精力满足孩子的需求，在处理自己的孤独之际，也是如此。在飞机上遇到紧急情况时，你首先要给自己戴上氧气罩；同样的道理，你需要先攻克自己的重建方块，然后你才能更好地帮助你的孩子。

你现在过得怎么样？

现在，我们来测试一下你独处的能力。如果对下面大多数问题你的答案都是肯定的，那你已经有了健康的独处能力，你已经准备好继续攀登高山了。如果在三四个领域都还做得不够，就需要在本章的内容上多花一些时间，这样你才能从容地独处。

1. 我不再忙碌不堪，而是更多地把时间留给自己。
2. 以前我长时间工作，根本就没有属于自己的时间，现在我不这样了。
3. 以前我虽然不喜欢一些人，但还是和他们一起玩，为的是逃避孤独，现在我不这样了。
4. 我开始花时间做那些对我而言重要的事情。
5. 我不再躲在自己家里或是公寓里。
6. 之前，为了逃避孤独感，我急于寻找新恋情，现在我不再这样了。
7. 即使一个人做事情，我也感到满足。
8. 我不再逃避孤独。
9. 之前孤独感控制了我的行为，现在我正在改变。
10. 独自一人，单独行动，我也觉得自在。

第六章

友谊

“人都到哪儿去了？”

救生索式的朋友给你的支持非常重要，能够缩短你调整适应危机的时间。现阶段，朋友比恋人重要。你可以结交男女朋友，但不要发展出浪漫关系和性关系。在很多已婚人士眼中，离婚具有威胁性，因此，你已婚的朋友可能会疏远你。

以前，我和玛丽亚身边有很多亲人和朋友。大多数周末，我们都会烧烤，或是到她姐妹家里玩，或是约上两三对夫妇一起野餐。自从我们分手后，这些人再也没有给我打过电话，或是到家里玩过。我们单身了，为什么那些已婚的人就不再想和我们一起玩了呢？

——约瑟

我们一路攀登，会注意到人们对待友谊的不同方式。在经历分居痛苦之际，有些人坚持独行。他们想要退缩，他们觉得和别人在一起不自在。你也会注意到有些人一直黏在一起，似乎连独处一分钟都做不到。他们总是手挽手，甚至提前就约好了，这样一来，整段路程，他们都不用独自行走。我们也会看到，分手后，极少有人继续与谈恋爱时交往过的朋友保持联系。

看起来，在继续攀登的过程中，我们似乎不得不寻找新朋友了。而处在这个阶段，结交新朋友似乎又是特别困难的一件事。

“单身不是挺棒的吗？”

处在婚姻中的时候，你有没有嫉妒过离婚的朋友呢？有没有希望自己也能像他们一样参与各种各样有趣的活动呢？有没有你想去参加这些活动，而你的配偶不想去的情况呢？现在好了，你自由了！现在你觉得“精彩纷呈”

的单身生活怎么样呢？对于大多数人而言，特别是我们第一次分居的时候，单身生活可不是精彩纷呈的，事实上它是非常孤独和可怕的。

单身生活是孤独的，部分原因是我们通常会失去以前的朋友。造成这种现象，有四大原因：

- 分手后，突然间，你就成为婚姻关系中某一方潜在的爱人，你是合格的爱情候选人了。之前，你们出双入对受邀参加派对，对他们来说你是安全的，现在你是单身，就成了威胁。突然，人们看待你的眼光就变了，你成了合格的候选人，你受邀参加已婚朋友派对的机会也相应减少了。

- 布鲁斯第一次离婚的时候，与他并肩工作的是一位已婚女性。在他分居三个月后，有一天，他经过这位女性的办公桌，这位女性说："你现在分居了，要离婚了，看起来性感多了！"布鲁斯回答道："我不觉得自己有多大改变，只不过是你看待我的眼光变了。这让我觉得自己成了目标，不再是一个人。"这位女性对他表示了兴趣，布鲁斯感到荣幸，但自己成了对方婚姻的潜在威胁，这让他不自在。

- 我们会失去朋友的第二个原因是：离婚会导致两极分化。朋友们通常会支持前夫或是前妻，很少有双方都支持的。如此一来，我们就失去了站在前任一方的朋友。

- 第三个原因可能是最重要的。这是一种恐惧感：你能离婚，我也有可能离婚。你离婚了，这对你周围的已婚朋友来说是可怕的，所以他们从你身边溜走了。你可能觉得被拒绝了，但事实上这是他们的问题，是他们内心的折射，不是针对你。你朋友的婚姻越是不稳定，他们就会越早离开你。你完全没有必要觉得被抛弃了，你要明白的是：你离婚了，他们因此强烈地感受到了自己婚姻的不稳定。他们回避你的友谊，是因为他们害怕离婚会像传染病一样传播。

● 处在离婚期的你还需要了解第四个方面。已婚人士是主流社会的一部分，这个社会是以夫妻为导向的，夫妻是我们生活方式的基石。然而，离婚人士是单身亚文化的一部分，这一部分并不太受欢迎。只有成为单身人士，你才能真实地感受到单身亚文化。被主流夫妻文化排斥后，进入单身亚文化，这一调整过程并不轻松。

单身亚文化有不同的道德价值标准。这个文化中的人们生活要“随意一点”、自由一点，就像是大学生联谊会一样。在单身人士的聚会上，“我离婚了”这句话成了与人攀谈的开场白，而不是结束语。很多情况下，由于对方也是离婚人士，你们就有了共同点，于是交谈就开始了。因为道德标准并不一样，突然到了单身亚文化的圈子，不久前还处在结婚状态的人就会有些不知所措，他们的第一反应可能是吃惊。他们会想：“规则变了，而我还不知道新规则！”

建立友谊

此时，你若开始结交新朋友，会有三个阶段。第一阶段，你觉得伤心、孤独、压抑，从而回避朋友（除非是那种能给你安全感的人）。第二个阶段，虽然你非常害怕被拒绝，但你最终还是冒险开始与人接触了。第三个阶段，你和别人在一起时觉得自在，你不再害怕被拒绝，开始喜欢和别人在一起，感觉还不错。

刚离婚不久的人常常问：“离婚后我该怎么交朋友？我到哪里才能找到约会对象？问题是：许多离婚的人与人交往时是在绝望地寻找新恋情，而不是享受与人相处。现阶段，你的目标应该是去认识人；有些新交的朋友可能会变成特殊的朋友，甚至是爱人。但是，你要有耐心，慢慢来。一开始，你应该扩大自己的交往圈子。你到哪里都能交到新朋友：食品店、教堂、电脑课堂、网球课堂、陶艺课堂、烹饪课堂、语言课堂、个人成长课堂、社区团体、志愿者组织、图书馆、办公室，或是遛狗的路上。（是的，我们知道网上的社团和兴趣小组会组织大家互相认识，结交新朋友，但只要有可能，我们还是鼓励你进行面对面的联系。）

你开始想该怎么交新朋友，结果你发现，如果接触到自己真正感兴趣的人，你就会发出“信号”，人们一旦接收到这种信号，就会想要回应你。如果你给人留下了孤独、绝望、无助的印象，别人就不想和你在一起。

我们所说的信号包括你的肢体动作、你走路的姿势、你说话的语气、你对视别人的目光、你的衣着风格，以及其他所有展示你心情的细微之处。你一句话都没有说，但是单身亚文化中有经验的人常常就能看出你是单身人士。即使你不打算发出信号，你也在发信号。你发出的信号是不是在邀请别人来了解你呢？

你做好了交新朋友的准备，并且交朋友也让你感觉自在了，就可能会用到以下这几点。人们报名参加各种学习班或是团体，比如说费希尔离婚与个人成长讨论班，找到了一种处理友谊这一重建方块的方法。在这样的讨论班里，你可能与人结下深刻的、令人想象不到的友谊。查一查当地的教堂、大学、基督教青年会、心理健康中心、婚姻咨询师以及心理学家，总能找到适合的讨论班。

如果找不到这样的讨论班，你可以组织自己的团体，找 5~10 个人，其中男性女性都有，他们得对本书有兴趣，愿意互相讨论。见面地点就设定在彼此的家中。你既要设定讨论的时间，也要设定互相交往了解的时间。你们谈论一下大家都有的烦恼和感受。团体成员最好是互相不认识的，这样就不会进入说长道短的模式。你有可能在讨论组度过最有趣、最难忘的夜晚。事实上，在美国（以及其他国家）有成百上千的离婚讨论组，他们每周都见面，这本书正是他们的讨论指南。

所以，上网查询信息，分享观点，扩展视野吧。参加网上的兴趣或是活动小组。参与讨论感兴趣的话题。但是不要让这成为你交友的主要途径。直面自己的恐惧，在你周围的世界中寻找朋友。长远看来，在现实世界寻找朋友，你能找到更满意的朋友，你们的友谊也更长久。

在书上或是电影中，我们都看到过因为电子邮件而结缘的罗曼史，毫无疑问，现实生活中肯定也有好多这样的例子。但是研究表明，通过网络发展的感情，最终能成为成功的现实恋情的比率是很低的。此外，你在网上投入的精力（和幻想）很有可能会妨碍你在现实生活中的成长。

至于网上约会，现在已经成了一种主要趋势。事实上，据称约会网站的总数超过了 1 500 个，如今这已是人们遇见未来伴侣的最普遍的方式。然而，通过网络联系上自己本想避免的那种人的概率有多大呢？至少和在酒吧或单身聚会里一样大。大型约会网站会配备一些背景核查服务，至于你遇到的人到底怎么样，就不能确定，更别说担保了。如果觉得心动，你也可以看一看约会网站，但是要小心。《消费者文摘》在 2013 年对约会网站进行了研究，报道称："我们的专家一致认为，使用约会网站的消费者一定要谨慎。警觉就是最好的防备。"

谈及约会……

还没有到浪漫的时候！

以下观点非常重要，有必要特别强调：

我们的建议是：如果在情感上还没有完全走出上一段恋情，就不要涉足另一段长期的稳定恋情。

如果你过快步入下一段恋情，就可能把上一段关系的感情垃圾带到新关系中。你很有可能找了一个和前任一模一样或完全相反的人结婚。这两种情况，无论是哪一种，都很有可能使你在这段新关系中遭遇与以前相同的问题，这种情况出现的概率非常大。

什么是健康的离婚过程？那就是“学会单身”。很多人在结婚前根本没有学会成为一个独立的个体。他们直接从原生家庭走到了新生家庭。如果没有学会单身，你就很想藏身于另一段恋情中。结束一段恋情时，你有很大的感情需求，你会非常渴望在另一段恋情中得到安慰。然而，只有准备好独自面对生活，你才算是为婚姻做好了准备，这听起来似乎有些矛盾，却是真理。

但是，你的确需要朋友，还需要那种建立于友谊而且有发展为恋人的潜在可能的朋友关系。有了良好的交流和机会，两人之间就能构建出一种开放的、信任的和诚实的关系，一种有助于双方个人成长的关系。你如果能做到这一点，就可能会更快地走出离婚过程。

有时你会觉得很难判断目前的关系有没有限制个人成长，最好的标准可能就是问问自己：“我在学习怎么过单身生活吗？”如果你觉得这段恋情让你丧失自我，那你可能就需要后退一步了。（很多情况下，这一点说起来容易，做起来很难！我们要再次强调：重建自我是第一步。这很重要！）

我们会在第十六章详细谈论如何发展与他人的关系。

不能只做朋友吗？

我们可以与异性建立一种无性的、非爱情的亲密关系！你可能第一次听说这个观点，而这很让人兴奋，不是吗？你可能有过这样的经历：你尝试和人交朋友，但你害怕那种亲密无间的关系，所以非常小心。这段友谊变得举足轻重，突然间你意识到，有这样的朋友真好，你如此渴望维持这段友谊。

在内心深处，你隐约觉得：这段友谊如果变成了两性之间的浪漫关系，那就没什么意义了，也就没有那么特别了。同时你也发现自己非常珍惜这段友谊，而且愿意尽最大的努力在情感上经营它，希望这份友谊愈加深厚。这样的友谊让人感到自由而陶醉，同时这样的友谊也就击破了不能和异性做朋友的神话。

说什么这样的友谊会破坏婚姻，不过是老妇人饶舌，你也会明白其中虚假的逻辑。这世界上有多少种蔬菜，就有多少种朋友；想要把西红柿变成西葫芦，有这个可能吗？即使有，那也相当棘手吧！交到了异性朋友，你学到的东西可以用来丰富自己的下一段婚姻。拥有不同性别的朋友，是你拥有健康关系的标志之一。

你在发展新的友谊，可同时单身亚文化群体对婚姻的各种负面评价也会充斥你的耳朵。有些人站在山顶怒吼咆哮，嚷嚷自己再也不会结婚。他们收集了婚姻的痛苦和消极面，整理成长长的清单。如果有人决定再婚，他们甚至会给新人发去慰问卡片！你要明白，这些人只是恐惧婚姻，就像有些人害怕离婚一样。他们经历了一次糟糕的婚姻，也许因此就认定自己再也不可能得到幸福的婚姻，所以把婚姻不幸的偏见投射到了他人身上。

这世上的确实有很多婚姻生活不幸福的人。究其原因，在很大程度上是人本身的性格问题。有些人无论在哪里都不会幸福，他们的不幸福和婚姻状况毫无关系。毕竟，婚姻中两个人的幸福就是婚姻的幸福，不多也不少。

有了救生索式朋友的支持，我们就能够更快地走出危机。在我们快要“淹死”的时候，需要有朋友扔给我们一个救生索。有一个可以交心的朋友，在危机当中是真能“救命”的。如果你没有这样的支持系统，就应该着手创建一个。

孩子也需要朋友

孩子也有交友方面的问题，他们通常会感到被孤立了，感觉自己是“异类”。有些社区的孩子可能会觉得整个学校的人中只有自己的父母离异了。他们可能不认识其他父母离异的孩子。怎么会这样呢？一部分原因是孩子们通常都不愿意谈论父母离异的事情，毕竟，这对他们而言是痛苦的经历。当然，也有这种情况：某个少年来到学校，说：“你们猜怎么了？我爸妈要离婚了！”如今的孩子听到这句话有可能会说：“欢迎加入我们！”

离异后的父母倾向于和离异者以及单身者交朋友，孩子也是这样，他们可能会开始寻求和单亲家庭的孩子交朋友的机会。正如有些离异后的父母会自我封闭，有些孩子也会如此，不管是什么样的友谊，他们都拒之门外。正在经历父母离异之痛的孩子需要和朋友交心，但对孩子而言，找到这样的朋友不容易，要他们谈论心事也很困难。这一现象受到了学校的关注，许多学校为这些孩子提供了某种形式的心理咨询，其中有的孩子进行自我封闭是由于父母离异，有些则基于其他原因。心理咨询对经历心理创伤的孩子而言无疑是极大的帮助。（而且，这还在很大程度上有助于预防某些悲剧性的宣泄行为，最近几年，这种宣泄行为给不少社区造成了很大的破坏。）

父母可以帮助孩子们找到可以交心的人。也许，是时候让其他的亲属参与进来了。（警告：无论是亲属、朋友还是邻居，他们如果非常情绪化，很有可能本人就有未处理好的心事，那么就不适合和孩子交心。他们很有可能更关心自己的需求该如何解决。）孩子们与成年人交谈往往会有好处，但如果有可能，这时他们还需要和其他离异家庭的孩子交谈。

经历这一过程的孩子有他们的需求，对此我们要了解，并且给予支持。我们可以鼓励他们通过课后活动和社区项目与他人交往。和大人一样，有了可以交心的朋友，他们就能更快地走出调整期。

你现在过得怎么样？

到现在，你也许可以放松一下，坐下来，休息一会儿，看一看周围的人。有多长时间你没有对此产生过兴趣了？他们之中不仅仅有已婚人士，还可能有你的潜在恋人或可怕的人，他们就是活生生的人。有没有哪个人看起来很有趣，可以成为你的朋友呢？在接下来要攀登的这段山路上，如果有一个朋友握住你的手，给你一个拥抱，在你脚底打滑的时候接住你，你会觉得轻松些。为什么不趁现在付出感情，结交几个朋友呢？担心被拒绝？不要担心，你要知道，也许那个人也像你一样渴望友谊呢！

在你阅读下一章的内容前，请查看下面这份单子，评估自己的交友进程。不要忘了，任何有价值的东西都不会从天而降，友谊也是如此，你需要不断地付出努力！

1. 危机之后，我通过新方式交到了朋友。
2. 我有至少一位同性的救生索式朋友。
3. 我有至少一位异性的救生索式朋友。
4. 我对目前的社交关系感到满意。
5. 我的密友了解我，懂得我。
6. 人们似乎很喜欢和我在一起。
7. 我的朋友当中既有单身的，也有已婚的。
8. 我和一位很重要的朋友一起谈论过本书的观点。
9. 我经常和一位亲密的朋友谈论我的心事。

第 七 章

内疚／被抛弃

甩人者，内疚；被甩者，被抛弃

甩人者提出了分手，被甩者当然是被迫接受分手的现实了。前者感受到的更多是内疚，后者感受到的更多是被抛弃，两者的调整过程是不一样的。甩人者在还没有真正分手的时候就开始了调整过程，而被甩者往往是分手后才开始。对于共同决定要分手的人，调整过程多少要轻松一些。

我狂笑……

这是我此生听过的最好笑的笑话；

“他不爱你。”

当你亲自告诉我的时候

这话更为滑稽；

“我不爱你。”

我狂笑

整栋房子都跟着颤抖

接着就坍塌在我身上。

——梅根

我们即将开始本章的重建方块，首先让我们说明一下要讲的内容。本章的四个重要概念互相交织，时不时容易让人混淆。我们将要看到的是离婚这幕中的两个主要角色：甩人者和被甩者。我们还会讲一讲离婚创伤中的两种强烈感受：内疚和被抛弃。

在这段路程中，我们看到了形形色色的人。有些人还处于惊吓之中，躺在地上想要找回以前的爱。有些人四处走动，一脸内疚的样子，尽量不去看那些躺在地上的人。还有些人和前任手挽手到处走动！（他们到底在这儿干什么？）每个人看起来都很难过。

躺在地上的是被甩者，他们原本走在人生路上享受着自己的爱情，突然他们的爱人就宣布要离开了。有时被甩者能提前感受到一些征兆，有时则完全被蒙在鼓里。要他们接受分手的事实，是非常艰难的。一脸内疚表情的是甩人者。他们考虑结束这段关系已经有一段时间了，也许都有一两年了，只是没有勇气说出来。他们知道话一旦说出口，就会对被甩者造成伤害。他们避免看到被甩者，因为看到了只能让他们更内疚。攀登这座高山对他们来说要更加容易一些，在还没有分手的时候，他们就开始思考攀登的问题了。

那些手牵手的是共同决定分手的人，他们是和平分手者。看到了没有？这样的人少之又少！很多人都在问，他们之间的关系这么好，为什么还要分手。他们在一起时可能非常不幸福，所以分手对彼此都有好处。甩人者和被甩者之间经常互相使绊儿，他们会想："不能让我的前任爬得比我快。"但是，和平分手者不会这样，他们的登山过程很顺利。

在开始这段路程的攀登前，我们来梳理一下本章的梗概：

> 甩人者是提出分手的人，他们通常会觉得很内疚；被甩者是不想分手的人，他们通常会有强烈的被抛弃的感受。

当然了，事情肯定没有这么简单！我们会在后面的内容详细讲解，现在只是概括地说一下本章的内容。

被抛弃是一种很痛苦的感觉

几乎所有人都有过被拒绝的经历，没人会觉得那样的经历让人好受。遭到拒绝以后，我仔细地审视自我，不断地检查自己，想知道到底是什么样的缺点导致别人拒绝我。这样的自省能够帮助我更了解自己，也许我会改变与人交往的方式。无论如何，关系的终结，特别是恋情的终结，往往会带来被抛弃的感觉，接受这一事实对自己有好处。

你感觉被抛弃了，想要克服这种感觉？那就要明白分手可能并不是自己的错。我们之前已经讲过了，每个人都会把很多过去的东西带到爱情中，而这些东西往往决定了这段关系中各种事情的走向。我是分手了，但这并不一定意味着我不合格、我低人一等，或是我有什么问题。关系总是会终结的。或许终结根本不能代表不合格！

要达到的认识目标就是："如果我们的关系有问题，那并不是我有什么大问题。如果两人不能在一起，我失去了一些东西，那对方也失去了同样多的东西，甚至更多。"要达到这样良好的自我感觉不容易。你需要一段时间才能认识到分手的责任在于双方，既不是你一个人的，也不是你前任单方的。

你是值得拥有的人，你懂得爱和被爱。你有自己的特别之处，那就是你独一无二的自我。对此，你要确信无疑。你甚至可以这样想，居然有人甩了自己这么好的人，那个人肯定有问题！

适当内疚，大有帮助

现在我们来谈谈内疚。个性中"适当的内疚感"是一种理想的状态，这句话听起来或许有点奇怪。如果你没有内疚的感觉，会怎么样呢？只要不被抓住，你什么事情都干得出来。内疚感帮助我们选择我们生活的方式。不幸的是，很多人的内疚感强得过了头，结果就是被束缚、被控制，反而不能去创造幸福了。最理想的平衡就是内疚程度"刚刚好"——既能保持方向感，又不会严重制约我们的选择。

分手往往会让我们真切地感受到内疚。甩人者尤其会感到非常内疚，他们会说："伤害了我爱的人，或是我曾经爱过的人，我感觉非常糟糕。真希望可以既满足自己的愿望，又没有这么内疚。"内疚，或是内疚的倾向，似乎是深植于个性之中的。我们很难克服这种感觉。最好的解决办法似乎是对分手进行理性思考。这个时候要倾听你的大脑，而不是你的内心（和心里内疚的感觉！）。这段关系对双方都没有益处，分手也许就是一件好事。在这种情况下，与其坐在那里内疚，还不如这样想："对我们俩而言，这很有可能是最好的决定。"

解决内疚的一个方法就是接受惩罚。布鲁斯回忆说，他做中学教师时，一次，一个七年级的男孩做了错事，他把这个孩子领到走廊，好生教训了一番，以至于这个孩子都哭了。布鲁斯本人都觉得自己的做法有点刻薄和伤人感情。结果，这天放学后，男孩来到布鲁斯的教室，亲热得就好像布鲁斯是他失散多年的朋友一样。布鲁斯惩罚了他，帮助他克服了自己的内疚，他感激这一点。有人关心他，给他设定了限制；他做错了事，有人注意到了，并且惩罚了他，这样一来公正的天平达到了平衡。

当我们觉得内疚时，通常会寻找各种方式来惩罚自己，以此释放内疚感。如果你发现自己强打精神在相处中忍受痛苦，以此惩罚自己，或许你该采取行动释放内疚感了。

人会感觉内疚，通常是因为自己没有达到某种行为标准。如果这个标准是你自主选择的，是可行的标准，那么由于没有达到这个标准，你感觉到有些内疚，这很有可能是健康的。但是如果这个标准是别人的，是社会的，是教会的，反正不是你自己选择的，你的内疚感就不会起到正面的作用。所以还是省省吧！能够达到自己的标准就已经够艰难了，你不可能让所有的人都高兴。

"但是，"你面带悔恨地说，"维护婚姻是我的标准之一。我的婚姻失败了，所以我觉得内疚，我没能达到自己的标准。"我们知道你的意思，也懂得你的感受。我们希望你能慢慢接受自己作为人的局限性。世上没有完美无缺的人！也许你应该换一个角度看待自己的内疚，想一想怎么做能更好地处理当前的局面。

你可以试一试下面这种想法："我和我的爱人没法继续维持夫妻关系，这段关系不能满足我们的需求，也没有给我们带来幸福。不知是什么原因，关于如何爱另一个人，如何与另一个人交流，我们两人知道得都不够多。"

还记得你在学校的时候，没有复习就参加考试的经历吗？你很有可能考得很差，心情很糟。但是这门课你并没有不及格！现在你是成人了，你分手了，你心情很糟。也许你能从这次经历中吸取教训，这样下一次你就能做得更好。你甚至还能帮助你的前任学到一些积极正面的东西。面对现在的处境，你的内疚感是正常的，也许等你接受了这一点，你就能做出改变，成为一个更好的人，在将来建立更有意义的关系。

内疚也有不同

我们来比较两种内疚：一种是适当的内疚，还有一种就是无根据的内疚，我们每个人心中似乎都有很多无根据的内疚。恰当的内疚是你做了错误或伤害别人的事情后的感受，那很不舒服。你违背了自己的某个标准或是价值观。分手时，你伤害了别人或是自己，感觉不好受，这是正常的。适当的内疚是你在现阶段能够解决的。

然而，有些人会长时间感到内疚，通常从童年时期就开始了：他们有很多说不清的内疚感。某件事情发生，就打开了内疚之池的水龙头，结果是这种感觉倾泻而出，然后他们感觉焦虑、害怕和恐惧。这种内疚似乎可以和任何事相关，可以和任何事产生联系，所以让人难以承受，有种席卷而来的感觉。

如果你的内心有这种无根据的内疚感，也许就需要接受心理咨询，学会把这种感觉最小化，并控制这种感觉。也许离婚的危机会成为契机，促使你动手解决早就应该处理的问题。

要处理被抛弃和内疚这两种感觉，重要的一点是接受。在费希尔离婚讨论班里，我们营造出一种情感氛围，这种氛围看重的是对自我感受的接受，还有就是成员彼此的支持。由于身边的人接受你、支持你，所以那种被抛弃的感觉很快就能消失。如果你能找到温暖你、支持你、接受你的朋友或是团体，你就能治愈这颗感受到被抛弃的心。

被抛弃和内疚与自我价值和自爱之间的关系非常紧密，对此我们将会循序渐进地讲解。如果你的自我价值和自爱得到了改善，人生不可避免的“被抛弃”对你的伤害就会减小。

“你属于哪种？”

在布鲁斯的讨论班里，大约有一半的人说他们是被甩者，有三分之一的人说自己是甩人者，剩下的人认为自己是共同决定分手的人。我们并不清楚这个数据是否适用于所有的离婚人士。当然，从理论上来说，我们觉得被甩者和甩人者的比例应该是一致的。然而，有些情况下，一方觉得自己被甩了，而另一方（通常这位甩人者不想有内疚感）则觉得是共同决定分手的。

处在离婚期时，甩人者和被甩者在很多方面都是不一样的。根据《费希尔离婚调整标准》进行的研究表明，分居之际，被甩者在情感上更为痛苦，特别是在放下和愤怒这两方面的调整更为困难。然而，如果我们把甩人者在关系持续期间的痛苦计算在内，他们在情感上可能会比被甩者还要痛苦。在分手前，甩人者就开始了放下这一过程，他们已经能够把被甩者看成朋友，而不是爱人。而被甩者在分手之际常常还深爱着对方。（和平分手者的感受往往更加接近于甩人者，但他们悲伤的感受要少一些。）

偶尔也会有人对“甩人者”和“被甩者”这样的词汇表示强烈的不满。

他们无法体会这两个词的幽默感。这种人通常都还没能接受自己离婚的事实，他们当然也不能接受甩人者或是被甩者的身份。虽然有人反应激烈，可是我们要知道，这样的词汇对我们来说是有帮助的，几乎所有关系在结束时，都会出现甩人者和被甩者，我们每个人都需要接受这样的现实。你如果能接受自己的角色，就能更快地登上这座高山。

也许你不知道自己到底是甩人者还是被甩者。这可能是因为：首先，你可能没有想过这一点。其次，这两个角色并不是固定不变的。

举个例子。乔治和玛格丽特是青梅竹马，他们高中毕业后不久就结婚了。在恋爱期间和婚姻存续期，乔治时不时地离开家和别的女人在一起。他这样做，就像是想要结束这段关系的甩人者。最后，玛格丽特忍无可忍提出了离婚。一瞬间，乔治的言行就变成了被甩者的言行。玛格丽特和乔治的角色发生了转变。

也许你想问，是不是向法院提出离婚的那个人就是甩人者呢？也不尽然。提出离婚并不是决定性因素。也许你会问，甩人者是男性多，还是女性多。我们没有针对一般人群进行过统计，但是在离婚讨论班里，男女甩人者的比例是一样的！

相关的语言

在判断一个人是甩人者还是被甩者时，语言是个重要的线索。通过分析这个人提的问题，我们常常就能判断出此人是甩人者还是被甩者。当被识别出自己的角色时，提问者看起来还非常惊讶。他们会说："你们会读心术吗？"其实，我们只是知道这两者使用的语言不一样。

甩人者的语言通常是这样的："我需要时间和空间来整理我的思绪。我需要走出这段关系，这样我才能有足够的时间和空间。我在乎你，但我不够爱你，不能和你生活在一起。不要问我为什么不爱你，我只知道我想分手。伤害了你，我很不好受，但我只能这样做，和你在一起也会伤害你。我们可以做朋友吗？”

被甩者的语言通常是这样的：“请不要离开我！你为什么不爱我？告诉我，我有什么问题，我会改变的。我肯定有什么问题，可我不知道问题是什么。我做错什么了，请告诉我。我还以为我们的感情很好，我不明白你为什么想要离开。在你离开之前，请多给我一点时间。我想要和你做朋友，可我爱你。请不要离开我。”

甩人者的回答会是：“很长时间以来，我一直都想告诉你，和你在一起我感到不幸福，我们需要改变，可你就是听不进去。我什么都试过了，而且我没有时间继续耗下去了。你一直粘着我，但我只想做朋友。”

到了这个地步，被甩者很有可能会觉得很伤心，而且会哭起来。他们会开始审视自己，努力想要弄明白到底出了什么问题：“为什么我不值你爱？”“为什么我们必须分手？”被甩者从震惊中缓过神来之后，通常会有个否认期。对于被甩者而言，这份痛苦实在是难以承受。

这种语言放诸四海皆准。几乎所有的甩人者和被甩者都用过同样的字眼。他们所处的时间段是不一样的，这一点显而易见。甩人者声称自己想要解决问题已经“数年数月”，期间有很长时间都在考虑分手。被甩者觉得没有听到甩人者表达过不满，可能是因为在甩人者真正离开前，被甩者在很长时间都处在“自欺欺人”的否认状态。但是，甩人者宣布决定时，被甩者才开始了真正的否认，拒绝相信双方的关系有问题。“我们关系那么好！”

双方在优先考虑的事情上是有差别的。甩人者想要的是个人成长：“我需要整理思绪。”被甩者想要改善关系：“我需要改变，我需要更多的时间，更多的反馈。”仔细听听被甩者这番痛苦的话，你能听出这些话背后的愤怒吗？但是，由于被甩者还处在“离婚蜜月期”，他们没有表达自己的愤怒。

在这一阶段，甩人者因为感觉非常内疚，表现得格外好，什么都愿意给被甩者；而被甩者觉得被抛弃了，非常希望甩人者回到自己身边，他们也不敢表露出自己的愤怒，唯恐甩人者因此更加远离自己，被甩者表现得也是格外好。慢慢地，甩人者的内疚感没有了，被甩者的被抛弃感也没有了，双方感受到的都是愤怒。这时，“离婚蜜月期”就结束了。这一阶段会出现在分居三个月左右的时候，但是具体的时间因人而异，不同人群间的差异很大。甩人者觉得内疚时，什么都愿意放弃；被甩者想要甩人者回到自己身边，也不会计较，什么都会答应，这时法庭判决就会十分“顺利”。这时，甩人者的想法是：“我只想走人，我不在乎房子，也不在乎钱。”被甩者的想法是：“我什么都不想要，只想要他（她）回到我身边。”

如果愿意的话，可以用策略来改变离婚蜜月期。被甩者如果能很快表达出愤怒，双方的感觉都会好一些，也能加快调整的进程。被甩者表达出愤怒后，压抑的感觉会少一些，毕竟有些压抑是怒而不发造成的。但是，走捷径并不总能奏效，有时，甩人者需要一段时期的内疚感，而被甩者也可能需要一段时期的被抛弃和压抑的感觉。整理感受需要时间。

下面这个方法可能有助于你更好地理解甩人者 - 被甩者的概念。找一个朋友和你一起进行角色扮演，一个是甩人者，另一个是被甩者。你们站在房间中央，甩人者一边离开房间，一边说甩人者的语言。被甩者要跟随其后，竭力使用被甩者的言行来阻止甩人者离开房间。你们要互换角色，这样就能体验到双方的感受。

这种方法很有象征意义。甩人者眼光注视房间门，想要出去。被甩者注视的是对方的后背，想着怎么不让对方离开。（曾经有一个被甩者跟着对方走出房间，走到车前，后来甩人者开车走人，被甩者就这样被挂在车上。）进行过这样的角色扮演之后，作为甩人者的感觉怎么样？你觉得内疚吗？对方粘着你不放，不让你走，你的感觉是怎样的？你有没有感到不愿意回头看对方呢？你有没有一直看着门的方向呢？你有没有想走得更快一点，或是想跑呢？

作为被甩者，感觉怎样呢？你有没有希望对方看着你呢？你有没有想要使劲抓住对方呢？你有没有想哭呢？你有没有想要乞求对方不要走呢？对方离开房间的时候，你有没有觉得被抛弃了，有没有觉得孤独呢？你有没有觉得愤怒呢？

好消息和坏消息

虽然这样做有可能让我们的讨论变得更复杂，我们还是想要介绍甩人者 - 被甩者的另一个分类。虽然这个分类话说得重，而且是在评判好坏，但有助于我们更好地理解甩人者 - 被甩者的概念。我们把他们进一步分为好的甩人者和坏的甩人者，还有好的被甩者和坏的被甩者。

好的甩人者：曾经努力想要改善这段关系，想要这段关系持续下去。好的甩人者愿意做出改变，愿意为了改变投入情感，如果有需要还会寻求婚姻咨询帮助。但是，到了最后，甩人者意识到这段关系对双方来说都是毁灭性的，与其让不健康的关系毁掉双方的生活，还不如结束这段关系。这位甩人者有结束这段关系的勇气和能力，要知道，分手往往需要很大的勇气和能力。

坏的甩人者和离家出走的孩子非常相似。他们认为山那边的风景更好，想要得到幸福，只需要离开现在的这段关系就行了。通常来说，他们已经在外面有了新伴侣。坏的甩人者不肯面对自己的感受，不肯面对自己也许需要改变的事实。坏的甩人者通常说走就走，甚至连“道别”的对话或解释都没有，他们不会解释自己为什么要结束这段关系。

好的被甩者开诚布公，愿意改善关系。如果有需要，他们也愿意寻求婚姻咨询的帮助。他们身上很少发生外遇的情况，他们努力改善交流情况。他们也做过不利于这段关系的事情，从这个角度而言，他们也不是“无辜的受害者”。从根本而言，他们只是在错误的时间和地点，正好碰上了甩人者内心躁动爆发，想要脱离这段关系。

坏的被甩者本就想结束这段关系，却没有甩人者的勇气和能力。他们把事情搞得让人无法忍受，迫使对方不得已成为甩人者。

完全符合这四种描述的人是很少的。身为甩人者或是被甩者，我们中大多数人都是好坏皆有的。

“也许最后我还是会回来”

甩人者 - 被甩者关系中另一个重要的现象就是“痛苦周期”。分手之际，甩人者并没有多伤心，但是，被甩者的痛苦非常强烈，而强烈的痛苦促使被甩者快速成长调整。等到被甩者的情绪调整得比较好了，甩人者又频繁地回来，开始说复合的事情。这真的让被甩者措手不及。戈登惊呼道：“我全力以赴地调整，刚在情感上接受了分手的事实，完全对胡安妮塔回到我身边的事放弃了希望。结果她就给我打来了电话！”导致这种情况发生的原因有很多。一种可能就是：刚离开的时候，甩人者一副兴高采烈的样子，可到了单身世界后，又觉得提心吊胆，这时旧爱的安全稳定又变得可爱了。“外面什么都没有，全是些笨蛋，相比之下以前的爱人要可爱得多。”另一种可能呢？我们从被甩者的愤怒中可以得到答案：“她让我成为被甩者，现在她又想让我成为甩人者，想要让我和她一样内疚！”根据我们的观察，在被甩者调整得非常成功的时候，甩人者回来，也许最好的解释是这样的：胡安妮塔觉得不再内疚，觉得不再需要承受戈登从属于自己、抓着自己不放的关系的时候，她就回来了。她想要建立一种更为平等的关系。

被甩者的典型反应是：不会接纳甩人者回来。这是因为被甩者发现他们独自一人也没问题，单身也有单身的好处，而且他们正在成长，他们觉得这种感觉非常好。与被甩者进行长时间交谈，你就会发现他们过去的关系是有问题的。只有在否定期的最初阶段，被甩者才坚持认为自己的关系没有问题。“现在，我明白这些年到底是怎么回事了！而且，我不觉得胡安妮塔有多大变化，也没有看到她有个人成长，在这种情况下，我为什么要回到以前的关系当中呢？”在这一刻，原本的甩人者就被甩了！

陷入忧郁

甩人者和被甩者没法在一起，这不足为奇。他们所处的时间段不一样，甩人者在分手前就开始了调整过程。他们的感受也不一样，甩人者感受到的更多是内疚，而被甩者感受到的更多是被抛弃（无论你是甩人者还是被甩者，这两种感觉你都可能有）。态度方面依然不一样，甩人者认为不得不离开这段关系（他们想要某种“个人成长”），而被甩者则害怕关系结束。比起被甩者，甩人者在很多事情上面已经放下了，这就引发了双方在沟通和互动上的问题。这些不同的态度和行为都加重了分手调整期的心理创伤。

关于甩人者和被甩者这两个词，最后还有一点需要注意。虽然两者在时间段和态度上有不同之处，但在其他方面并没有太大的不同。一段关系不能持续下去，到底是谁造成的呢？大多数情况下，甩人者和被甩者所起的作用基本上是持平的。即使他们在态度上不同，这一点不同也算不了什么。一旦被甩者开始谈论这段爱情关系，他谈论的和甩人者所谈到的问题就是一致的，只不过使用的是被甩者的语言。分别处于不同的时间段，是甩人者和被甩者之间最基本的区别。

也许，一开始我们关于甩人者和被甩者的讨论就有点让你迷糊（你也许想再读一遍），但是这样的讨论有助于使你明白内疚和被抛弃的感觉是这个阶段的一部分。理智上理解了这一点，往往就是迈出了真正领悟这一点的第一步，之后你就能做到在情感上理解。处在分手阶段，内疚和被抛弃感是常见而且典型的感觉，事实上，你以前肯定也有过这样的感受。但是，分手往往会放大并且突出这些感觉，有了更为深刻的感受，你就会去学习如何更恰当地处理这些感觉。

不要殃及池鱼

甩人者和被甩者的概念对于离婚家庭的孩子来说也很有意义。通常情况下，孩子会对决定离开的家长感到非常愤怒，很难和这位家长好好相处。他们觉得分手都是甩人者的错，所以会把自己的痛苦和郁闷都发泄在这位家长身上。虽然甩人者和被甩者之间没有多大区别，两者共同造成了关系的终结，只是方式不同而已，但是孩子很有可能看不明白这一点。

人们通常把离婚家庭的孩子看作被甩者，很少有例外的情况。孩子们与分手的决定无关，但他们就像被甩者一样，感受到了同样的郁闷和愤怒。孩子们通常都知道父母的婚姻走到了尽头，有时比父母知道得还早，从这个角度而言，他们又与被甩者不一样。

在被抛弃和内疚这两点上，孩子的思考方式肯定是有问题的。父母的婚姻结束了，小孩子一旦觉得自己应该对此负责，就可能面临内疚感方面的问题。孩子们可能需要帮助，他们需要明白这不是他们的错，离婚是成年人的问题。

离婚从表面上看就是一位家长离开了，抛弃了孩子，因此孩子常常会有很严重的被抛弃的感觉。孩子的被抛弃感通常会持续很长时间，甚至会一直持续到成人阶段。如果完全接受父母离婚的事实，那么，这些孩子成年后会发现这一点会给自己的恋情带来负面的影响。

孩子必须要确定的是：他们没有错，父母离婚不是他们造成的，他们没有被抛弃。如果分居以及离婚后，父母能够和孩子保持良好的关系，孩子是能够处理好这些感受的。

你现在过得怎么样?

让我们停下攀登的脚步，休息一下。也许，你想思考一下甩人者和被甩者之间的不同，从两个角度来理解一下双方的感受和态度。也许，在阅读过本章后，你对自己是甩人者还是被甩者有了不同的看法。关系结束时，发生了什么呢？现在，请你花时间从双方的角度思考一下这个问题。我们希望本章的内容能够帮助你更清楚地认识关系的终结。请看一看下面的清单，再花点时间思考一下本章的内容，准备好，就继续攀登这座高山吧。

1. 我没有了排山倒海般的内疚感/被抛弃的感觉。
2. 无论我是甩人者、被甩者或者我们共同平等地做出了决定，我都能接受自己的角色。
3. 我是甩人者，还是被甩者？我是好的，还是坏的？我已经思考过这个问题了。
4. 作为甩人者，不一定必须内疚，我能够接受这一点了。
5. 作为被甩者，不一定就要觉得被抛弃，不要觉得自己不值得被爱，我能够接受这一点了。
6. 我明白甩人者和被甩者之间在感受和态度上的不同了。
7. 虽然时间段和强烈程度不一样，但是甩人者和被甩者在情感上都痛苦，我知道这一点了。

8. 我明白了在某些方面，我是甩人者，在另外一些方面，我又是被甩者，很多离婚者的身份都是如此。
9. 我明白在分居之际，懂得甩人者/被甩者的概念是非常重要的，然而随着我的成长，这一点就越来越不重要了。
10. 我审视了自己的人生模式，看了看被抛弃感或内疚感是否控制了我的很多行为。
11. 我努力克服生活中抛弃和内疚带给我的影响。

第八章

悲伤

“一种可怕的失落感”

悲伤是离婚期的重要部分。你需要处理好悲伤的情绪，才能真正放下已经终结的关系。理智地了解悲伤的各个阶段，这样做能够帮助你在情感上感知悲伤。这样你就可以放心地悲伤了，之前你也许不敢这样做。

周末就是……

所有孤独的时刻涌入记忆中，

所有孤独的想法涌入忘却中，

越是想要忘记，越是容易回忆。

过去不会消失，未来无法出现，

但是，此刻此时是存在的。

如果寂静震耳欲聋，那什么是安静呢？

安静是周末，周末是地狱。

醒来吧，面对现实——为什么呢？

周末强迫现实出现，工作日克制了现实。

周六——这是成双入对的世界，

在这个世界里，一个人没有意义，也没有价值。

周日——肉体休息，

可是，心灵的“关机”按钮在哪里呢？

——汉妮

我们现在进入了攀登途中最困难、最消耗情感的阶段之一。道路两边坐着的人都在伤心地哭泣。有些人停止哭泣已经有一段时间了，突然又开始哭起来。其他人虽然想安慰他们，可看起来有些尴尬，因为不清楚该怎么做。这到底是怎么回事？

这些人处在悲伤之中。生活中，只要我们失去某人或某些重要的东西，就会感到悲伤。正如很多参加了离婚讨论班的人一样，你可能还不知道悲伤是离婚期的一部分。面对死亡，我们已经有一套模式：葬礼、棺椁，而且大家都认同，面对死亡，感到悲痛是非常重要的。而离婚呢？除了庭审之外，没有公认的模式，大家往往不承认或不接受悲伤是离婚的一部分。但是爱情逝去了，这足以成为悲伤的理由。

悲伤的多面性

我们分手了，失去了很多。最显而易见的就是失去了爱人，很多人因此感到悲伤。事实上我们还失去了其他的东西：两人共同规划的未来，爱情关系，丈夫、妻子或是爱人的角色，与夫妇相关的身份。从已婚状态变成单身状态，我们的生活也会发生很多变化。在有些人看来，失去爱情和失去配偶一样影响重大。

你失去了未来。结婚时你们承诺过“直到死亡将我们分开”，你们有计划，有目标，有共同的事业，有一栋你们可以称之为家的房子。现在，你的生活中没有了这些未来。失去未来是很难接受的一点，很多人会因此悲伤很长时间。

分手的痛苦往往会逼迫我们回忆过去的痛苦。我们都曾失去过一些东西，比如所爱的人，但我们中的很多人并没有用恰当的方式处理痛苦的经历。再次经历过去的痛苦会强化离婚的悲伤期。对于那些曾经历过损失却没有处理好悲伤的人来说，离婚的悲伤期尤为痛苦难熬。

同样地，过去没有满足的情感需求（也许是童年时期感情方面被剥夺）也有可能在离婚悲伤期凸显出来。丹是这样说的，处在离婚期时，他频繁地梦到自己童年时在农场的经历。我们在离婚课堂讨论悲伤的时候，他认识到那是他在为自己孤独的童年往事而感到悲伤。

离婚后，很多人不得不从原来的家中搬出来，他们也可能会因为失去了房子而悲伤。孩子不在自己身边，单亲父母可能会因为失去孩子而悲伤。孩子肯定也会因为失去了房子、一个家长、一个家庭而悲伤，这些都是孩子所经历的离婚期的组成部分。

一个关于悲伤的寓言：对号

布鲁斯很喜爱使用“对号”理论，这个理论非常有助于人们理解悲伤。故事是这样的：

> 很久以前，有个小动物，名字叫小不点儿。虽然黑云压顶，但小不点儿还是过得不错。有一天，黑云从天而降，小不点儿的爱人离开了。失去了爱情，小不点儿痛苦不堪，滚下了一个巨大的滑坡。这个滑坡好长呀，小不点儿看不到尽头在哪里。滑坡好恐怖，连把手也没有，小不点儿一路下滑，虽然过程很痛苦，但最后落在了软绵绵的彩虹上。小不点儿环顾四周，看到了向上通向光明的阶梯。最开始攀爬阶梯对他来说非常困难，但后来慢慢就变得越来越轻松、越来越让人兴奋，小不点儿离光明越来越近，他开始有了焕然一新的感觉。
>
> 由于这趟悲伤之旅是你的必经之路，你或许想知道小不点儿的旅途是怎么样的。
>
> 小不点儿的一些朋友看到了一条凶恶的巨龙，它长着獠牙，守在滑坡的上面喷火。这只巨龙好可怕，小不点儿的朋友们纷纷捂住了自己的脑袋，想象着自己在巨龙的T恤衫上看到了这样的字眼：“不要从这里滑下去；

你必须控制自己的情绪；不要哭，不要显露出软弱；你不够坚强，你再也承受不了更多的痛苦；你也许会疯掉！”他们选择继续待在地狱里忍受煎熬。最后，不知何故，他们还是鼓足了勇气来面对这条巨龙，结果发现巨龙T恤衫上的字眼只是自己的想象。最后，小不点儿的朋友们冒险滑下了斜坡，他们也发现了通往温暖阳光的阶梯。

我很痛苦。
为什么是我？
我非常孤独。
我一点也不可爱。
没有人来抱抱我吗？
伤心是我唯一的朋友。
我常常唉声叹气。
我不想吃东西。
我一直都想她（他）。
哼，最好他（她）
也在难过伤心！
那个狗娘养的！

这个看起来很难爬上去！
哇，往上的路好长呀，但是，我会爬上去的。
也许我该慢下来，喘喘气。
有几个朋友帮我一把，真是太好了。
我会成功的。
看，一个崭新的我。
我感觉不错——你也挺好的。
我前进了两步，有时会后退一步。
看，我有了的新朋友。
我又开始喜欢我自己了。
活着真好！
我焕然一新！

你是不是像小不点一样呢？或者你也看到了巨龙？你在那件T恤衫上看

到了什么字眼呢？你愿不愿意冒险滑下，进入痛苦之中，然后通往自由呢？

这个对号形象地描述了离婚的悲伤过程，列出了我们关于悲伤的很多恐惧。在理智上理解悲伤期，有助于我们在情绪上理解自己的感受。不过，我们最终都是要体验悲伤的，这不仅仅是嘴上说说而已。

悲伤的症状

让我们来探索一下，看能从这段经历中学到什么。首先，我们要了解离婚期间常见的悲伤症状，其实你的感受和别人是非常相似的。

许多人总是不断念叨自己的处境（也就是“言语增多症”），因此赶走了所有的朋友，他们得寻找新朋友。感到悲伤的人要停止谈论无关紧要的事情，要表达出真实的悲伤。（如果你自己发现，或是你朋友告诉你，你在不断地重复相同的话，这很有可能表明你需要宣泄情感，而不是谈论感受。）这一章后面的内容对此会有建议。

悲伤有一种排斥他人的效果。你受到伤害，觉得内心空荡荡的，所以希望朋友们帮助你填补空荡的内心。你想要和朋友们交谈，想要接近他们，但同时这种空荡荡的感觉就像个巨大的伤口，很容易再次让你感到痛苦。当人们太接近你时，由于你不想有更深的情感痛苦，往往会排斥他们。结果就是，你让别人在情感上靠近你，但当别人太靠近你的时候，你又把别人推开。朋友们都被你搞糊涂了！

悲伤时，常见的问题是心累和不能入睡。到了晚上，如果不使用药品或是酒精，很多悲伤的人就无法入睡。他们通常很早就醒了，而且没有办法继续入睡，却又非常疲惫，没有力气起床。在最需要睡眠的时候，他们却很难入睡，他们整天都觉得心累。悲伤非常耗费体力和心力，在走出悲伤期之前，你很有可能一直都会感到疲惫。

悲伤时，吃也是个问题。你可能觉得喉咙发紧，吞咽困难。有时你口干舌燥，吃东西也觉得困难。你也有可能没有什么胃口，但不得不强迫自己吃东西。你胃里也可能出现一种空荡荡的感觉，就像是饿了一样，但是你不觉得饿。在悲伤期，由于这样那样的原因，大多数人都会消瘦很多。（但也有一小部分人会胃口大增，长胖不少。）有一次离婚讨论课休息的时候，几个参与者在比较自己悲伤期减掉的体重。6个人在场，每个人的体重都至少减了18公斤！当然，并不是所有人都会消瘦这么多，但大部分人体重都会降低。

《费希尔离婚调整标准》中最有用的问题之一就是：是否经常叹气。通常，人们都意识不到自己在叹气，但在别人看来，叹气表明了这个人非常悲伤。叹气这种行为不仅可以释放身体压力，而且叹气时的深呼吸似乎还“带走了内心需要释放的感受”。

情绪变化快是离婚悲伤期的典型症状。你从悲伤的黑暗陷阱中出来，感觉很好。接着，在没有明显的原因的作用下，你的情绪就失控了，你抑制不住地哭了出来。你的情绪转变得这么突然，起因可能就是和朋友或是熟人之间的谈话，对方对你说了什么，或是为你做了什么。之前你情绪挺好的，并没有什么失控的迹象。你突然又陷入了深深的悲伤中，对方自然会因不解而难过，不知道自己到底做了什么让你这么难受。对你而言，变得如此失控，使你的自我感觉更糟糕了。出现这种情况，就说明你还没有完全走出悲伤。

你也许还有一种不真实的感觉。你感觉恍恍惚惚的，像处在一个不真实的世界。你环视自己所处的环境，就仿佛是在看电影，周围发生的事情似乎离自己很远，而且与自己没有关联。你无法从这个梦中醒来，也无法回到真实的世界。

你也许还有一段时间感受不到自己的情感。你无法控制自己的感受，因此你害怕信任它。情感上的这份痛苦让你无法承受，你不想有太多的感受，为了保护自己，你阻隔了自己的情感。你感觉到的就是情感上的“麻木”。

许多人在悲伤阶段会有一点幻想。你可能幻想自己看到了以前的爱人，或是听到了对方的声音。在幻想中，你可能觉得自己身体的一部分消失了，就像是你的心被掏走了，这代表的就是失去了对方。这样的幻想是正常的，是悲伤的一部分，知道了这一点，你就不会觉得害怕了。

孤独、注意力不集中、软弱无助、抑郁、内疚、对性没有兴趣，甚至还伴有阳痿或性冷淡的感觉，都可能出现在悲伤期。自我批评一直持续着，自我批评就是你不断质问自己错在哪里，如何才能重新来过。

愤怒是悲伤的一部分，明显不公平的损失导致了愤怒。指向前任的愤怒在某种程度上有可能达到狂怒的地步。在下一章我们会详细讨论这个问题。

自杀情绪在离婚悲伤期是常见症状。我们离婚讨论班的参与者中，有 3/4 的人承认在悲伤期有过自杀的念头。研究表明，处在离婚期的人的自杀率显著高于一般人群的自杀率。

这些感觉都可能让你难以承受：失控的情绪变化、不真实的感觉、幻觉、抑郁、自杀情绪……你可能会害怕，“我是不是要疯了？”对于大多数人而言，这一恐惧藏在心里，很难拿出来与人讨论。然而藏在心里，使得这一恐惧更加强烈，甚至会带来更多要疯了的感觉。“疯狂”是一种真实的感觉，但这种感觉是和具体情况相关的，而不是一种永久性的心理诊断。你觉得自己要疯了，但你的感受可能只是正常的悲伤反应。

该怎么处理这些悲伤的症状呢？首先你要承认它们的存在。它们代表你需要处理悲伤，所以接受这一点，不要否认，允许自己感受痛苦。哭泣、叫喊、痛苦得打滚，这些都是非破坏性的表达悲伤的行为。下决心来管理自己的悲伤吧，你可以找一个恰当的时间和地点来表达悲伤。比如说，工作时间就不是哭泣和悲伤的好时候。工作的时候，你必须把悲伤放在一边，“束之高阁”，然后集中精力做自己的工作。因为你留出了时间来悲伤，这样一来，在其他时候控制情绪对你来说就要容易些，而且由于悲伤不会突然来临，所以你也不会措手不及了。既然你专门留出时间来悲伤，就一定要表达出自己的悲伤！如果你不管理自己的悲伤，它就会控制你。

如果你不表达出悲伤，你的身体就会通过生病来表达悲伤。可能那只是小病痛，比如说头痛，但你也可能得溃疡性结肠炎、关节炎、哮喘或是溃疡。悲伤的情绪得不到解决，你的身体就会处在巨大的压力之下，最后你的医药费账单就可能增加。

人们通常都不太愿意参加离婚课堂的学习，因为他们不愿意再次经历悲伤的痛苦和哭泣。正是这种不情愿，表明了他们还没有完成处理悲伤的功课。如果悲伤已经处理完毕，你的内心就会有一种释然的感觉，你就会知道，你已经完成悲伤的功课了，而你再也不会陷入这种悲伤的黑暗陷阱中了。

悲伤的阶段：伊丽莎白·库布勒－罗斯模型

在这段攀登途中，我们要知道悲伤有五个阶段，这对我们会有帮助。在理智上了解了这五个阶段，我们在情感上就会走得轻松一些。多亏了伊丽莎白·库布勒－罗斯（Elisabeth Kubler-Ross）博士，她在这一领域颇有建树，让我们因此认清了悲伤期的各个阶段。

阶段一　面对不真实的感觉，人的第一反应是否认："我不会遇上这样的事情。我只要再等一等，一切都会好起来，我的爱人也会回来的。"人们常常会感到情感休克、麻木，从而否认任何感觉。人们会进入机器人的阶段，他们装作什么都没有发生，压抑愤怒，然后就抑郁起来。他们对前任的态度非常好，希望一切只是个噩梦，相信对方事实上并没有离开！没人愿意告诉朋友和邻居自己要分手了。事实上，我们连自己也不告诉！

阶段二　人们逐渐开始接受分手的事实，愤怒的感觉也随之而来。在这之前，愤怒的方向是朝着自己的，这种做法助长了压抑的感觉，而现在愤怒的方向是朝着他人的。当你表达愤怒时，一方面感觉不错，一方面又担心由于自己的愤怒，那个人更不会回来了，所以也有些内疚和矛盾。多年来，相处中积累的愠怒不满开始浮现。结果就是，你可能开始细致地向别人描述你的前任是个多么恐怖的人，然后你就处在了“进退维谷，左右为难”的情景中：无论怎么做，都是错的。如果你说前任有多么好，那你怎么这么愤怒呢？如果你说对方有多么可怕，那问题来了，你当初为什么会爱上这么可怕的一个人呢？你一旦承认并表达了悲伤的愤怒，你就已经开始处理自己的悲伤了。

阶段三 当开始面对分手这个事实，却还不情愿放下时，人们有可能开始讨价还价：“只要你肯回来，我什么都愿意做。我会改变的，什么都能忍受。请跟我复合吧！这个阶段是离婚期的危险期，很多人真的就在这时复合了，可他们复合的原因是错误的：重新走到一起，是为了逃避分手带来的孤独感和不幸福感。他们复合不是为了与前任建立有益的关系，而是“两害相权，取其轻”。

阶段四 悲伤的第四阶段是对爱情最终放下，从某种意义而言，这是黎明前的黑暗。在这个阶段，抑郁是典型的症状，但这个阶段的抑郁不同于第一阶段。这个阶段的抑郁有一种“废话连篇”的感觉：“这就是生活的全部了？”你的内心出现了很多关于生活意义的对话：“我为什么在这个世界上？我生命的目的是什么？”这是个人成长的一个阶段，在这个阶段，人们建立起更为坚强的自我身份，找到更为深刻的生活目标，让生活更加有意义。

有一定数量的人在这个阶段会有想自杀的感觉：“这么长时间里，我一直都在努力，但我又陷入深坑了。我不想放下！”有时分居很长时间后，你才会步入这个阶段，再次感到抑郁，所以你会觉得非常惊讶。你这么努力，却没有什么进步，感觉当然沮丧。如果你知道有这个阶段，走出去就会容易得多。人们要明白自己感受到的抑郁是有目的的，它不会持续很长时间，而且这种抑郁不同于第一阶段。这样想想，你心中就会感到安慰。

阶段五 这是接受分手事实的阶段。在这个阶段，你开始摆脱悲伤带来的情感上的痛苦，开始觉得没有必要在过去的关系上投入感情。现在，你可以继续攀登这座高山，实现更为圆满的个人自由和独立了。

在进入下一段恋情之前，一定要完成这五个阶段，这是至关重要的一点。

让孩子悲伤吧

孩子们也失去了很多，他们也需要悲伤，可是有时我们这些父母很难做到让他们尽情悲伤。因为没有监护权的家长不在身边，他们伤心哭泣。我们看到了，由于不希望他们痛苦，就安慰他们说："好了，不要哭了，没事的。你爸爸（妈妈）会回来的。以后你还会见到他（她）的。"安慰不一定是孩子需要的，他们更需要的是某种形式的接受，比如说："你想爸爸了，我知道你很难过。你非常爱爸爸，可是现在爸爸不在你身边了，你觉得难过。"面对孩子的时候，我们很容易加入自己的情绪和内疚感，而没有让孩子表达自己的感受和情绪。只要我们不禁止孩子，不打扰孩子，与成年人相比，孩子往往更容易哭出来，更自然地表达悲伤。

悲伤的愤怒部分可能也是如此。孩子和父母中的一位分开了，生活方式改变了，他们可能会因此非常愤怒。当孩子表达愤怒的时候，成年人常常想要消除孩子的愤怒，"哎，你长大就会明白的。有一天，你就会知道我们的做法是正常的、自然的、健康的。"孩子要表达愤怒，就允许他（她）表达出来，这一点很重要，你可以这样说："你爸爸走了，你觉得非常生气，我看得出来。"

孩子也会经历伊丽莎白·库布勒－罗斯的悲伤五阶段模式。最开始，他们会否认父母已经分开，他们相信父母会复合。接着他们就会经历愤怒、讨价还价等阶段。孩子们也需要被允许完成整整五个阶段。上文提到的内容，还有本章末的清单，无论对孩子还是家长都是非常有用的。

父母并没有离开孩子，显而易见，孩子失去的东西是不一样的。我们希望孩子和父母之间的关系能一直持续下去，但是，在很多情况下，孩子毕竟没有太多机会看到没有监护权的家长。

家长用行动给孩子示范该如何悲伤，远胜过用语言教孩子，其他的事情也是如此。孩子会模仿释放悲伤的家长，会从这种健康且有必要的释放中收获良多。

完成自己的悲伤

悲伤是一个过程。很多人害怕表达悲伤，觉得这样做就会表现出软弱，或者看上去像是“快要疯了”。关于悲伤，其他人也有很多与你相同的感受和症状，知道这一点会让你宽心不少。我们可以成功地在情感上完成悲伤的五个阶段，克服对悲伤的恐惧，在表达悲伤的时候更有安全感。

休息一下吧，拿出自己的手帕，看是不是还能多流出一些眼泪。你已经明白了悲伤的过程，知道这是一种健康的行为，自己是可以悲伤的。如此一来，释放应该释放的悲伤时（也许其中还有过去失去的东西），你就会觉得更自在。你表达深层面的悲伤时，可以向信任的朋友、家庭成员、神职人员或是咨询师寻求支持（不干预的支持）。

我们讨论班有一项重要的实验性家庭作业，也许会帮到你。我们在上文提到了悲伤有多个方面，这份作业就是针对其中的某个方面写一封告别信。你可以告别你的家，或是告别这段关系，或是告别失去的东西。写这封信的目的就是帮助你真正释放情感上的悲伤，做到放下。写这封信并不轻松，所以我们建议，一开始，最好是告别某种比较肤浅的失去，最后你就能针对主要的损失写一封告别信了。这封信可以寄出去，也可以不寄出去。写这样的信是为了自己好。那个人正是你伤心的原因，在大多数情况下，你并不想让那个人读到这封信。

再见

新房子，再见了，我花了无数个下午和周末寻找来的新房子，一定要符合所有严格要求的新房子。我也许再也找不到另一个像这样的房子了。它不仅仅是一座房子，它代表了不用再寻找，代表了目标的达成，代表开始的新起点。这个目标曾是那么遥远，我费尽千辛万苦才实现。天呀，我费尽心思地搜索，找到这个房子的时候，我有多么欣慰，而现在我失去了这座房子，失去了全部。

再见了，我们一起为未来规划的家。再见了，那个秋天我们一起种下的郁金香，春天时，我们不会一起看它绽放。再见了，曾经计划过的婴儿房，我们计划过要个孩子，婴儿房里还要有个老的摇篮。

再见了，曾经的新开端可能带给我们的所有的东西。

再见了，作为你的“配偶”，我曾感到的自信和满足，知道你曾对我有过什么期待。

再见。

我曾经非常想说再见。想让你走。想让你快快离开，完全从我的生活中消失，而你就是这么做的。

可是我抓着不放的是什么呢？

是承诺。

以前那些美好的承诺，我们说过的"等到我们……就……"的承诺……

拿到学位……

旅行……

工作……

蜜月……

挣钱……

这些都变成了"等到我……就……"的承诺，真是滑稽。

我曾经爱过你，因为我那么想要结婚，想要完整的感觉，而你就是婚姻的另一半；因为你是我们家里未来的爸爸；因为我想要关心、照顾别人，想要成为妈妈；因为你，我感到自己被需要。

我想，我已经说了很多再见了，之前我都没有想过我会说出这么多再见。你已经离开一年半的时间了。不知怎么搞的，我还在这里，寸步未动，甚至还没有走到最终判决的地方，那份判决是不是说我现在只有半个人，只剩下50%的目标，我曾经的价值也只有50%了？我不是想对自我价值或是尊严说再见，我还没有真的失去这些，我想说再见，想告别的是我对你的需求——我曾认为只有你承认我的这些感受，这些感受才成立。

最后的这些再见是正面的，因为我要告别负面的东西。

再见了，被奴役的感觉。

再见了，那些吹毛求疵的各种不喜欢：

洋葱、蘑菇、橄榄、

我的法兰绒睡袍、
乔妮·米切尔、
我的朋友爱丽丝和动物园之旅。
再见了，你缺少的方向感、
你缺少的创造力、
你缺少的感恩，
还有你缺少的敏感。
再见了，你的优柔寡断，
你呆板干涸的情感，
还有你很不幽默的幽默感。

再见了，羞于变得愤怒和表现愤怒；
再见了，因傻乎乎而感到尴尬；
再见了，我知道答案，你不知道时，我曾感到的内疚。

再见了
特里施

上文摘自一位女性在讨论班时写下的告别信件。通过这封信，你可以深刻地了解到她的想法和感受，也许你会因此有所感悟，写下自己的告别信。用心读一读这封信，然后开始写自己的信吧。

现在，擦干自己的眼泪，继续往下读。与之前的章节一样，你一定要确定自己已经彻底处理好了当前的重建方块，然后再继续前进。悲伤这个阶段非常艰辛痛苦。不要埋藏自己的悲伤！不要以为读完了这个章节，你就处理好悲伤了。在处理自己悲伤的过程中，可以寻求救生索式朋友（参见第六章）的帮助。准备好了再继续攀登，高山依旧在那里等你。

你现在过得怎么样？

请看一看下面的清单。花上几分钟的时间，诚实地回答问题，判断一下在继续攀登之前，你还有多少悲伤情绪没有处理好。

1. 如果有需要，我就允许自己释放悲伤。
2. 我没有继续隐藏自己的悲伤，而是尝试表达悲伤。
3. 现在，每天从早到晚，我的情绪和体力都十分饱满。
4. 大多数时候，我都不再觉得压抑了。
5. 我能做到集中注意力。
6. 大多数时候，我都没有了想哭的感觉。
7. 我已经没有了恍恍惚惚的感觉。
8. 我重新掌控了自己的情感和情绪。
9. 我在睡眠方面没有问题，可以整夜安睡。
10. 现在，我很少叹气了。
11. 我的体重稳定下来了。
12. 我的胃口不错。
13. 之前我只是机械地执行每天的日常起居，现在我不是这样了。
14. 之前我觉得自己要疯了，现在这种感觉已经消失了。
15. 我不再无休止地谈论自己的危机。
16. 我没有自杀的念头了。
17. 我不再觉得喉咙发紧。
18. 胃里没有了紧张的感觉，我觉得放松而自在。
19. 在情感上，我又能接近他人了。

20. 在情感上，我有种活过来的感觉。

21. 我明白了悲伤期这回事。

22. 悲伤期有五个阶段，我明确知道自己所处的阶段。

23. 我找出了过去没有释放的悲伤，并且开始着手处理。

24. 我认清了让自己悲伤的对象（人、关系、未来）。

25. 我可以自在地和朋友谈论自己悲伤的感受。

26. 我感受到失去了什么，为此我写了一封告别信。

第九章

愤怒

“他妈的，那个杂种！”

分手的时候，无论你是甩人者，还是被甩者，你都会有一种怒火中烧的感觉。这些愤怒的感受是人性中自然而又健康的一部分。你选择如何表达愤怒，这一点关系重大。不要把自己的怒火压在心中，但也没有必要变得有攻击性。你可以学会用一种建设性的方式表达你的离婚愤怒和“日常”愤怒。你也可以学会减少自己的愤怒。

我也不知道自己怎么了。我在停车场看到他的车，知道他来见女朋友，然后坐女朋友的车离开了。我走了过去，把他车下四个轮胎的气都放了。接着，我就走到楼后面，等着看他们回来，等着看他们发现轮胎全都没气了。我看着他们在那儿忙着解决问题，我感觉好极了。在这之前，我一辈子也没干过这样的事情。大概我之前是不知道自己有多愤怒。

——琼

你走在攀登的小路上，现在正在接近火灾多发地。在离婚期，愤怒的危害很大，如果你不能好好处理自己的愤怒，就会引发火灾，而且大火还会蔓延到其他重建方块，阻碍你前进的步伐。

在本章中，我们会仔细审视两种愤怒：一种是极端的愤怒，这种情绪在经历离婚的人群中很常见，另一种就是日常的愤怒，也就是面对让人恼怒的人和事时，我们的反应。

离婚愤怒是非常极端的。分手的时候，你会感到狂怒、怀恨在心、无比怨恨。这些感受都是常见的。离婚愤怒是一种特别的愤怒，是我们大多数人之前没有经历过的。除非有过分手的经历，否则已婚人士是很难理解这种愤怒的力量的。

日常愤怒没有离婚愤怒那么激烈，但是从长远的角度来考虑，处理好日常愤怒也是同样重要的。有人对你不公平。你堵在了路上。还有二十分钟你的晚餐派对就要开始了，这时家里的水管却坏掉了。孩子们快把你逼疯了。

还有五分钟就要下班，你的老板却让你做一个新项目。你邻居的狗叫了整晚……这样的事情说都说不完。

我们就来探索一下这个“热门”的话题，首先我们要知道，愤怒是一种情感（情绪），而非行为，虽然我们应对愤怒的方式不一样，但我们都愤怒过。有时你可能意识不到自己的愤怒，但你的身体总是知道的。愤怒事件具备身体、心理和社会这三种元素。你的心跳和呼吸加快、肌肉紧张，你关注的是“出了什么问题（或者是谁出错了）”，你可能用涉及他人的语言或是行为来表达愤怒的情绪。

你可能像很多人一样，把愤怒埋藏在心里，没有表达出来。一个可能的结果便是：你可能变得更抑郁了。

（这是布鲁斯的观点，而且有很多治疗学家赞同他的观点：没有表达出来的愤怒是抑郁的重要因素。离婚期本来就够令人压抑了，在离婚早期没有表达出愤怒的人的情绪常常会变得更加低沉。鲍勃以及不同学派的许多治疗学家的观点都是：愤怒和抑郁是两种不同的情绪。但重要的是，我们都同意：**愤怒需要用健康的方式来表达。**）

甩人者通常不会表露出愤怒，因为他们本来就觉得内疚；被甩者也不会，因为他们害怕自己一旦表现出愤怒，对方就不会回来了。在一段时期里，双方都表现得“很好”，双方又都觉得很压抑。

当然，愤怒可能会以暴力的方式表达出来。在离婚期，有些人如果在最愤怒的时候获得了机会，的确会做出暴力行为。你若能够控制住自己，而且找到合适的方式来表达狂怒和报复心，那么真是幸运。

愤怒重建方块的三阶段

像其他很多方块一样，愤怒重建方块很自然地分为三个阶段。

第一阶段：学会接受“感到愤怒是没问题的”。愤怒是人性的一部分，你要学会接受这一点。我们社会上有很多传言，说什么愤怒就是软弱、就是孩子气、就是破坏、就是亵渎。（基督教的传统教导是：“转过另一边脸去让人打。”但是，基督也会愤怒，也会把货币兑换商赶出神庙！为什么我们不能像他那样表达愤怒呢？）

在成长过程中，我们很多人学到的是：不可以愤怒。现在我们必须重新学习：表达愤怒是没问题的。在理性上认识到这一点可能很容易，但是在情绪上做到这一点就困难多了。你愤怒的时候，别人会有很大的情绪反应，这一点也让你很难接受自己的愤怒。一定要记住：你的愤怒**感受**和你**表达**愤怒的方式是两回事！

第二阶段：要尽可能多地学习表达愤怒的积极方式，承认自己的人性，承认自己可以感到愤怒，这样你的愤怒就不会给你和周边的人带来灾难。在本章，我们将要一起探索这些积极的方式，我们可以用幽默、运动以及很多其他的方式来表达愤怒。

在这里，我们要提出一条警告：处在离婚期时，很多人会以孩子为媒介，借此表达对前任的愤怒，这是最具有破坏性的做法之一。孩子探望父亲时，科琳娜会让孩子做间谍。只要拉斯不支付子女抚养费，安妮特就不让他看孩子；而拉斯呢？他要先看到孩子，才肯支付抚养费。我们一心想要“教训”对方，却忘了什么对孩子是最好的。通过孩子来报复对方，就是在玩弄卑鄙的手段。

即使不为别的，就只是为了孩子，你也应该学习一下用建设性的方式来处理愤怒吧。

第三阶段：学会用宽恕和其他方式，来最小化自己的愤怒。处在第一阶段和第二阶段的人可能会情绪爆发般地叫道：“我绝对不会宽恕！”其实，这不仅仅是宽恕别人，也是学会宽恕自己。

这到底是谁的愤怒？

你要对自己的愤怒负责——这是你的感受，不是别人的。把自己的愤怒怪罪到别人头上可能是这一过程的一部分，但是随着你一步步前进，你必须学会对自己的愤怒负责。

《费希尔离婚调整标准》中有这么一条：我觉得我们分手都是前任的错。用这一条可以有效地判断对方是否愤怒，非常有用。还没有处理好愤怒的人会说："是的。"而那些进行了心理重建并且对愤怒有了充分认识的人则会认识到：失败、过错、责任都是双向的。这并不是一个人的错，而是复杂互动中的一部分不能运作了。

自己应该对自己的愤怒负责，我们中有些人要花很长时间才能认识到这一点。而要认识到这一点，需要一定的成熟度和能力，相反怪罪别人就要容易得多！处在宽恕的阶段时，人实际上要学会宽恕自己，学会放下，学会让愤怒离开。

一按按钮就炸——是什么引发了你的愤怒？

在离婚课堂上，我们让大家写下自己不能忍受的事情，列一份清单，这种练习很有用。生活中的一些事情会引发愤怒，其中有不切实际的期待、挫折、各种延误、别人的干涉、不被尊敬、被抛弃、被拒绝、受到歧视等等。你真正生气的时候，你知道别人到底触动了你的哪一个按钮吗？什么样的事情会让你不高兴？在攀登的路上，我们应该停下来思考一下这些问题，这是值得的。

史蒂夫在法庭上与伊莱恩争夺孩子的监护权，伊莱恩为此感到非常愤怒，她愤怒的原因可能是对自己做母亲的能力本来就心存疑虑。玛丽提出了离婚，查尔斯感到非常愤怒，他感受到的可能是过去他母亲过世时给他带来的被抛弃的感觉。

我们在前文已经讨论过了，与甩人者相比，被甩者往往会感受到更多的愤怒。如果我们看一看愤怒背后的感受，就很容易理解了。想象一下不能控制局面的挫败感。大多数的权力都在甩人者手里，他们掌握了主动权，被甩者只有听命的份儿。无法控制局面会带来挫败的感觉，而挫败感就能导致愤怒。

那么被抛弃的感觉是怎么样的呢？被甩者往往还爱着对方，他们所爱的人突然开口说，我不再爱你了。在这种情况下，对被甩者来说，被抛弃的感觉是非常强烈的，往往会导致愤怒。

那未来呢？被甩者心中可能有规划好的未来。突然之间，他们就不得不面对独自一人的境地（并且是独孤的处境），不得不制订新的人生规划。可能还要担心钱的问题，可以说是处境艰难，心情郁闷。被甩者觉得害怕，通常他们真的害怕了。什么东西可以对抗害怕呢？愤怒看起来就是个很不错的方式嘛，愤怒可以使身体分泌肾上腺素，能直接对抗害怕的感觉。被甩者往往更为愤怒，他们在《费希尔离婚调整标准》中的得分也反映出了这一点。

恰当的愤怒 VS 不恰当的愤怒

分手时，什么样的情绪才是恰当的愤怒？你有没有想过这个问题呢？你可能会问："什么是恰当的愤怒？"与当前情况相称的愤怒就是恰当的。有人撞上了哈利的新车，他不开心；有人出言不逊，伤害了简，她觉得生气；像穿针引线这样的简单事情，莎伦都做不好，她也可能因此生气。恰当的愤怒是当前处境下真实的感受，这种感受与这件事情相匹配。

不恰当的愤怒是与当前的事情不相匹配的。贝亚正在开车，这时红灯亮了，她就生气发火。听到别人无意说了一句话，巴特就抡起拳头打了一架。这些反应都过火了。这种时候，当事人是把过去埋藏的愤怒带了出来，有时这种愤怒可以追溯到童年。

我们为什么要埋藏自己的愤怒？

在这个阶段，许多人发现过去的障碍堵在了前进的道路上，阻碍自己了解愤怒的积极面。在还是个孩子的时候，特蕾莎遭到了严重的虐待，并积累了很多童年愤怒。我们试着帮助她表达自己的愤怒，我们问她，如果在治疗师的帮助下表达愤怒，她觉得会怎么样？特蕾莎沉默了很长时间，然后承认说，她担心治疗师会伤害自己。因为害怕遭到报复，我们中的很多人都不愿意表达愤怒。

安东尼走进办公室的时候，脸上挂着“菩萨一样的笑容”。他的儿子完全不肯学习，而且退学了；他的女儿离家出走了。菩萨一样的微笑常常是掩盖愤怒的面具。安东尼自封为牧师，需要维持自己的形象——“牧师没有愤怒的行为”，因此他无法表达自己的愤怒。但是，他的愤怒以殴打孩子的形式发泄出来了。孩子们的反应是恰当的愤怒**感受**，但**行为**却是不当的，并非建设性行为。这两个孩子需要学习表达愤怒的积极方式，但是安东尼正在教他们情绪上的发泄方式，这会让他们以后也责打自己的孩子。

显然，我们通常会用父母表达愤怒的方式来表达自己的愤怒。我们可能会用退缩（被动的）或是进攻性、敌意、积极（直接但是并非敌意）的方式来表达愤怒。有时，我们是在应对父母的愤怒当中习得了表达愤怒的方式。吉姆看到父亲以一种幼稚的方式发脾气，便暗下决心，今后绝对不会在自己的孩子面前表现得如此幼稚。因此，他生气的时候就隐忍。前面的安东尼是挂着“菩萨一样的微笑”，吉姆则是面无表情——他的面孔看上去就像花岗岩，但他从来不会承认自己有愤怒的情绪。

如果在童年时期，你愤怒的感受得到了承认，或是有人教你如何自由地用建设性的方式来表达愤怒，你就不容易积累愤怒，不容易形成愤怒的“沙袋”。如果有人惩罚你的愤怒，不允许你用建设性的方式表达愤怒，或者你周围的人就非常易怒，又或者有人把你正常的愠怒推到了不正常的水平，你便很有可能会积累被称为**“童年愤怒”**（Childhood Rage）的东西。

童年积累下的愤怒会一层层沉淀在你的心里，一点点小事就可能引发不恰当的行为。你只要稍微想一想，就能想到你认识的某个人表达愤怒的方式总是那么不合理。当这样的人处在离婚期时，别人就要小心了。他们有时会做出暴力行为，比如开车撞人！

替罪羊、牺牲者以及其他愤怒目标

如果家庭成员没有学会为自己的情绪负责，如果他们总是把自己的不幸福怪罪到别人头上，那么这家里总会有一个人成为替罪羊。如果某人一直都是家里的替罪羊（你是吗？），这个人在表达愤怒方面就会非常困难，同时也会积累大量的童年愤怒。

替罪羊很容易离婚，所以几乎每个离婚讨论班中都有他们的身影。这些替罪羊总觉得自己毫无价值，没有愤怒的权利。要克服这种感觉，他们需要大量的情感再学习。作为替罪羊生活是毁灭性的经历，当事人可能需要接受专业心理咨询才能摆脱这种角色。

对了！我们不能忘记牺牲者。离婚讨论班里也少不了他们的身影，每个讨论班都会有一个牺牲者或是牺牲者的受害者。牺牲者的生活意义不在自己身上，而在别人身上。他们完全牺牲自己来“帮助”别人，看起来是在无限地给予，做出巨大的个人牺牲。牺牲背后的情感可能是真也可能是假，但无论喜欢与否，这位付出者都在付出，其中有一种深沉而微妙的东西。付出者之所以付出，不是因为他（她）在意对方，而是因为害怕失去对方，或者付出就是这位牺牲者早年学会的互动方式。如果我们仔细审视就会发现，牺牲者这样做是出于自私的原因，而且这样的付出会让对方心生怨恨。但牺牲者自我否认的付出方式又会迫使对方做出关爱的回应，这一来，对方就觉得很难表达出自己的怨恨。

这种关系背后的原则是：牺牲者没有自己的身份。他们想要通过其他人找到自己的身份。通过别人而活着，这种牺牲者关系对双方而言都是破坏性的，都是有害无益的。（在第十五章，我们会讲到一种练习，这种练习可能有助于甄别牺牲者角色。）

如果你就是牺牲者，怎样做才能摆脱这一角色呢？或是你怎样才能帮助另一个人摆脱这种角色呢？牺牲者没有自己的身份，他们需要付出努力，找到自己的身份；不要再一味地付出；也要学会接受别人的付出；要学会培养良好的自我感觉；通过交往、活动、兴趣和目标这样的途径，找到身份；逃离牺牲者的角色。

如果你是牺牲者或牺牲者的配偶，找一个朋友或是治疗师来交谈，这样你就可以开始处理自己这方面的内疚感了。

发泄离婚愤怒与表达日常愤怒

好，铺垫已经够多了，现在，我们来谈一谈如何建设性地排遣心中的愤怒。我们的关注点是表达愤怒的积极方式，即对你和他人都不会有害的方式。

我们要再次强调：分手之际的愤怒是一种特殊的**离婚愤怒**，其他生活场景下的愤怒是**日常愤怒**，两者之间有很大的不同。

记住：离婚愤怒需要以非破坏性的方式来**发泄释放**（或是你自己去做，

或是在治疗中进行）。而日常愤怒呢？日后与朋友、家人、爱人和孩子的相处中，你需要用建设性的、直接的、肯定的并且诚实的方式加以表达，以促进交流和发展更深层次的关系。

首先，我们要介绍几种建设性地表达离婚愤怒的方式，然后再介绍几种通用的表达愤怒的方式，适用于与人相处的任何时候。

面对离婚愤怒，你能做些什么？

你很想把所有的愤怒都直接发泄在前任头上。我们中的大多数人都想给前任打个电话，然后尽其所能地伤害、报复对方，直接宣泄自己的愤怒。**大多数情况下，这样做没有什么用。**你朝离婚愤怒这堆火上扔了几块木头，你的前任可能也扔几块作为回敬。很快，火苗就会吞没你们两个人。我们的建议是，用其他方式来表达愤怒，而不是发泄在前任头上。

有些夫妇在婚姻存续期间就有互相表达愤怒的方式，处在离婚期时，还能继续表达。然而，大多数人没能做到在婚姻中表达愤怒，如果你也是其中的一员，怎么做才能在离婚期建设性地表达愤怒呢？

在驱赶愤怒方面，**幽默**非常有效。哈里特是班上的喜剧明星。她来到班上，对大家说："别人问我，前夫在哪儿，我真不知道该怎么回答。我可不想告诉他们，他跟着别的女人跑了。"有一天，她来的时候脸上挂着大大的微笑，"我终于决定了，如果下次有人问我这个问题，我就告诉他们，他变成青蛙，呱呱地抱怨去了！"她笑了，全班都笑了，每个人都通过笑声释放了愤怒的感受。在生活中，幽默感总是很宝贵的，在处理愤怒的时候，尤其是这样。

表达愤怒的最有效的方法之一是**给朋友打电话**："我需要谈一谈我对前任的愤怒。我知道有时我可能会胡说八道。我知道自己可能会非常情绪化。我知道我说的有些事情并不是我理智时的真实感受。但是，现在我觉得非常愤怒，我想要对你倾吐我的愤怒。”救生索式的朋友能够帮你度过这样的时刻，这是你处理愤怒的最好途径之一。

很多有离婚愤怒的人能够利用**幻想**来帮助自己表达愤怒。桑迪非常擅长此道。她会如此幻想：“我要到园艺商店，买上一袋高效草坪肥料。等到半夜，我就要潜入前夫的房子，用肥料在他的草坪上写上骂人的话。这样整个夏天，他只要割草坪，就会看到脏话了！”我们必须要牢记，这些只是幻想，不能付诸实践！如果你的自我控制力不强，也许你就不应该用幻想的方法，因为你往往会照着自己的幻想做，一旦成为事实，大多数情况下这些都是破坏性的行为。

通常情况下，任何形式的**运动**都有帮助。运动比赛、慢跑、打扫房间、给地毯除尘，这类运动中的任何一种都会很有用。愤怒是一种能量，所以表达愤怒重要的是要消耗掉能量。运动是一种不错的方式。如果运动时配合其他技巧，驱除愤怒的效果就更好了。比如说，在打高尔夫或是网球的时候，你可以幻想球就是对方的脑袋。如果你同时低声抱怨几句，这样的运动会更有效果。在你慢跑的时候，每跑一步，你都可以想象对方的脸就在你脚下，也可以加上低声抱怨。

如果**说脏话**对你来说没有困难，那么这也是有效发泄离婚愤怒的方式。用语言的方式，通过自己的声带和口腔，发泄出肚子里的愤怒吧！

尖叫可以释放情绪。冲着周围的人大声尖叫，很多人都觉得这样做不妥，但是你可以找一个地方，一个人大声尖叫。莎琳开车来到没有人的地方，停下车，尖叫、哭泣、叫喊，她觉得这样做非常能释放愤怒。她的孩子也知道了，每当妈妈情绪不安的时候，他们就会说：“妈妈又要到她尖叫的地方去了！”

眼泪也是有助于表达离婚愤怒的一种方式。哭泣是一种积极诚实的情感表达方式。许多人，尤其是男性，很难哭出来。你要“允许自己哭泣”，这样你会感觉好一些。哭泣是表达难过或是愤怒的自然身体功能。

表达愤怒的另一个有效方式就是：给你的前任**写一封信**，把你想说的话都写下来。字要写得很大；也许要用蜡笔，狠狠地写信。但是，信写好后，**不要寄出去**。把信扔进壁炉里烧掉吧。你表达了愤怒，同时象征性地燃烧了愤怒。

你还可以用“**空椅子**”（Empty Chair）的方法，这是格式塔流派常用的一种有效技术。你对面是一把空椅子，你要想象自己的前任坐在上面，然后你就把想要说的话都说出来。如果你是个善于想象的人，你还可以交换椅子，把自己想象成前任，说出对方有可能回敬你的话。然后你再回到自己的椅子上，再次说出自己想说的话。

所以，看到了吧，你有很多方法来发泄**离婚愤怒**。但并不是所有的方法都对你有效，事实上，你会非常抵触其中的一些方法，完全没有办法使用它们。其实，只要发挥自己的想象力和创造力，不要局限自己，你就能找到各种方法来表达愤怒。

我们上文提到的是离婚愤怒的表达方式，你在考虑这些方式，也许还在尝试，在这一过程中，请不要忘了，如果能够做到建设性地发泄情绪，表达就可以是健康的，但是发泄并不能治愈你的愤怒。再说一次，你的目标是克服愤怒，清除愤怒的情绪，做到放手。

还有就是，有些人无法表达愤怒，因为他们“需要”留着愤怒。对他们而言，愤怒就像伴侣。如果放下愤怒，他们就失去了惩罚对方的工具。所以，对他们来说留着愤怒，就像是得到了报酬或是奖励一样。但是，你需要考虑一个问题：你想要成为什么样的人？你想成为一个愤怒的人，还是想要放下，让愤怒离开？

我们再强调一次，这些方法是用来释放部分离婚愤怒的。**以上的任何方式都不适用于表达日常愤怒**。我们马上就会谈到表达日常愤怒的方法。

超越离婚：表达你的日常愤怒

我们希望之前的内容能够帮助你学会表达离婚愤怒。现在，我们来讨论日常的“普通类型”的愤怒。生活中总有各种起伏，我们总会愤怒。

首先，我们要明白，我们的行为和我们的感受是不一样的。行为和感受是我们的不同面。

愤怒（Anger）是一种感受。要求权利（Assertion）和攻击（Aggression）是两种行为。还记得这一章开始的时候我们提到的琼吗？她把自己前夫的车子轮胎放了气。琼非常愤怒，她的行为肯定是进攻性的。她可能还会用其他的方式来表达愤怒。比如说，她还可以用更具进攻性甚至是暴力的方式来对待前任，也许还可以殴打他。或者，她可以采取积极的方式来表达自己的愤怒，她可以直接走上前去，明明白白地告诉对方自己的感受：“我都要疯了，真想把你轮胎的气给放了！你对我不公平，没道理……”当然了，我们并不建议你这样做，但其中的意思是：愤怒的感受可以用不同的行为来表达。现在设想自己处在以下的场景当中：

> 你在排队等演唱会的门票，已经排两个小时了。这时，你前面的那个人遇到两个“朋友”，那两个人走过来，说：“嗨，乔，让我们站到你前面怎么样？”

> 孩子抚养费的支付时间已经过去两个星期，下个星期学校就要开学了，你真的需要这笔钱来给孩子买衣服。你给前任打电话，对方说：“嗯，我到夏威夷玩儿花了很多钱，只有等到下个月才有钱给你了。”

> 你在读报纸时发现州议会通过投票，给议会的开支增加了20%，而

给教育支持的开支则砍掉了10%。

愤怒？没错，应该的！除了这样的场景，还有很多其他的不公平、权力滥用、轻率和虐待的行为都很能引发愤怒。忘记你小时候学到的东西吧，你要明白，愤怒是自然的、正常的、健康的、符合人性的！我们所有人都有愤怒的时候。（如果你认为自己从来不动怒，可能是你忘记了感受和行为是不一样的。那就请再读一读这部分内容吧。）

现在的问题是："我该怎么处理我的愤怒呢？之前，我们已经讨论过一些释放离婚愤怒这种强烈感受的方法了，比如：幽默、幻想、运动、尖叫、哭泣等。你对前任非常愤怒，这些方法有助于你释放这种强烈的感受。但是在对付日常愤怒的时候，这些方法就没有什么作用了。这些方法本来就是用来释放那种郁积的愤怒的，而你现在并没有这种愤怒。我们需要其他方法来应对日常愤怒。

"我"字开头的信息，以及其他公平较量的方法

最受我们喜爱的方法就是使用"我"字开头的信息，这一方法是由心理学家托马斯·高登在父母效能训练项目中第一次引入的。

所谓"我"字开头的信息就是句子以"我"开头，我为我的感受负责，而不是把自己的愤怒责怪到对方头上。使用"我"字开头的信息，你就能扫清碍事的愤怒和其他强烈的情绪，这样一来，亲近、亲密和爱才有可能进入这段关系中。"我"字开头的信息还能帮助你鉴别出自己的愤怒，这样一来你就不会通过责怪别人来掩盖自己的情绪了。

"我"字开头的信息有助于你和你所爱的人——爱人、孩子、朋友和亲人进行交流。我们的建议是：请开始练习"我"字开头的信息，提高自己与他

人的互动，建设性地表达自己的愤怒。举个简单的例子：不要说“你让我发疯！”而是试着说“当你……，我要疯掉了！”看起来，这两者之间只有微妙的差别，但是请注意，当你说“我要疯掉了”时，你是在对自己的感受负责。你重新掌控了自己的感受，而不是让别人控制你的感受。

（注意：“我”字开头的信息用来表达积极的感受也是很棒的！）

想要保持富有成效的爱情关系，并且清扫关系中一路积累的垃圾（爱情关系中积累的垃圾也是离婚的另一个原因，我们现在已经讲了不少离婚的原因了，你都记得吗？），也许你能办到的最重要的一点就是建设性地表达愤怒。没有表达出来的愤怒会变成火山，总有一天会爆发的。通过交谈排遣愤怒就是安全阀，有了它，这段关系就不会爆炸。谈出自己的愤怒，通常都能成就亲密的关系（而且往往能使性生活更和谐）。这是值得的！

积极的愤怒表达

多年来，鲍勃对愤怒表达的研究都非常有兴趣。鲍勃和迈克尔·埃蒙斯（Michael Emmons）[①] 合著了一本《你绝对的权利》（*Your Perfect Right*），在书中系统讲述了积极的、建设性的愤怒表达方法，这本书是训练自信的畅销书。要学会表达愤怒，需要付出努力，你们的关系都会受益匪浅。下面的步骤来自《你绝对的权利》这本书（已获授权，有所改编）。

在你生气之前：

- 了解你自己，了解引发你愤怒的态度、环境、事件和行为。
- 不要有意让自己生气。

---

① 迈克尔·埃蒙斯（Michael Emmons），美国作家，心理学家。

- 给自己讲讲道理。
- 学会放松。
- 重要时刻才愤怒。

在你生气的时候：

- 学会一些策略来处理自己的愤怒（放松、强体力运动、数到10、自言自语让自己平静。）
- 花一点点时间来考虑一下：这件事是否真的值得你耗费时间和精力，以及可能出现的不良后果。
- 做一个决定：你是和对方一起解决愤怒，还是一个人解决。
- 积极地表达自己的愤怒。（表达要是自发的；不要积累怨气；直接表达出你的愤怒；语言诚恳达意；你的姿态、面部表情、手势和语气都要传达出你的感受；不要挖苦讽刺、不要谩骂、不要羞辱对方、不要动手打人、不要居高临下、不要有敌意。）
- 用语言表达出自己的烦恼。（“我非常生气。”“我强烈反对。”“我不能接受。”）
- 要留出时间来解决问题。
- 直接说出自己的感受，对自己的感受负责。
- 说具体的事情，说当前的情况。
- 朝着解决问题的方向努力。

宽恕和忘记

在本章中，我们已经说过，并不是所有的愤怒都是合理的（恰当的），并不是所有的愤怒都必须表达出来。有时，宽恕是最健康的做法。我们并不是说你随时都要“转过另一边脸去让人打”，我们也不会出尔反尔，认为你不该表达愤怒，不该让生活清爽干净。我们想说的是，你必须做出选择，选择该如何支配生命。你不可能解决世界上所有不对的事情，甚至在你自己的生活中，你都无法做到这一点。正如老话所说的那样：谨慎即是大勇，有时真的是这样。行动之前，花点时间想一想：当前这件事情值不值得自己花精力来表达愤怒；如果是（比如，有人不公正地对待了你的孩子），那就要非常肯定地表达自己的愤怒。如果不是（比如说，有人在高速公路上超了你的车），那就深呼吸一下，继续自己的生活吧。

“烟熏到我的眼睛了”

你即使觉得怒火中烧，也不要停下攀登的脚步。读了本章内容，你明白自己可以有愤怒的感受，也知道了该如何积极、有建设性地表达愤怒，到最后，愤怒燃烧掉，只剩下灰烬。你心中的怒火可能会慢慢燃烧很长时间，不过没关系，它总会燃烧殆尽，你也终究会摆脱愤怒。走在这段路上，纵然你周围燃烧着森林大火，也不要着急。一定要小心，不要伤害周围的人，也不要毁掉自己，这一点非常重要。任凭怒火肆虐，会造成严重的破坏。

布鲁斯的研究显示：处在离婚期的人对前任的愤怒平均来讲会维持三年。你希望自己的愤怒持续多长时间呢?

要预防重建方块着火？只有你办得到

愤怒可以蔓延到其他的重建方块，因此愤怒是最重要的重建方块之一。如果你心中离婚愤怒的火焰失控了，除非你能控制火势，否则你之后的攀登路程会困难重重。

处理好愤怒，等到心中没有了怒火、只有灰烬时，你就会有一种如释重负的感觉，然后把精力转移到生活的其他方面，你就可以在分手这件事情上宽恕自己和对方，你就不会再自责，不会觉得自己失败。放下了所有痛苦的事情，你就找到了内心的平静。你发现自己和前任说话的时候，态度平和理智，不再烦躁。和朋友打交道时，无论是面对你的朋友，还是你前任的朋友，你都不会心烦意乱了。你突然醒了过来，发现自己的生活中有阳光，而不是愤怒的暴风雨。你认识到，事情就是这样了，发生了就是发生了，没有必要责怪任何人。

离婚课堂有个家伙名叫扎克，他发现了一个对处在离婚期的人非常有用的口号，这个口号就是："没关系。"以前看起来对我们那么重要的事情，现在已经无关紧要了。一旦你进入宽恕的阶段，就会觉得没有必要惩罚或是报复对方了。

孩子也会愤怒！

和父母一样，离婚家庭的孩子也感受到了同样强烈的离婚愤怒。一天，在游泳池，一个离婚家庭的女儿对自己的父亲发火。她父亲只犯了一个非常小的错误，她就冲着父亲大声尖叫。其愤怒程度远远超过了正常反应，这显然是因为孩子觉得自己被抛弃了，她在怪罪自己的父亲。

离婚后的父母往往不允许自己的孩子愤怒。即使父亲没有按时来探访孩子，探访时，也心不在焉，不怎么和孩子互动，拿到监护权的母亲还是会多次尝试在孩子和父亲之间建立良好的关系。母亲想做的是，不让孩子生气，帮助他们接受自己的父亲。但这位父亲让孩子失望了，孩子生气是恰当的。

另外，在孩子表达愤怒的时候，我们往往会表示出不爱孩子。孩子愤怒时，我们在情绪上也会紧张，立刻就变得不愿意接受孩子了："到你的房间去，想好了该怎么做再出来！"我们需要打起精神，倾听并且接受孩子的愤怒。但是我们也要注意不让孩子变得有进攻性、乱发脾气、扔东西发泄，而我们应该允许孩子用本章介绍的积极的、建设性的方式来表达愤怒。当父亲（或是母亲）没有来探访他们，他们说自己很生气时，你要接受这一点，说："遇到这样的事情，我觉得你生气没错。"

大多数人都是在与父母的某些互动过程中形成了表达愤怒的情绪障碍。我们表达出愤怒，结果受到了惩罚，或是不被父母允许，又或是被打发回自己的房间。我们感觉自己被抛弃了，感觉自己失去了父母的爱。更好的做法是让孩子们了解：愤怒是人性的一部分，用积极的方式表达愤怒是可以的。

你现在过得怎么样？

继续攀登之前，按照下面的清单检测一下自己。不要忘了，一定要对自己诚实哦！

1. 我可以平静而理性地和前任交流了。
2. 看到前任，与前任交谈，我觉得自在。
3. 之前，我想要把愤怒发泄在前任头上，想要伤害前任，现在我没有这样的想法了。
4. 之前，我希望前任在情感上和我一样痛苦，现在我不再这样想了。
5. 之前，我对前任怒火冲天，现在我不这样了。
6. 之前，我觉得我的家人、朋友和相识的人应该站在我这边，而不是站在前任那边，现在我觉得这一点不再重要了。

7. 前任伤害了我，现在我觉得没有必要因此报复对方了。

8. 我不再觉得是前任造成了我们的分手。

9. 之前，我要让前任看到我有多痛苦，好让对方也痛苦，现在我不再这样做了。

10. 我已经克服自己的愤怒，开始接受前任所做的事情。

11. 我开始用积极的方式表达愤怒，这对我或周围的人都不会造成伤害。

12. 愤怒的时候，我可以承认自己的愤怒，没有再否认这种感受。

13. 我明白了是什么在阻碍我以积极的方式表达愤怒。

14. 我可以建设性地表达愤怒了，而不是不恰当地宣泄。

15. 我已经到达了宽恕的阶段，不再愤怒了。

第十章

放下

解脱很难

你原来的爱情关系已经结束了，你不应该再对它投入感情。如果你的生活并不空虚，如果你过着充实的生活，那么放下对你来说就要容易些。甩人者放下得要快一些，原因就是在还没有分手时，他们就已经启动了放下的程序。做不到放下，可能是因为你没有面对内心某些痛苦的感受。

斯特拉："哈利在四年前离开了我，之后他马上就再婚了。"

心理咨询师："我注意到，你还戴着结婚戒指。"

斯特拉："是的，这枚戒指对我很重要。"

心理咨询师："你用来支付心理咨询费的账户上还写着哈利的名字！"

斯特拉："我想，我就是做不到放下。"

你有没有在脑海里反反复复哼唱过一首歌？你知道有多少首歌是讲放下的？这里就有几首：《往日情怀》（*The Way We Were*）、《告别时刻》（*Time to Say Goodbye*）、《又能怎样？》（*What Cha Gonna Do*）、《今天，我不再爱她》（*I Stopped Loving Her Today*）。

大多数人在一生中都有一两次分手的经历，即便是在青春期约会的时候，也是如此。分手的现象如此普遍，相关的研究却如此之少，这可真是有意思。我们在很大程度上是靠着诗人和音乐人来教我们如何结束爱情关系的。

"解脱"这东西到底是什么？

我们先要明确一下什么是放下。试试这个动作：十指交叉，左右手相握，然后在继续握紧手的状态下，把手分开。这时候你就感受到了"解脱"。你要放下对那个人所有的爱恨情仇。

相爱的感觉并不是唯一难割舍的东西。难以割舍的还有愤怒、怨恨和报复的心情。如果一个人喋喋不休地谈论前任，无论用词甜蜜还是愤怒，都说明他/她没有放下对前任的爱恨情仇。

在离婚的“蜜月期”，人们常常宣称要继续做彼此的朋友。等到甩人者的内疚感得以排解，被甩者的愤怒感就位之后，这种想要做朋友的愿望就消失了。但是，还是有很多人拼命想要维持朋友关系，结果他们就不能放下，不能让心中的愤怒走出来，不能让愤怒帮助他们放下。所以，在离婚早期，最好不要保持朋友关系；等到自己做到了解脱，再做朋友。勉强做朋友，放下的过程可能会因此而延长，甚至导致以后你们也做不成朋友。（当然，这并不意味着你们要变得不礼貌或是不热情，你们只是不亲密了。）

我们还要谈的另一个方面是：“逃跑综合征”（Runaway Syndrome）。在这一过程的某个时间段，大多数离婚人士都有想要逃跑的强烈冲动。他们想要搬到新的社区，远离前任所住的地方，避免遇上前任或以前两个人共同的朋友。

科琳嫁给了一个大学教授，后来这位教授和一个年轻的学生发生婚外恋，就离开了她。一次科琳开车行驶在路上，看到前夫坐在车里，旁边就是那个更年轻的女子。还没来得及停车，她就呕吐起来了。不用说，看到前任和新欢在一起是件非常痛苦的事情。

如果你离开这里是为了新的工作，或是为了回到以前那个有支持你的家人或朋友的生活圈子，又或是为了人生前进的目标，那搬家是可以的。如果你离开是为了逃避不愿意看到的事情，就应该三思而后行：你现在本来就处在压力之下，搬家只会增加你的压力。

待在现在的社区，面对前任和前任的朋友，要处理这种痛苦的感觉，对你来说可能很艰难。但这样也有好处，如果选择搬家，你可能就是在隐藏并且否认放下这一过程了。那些选择留下的人会艰难地挺过这一关，不久之后，再见到前任，和前任说话时，也不会有情绪上的不安了。他们面对这一切，更有效地处理了“放下”这一重建方块。

三个关键重建方块之间是有联系的：否认已经分手，为失去的东西悲伤，放下已经结束的关系。在攀登的途中，我们可能是在同时处理这三个互相联系的方块。

不要拖延

现在，我们有话要对甩人者说。（被甩者如果愿意，也可以听听，我们会谈到你们。）

为了避免内疚感，甩人者往往想要对被甩者“好一点”，但这只会让放下的过程变得更加漫长。如果你要甩人，那就拿出勇气，拿出魄力，干净利落地甩，这样做远远胜过畏首畏尾地甩人。

理查德想要分手了，他想要表现得温和友善，于是特地每周都带芭芭拉（被甩者）到外面吃饭，理查德觉得这样会让她好受些。可每次理查德这样做，就好像是朝着一只饥饿的猫扔了几块面包屑。有了这几块面包屑，猫还是饿着，但也不会到别处觅食。只要看起来似乎还有某种复合的希望，芭芭拉就做不到放下。想要对被甩者好一点，直截了当远胜过“温和友善”。其实，理查德只是在对自己“好”，他想要减轻自己的内疚感。

其他的一些情况也会延长解脱的过程：漫长的庭审会造成拖延；互相住得很近，定期交换照顾孩子和宠物，也会造成拖延（你们可以住在同一个镇上，但是不能住在隔壁！）；有共同经营的生意，不得不保持交往，则是另一个拖延的因素。（如果你们有工作上的联系，你往往更难做到解脱；遇到这种情况一定要仔细衡量利弊，谨慎做决定。你需要咨询律师和税务顾问的意见。）

关于放下还有另一个问题，那就是与姻亲的关系。离婚了，你与前任的家庭成员也分开了。大多数情况下，在离婚的时候，你和姻亲的关系就已经破裂或是变得非常淡薄了，但离婚也可能造成相反的效果，让姻亲与儿媳或是女婿更为亲密，甚至胜过自己的孩子。

全美50个州的法律规定，无论父母哪一方享有监护权，祖父母对孙辈都有探视权。华盛顿州的法律规定祖父母有广泛探视权，但是在2000年，美国最高法院推翻了这一立法。看起来，立法机构将来会对祖父母的探视权做出更为清晰的界定，也许会设定更多的限制。与此同时，我们的建议是，祖父母们，请把探视看作是优待，而不是权利。如果你家里有这个问题，请查询你所在州的现行法律。

解脱很难

无论有没有外界的复杂因素，我们的大问题依然存在："怎样做才能放下？怎样做才能不再爱那个人？"对于很多人而言，这是个难题。如果你有其他的支撑，放下就要容易得多。爱人离开了，你的心中会出现一处空缺，而一份好工作、良好的支持体系，有帮助和支持你的朋友，都能使你的内心有充实感，这些都有助于填补你心中的空缺。

你可以做一些具体的事情来帮助自己放下。首先，你需要检查一遍家里的各个角落，清除掉那些总是让你想起前任的东西：照片、结婚礼物、生日礼物，还有诸如此类的纪念品，免得睹物思人。你可能还需要重新摆放家里的家具，尽可能让家里看起来与离婚前不一样。你俩的大床就是一件特别的象征物。也许你需要换新床单，或是在房间里换一换床的摆放位置、换一个房间来放这张床、卖掉这张床，甚至送给别人。

你也许应该把所有这些睹物思人的东西放在箱子里，再扔进车库或是地下室。某个周末，你或许想要进行一场“内爆型悲伤”（Implosive Grieving），便拿出这些纪念品，设定一段时间让自己尽情地悲伤。这种悲伤时间可能会使你感到非常压抑，我们建议你找一个人待在你身边给你支持。你可以恣意地悲伤，这样做能让你更快地放下。内爆型悲伤能够增加悲伤的强度，也能缩短你完全放下所需要的时间。

很多人还会面临另一个问题：前任会打来电话、写信和来访，或是有找前任的电话、信件和客人。如果前任明显黏着不放，你可能会觉得心烦意乱。但是，如果你听任对方如此，就说明你也没有放下。黏着不放需要两个人才能进行。如果你不肯配合，长期看来，双方都更容易做到放下。你不得不果断一些，甚至有必要挂掉对方的电话，或是原封寄回对方的信件，不予回复。

你要控制自己，停止对前任的幻想。一旦发现自己因为前任而痛哭流涕，就想一想你们俩之间发生过的痛苦或不愉快的事情。这样你就不会再想着对方。或者你还可以关注别的事情，以免自己聚焦过去的恋情。

放下自己的恐惧

关于放下这个问题，我们还有个更为抽象的答案。一种行为模式的内核往往都有一种特定的感受，比如说对被抛弃的恐惧、内疚、害怕自己不被爱或是自我价值感低和缺少信心。令人惊奇的是，我们常常通过对自己生活的设定来获得自己最害怕的感受。比如说，我们害怕被拒绝，可是在自觉和不自觉中，我们就把生活设定成“我们会被拒绝”。如果我们想要内疚感，我们就会创造出让我们感觉内疚的条件。

特蕾莎和帕特里克前来进行婚姻咨询，帕特里克的行为模式是寻求拒绝，特蕾莎的则是想要感受内疚。他们俩的心理需求真是吻合得天衣无缝！两人共度多年的婚姻时光，女方觉得内疚，男方觉得被拒绝。女方制造出内疚的理由，同时也滋养了他被拒绝的感受。

分手时，我们的反应往往是自己行为背后的感受。如果平日的行为模式是被拒绝，那么我们在分手时的感受就是被拒绝；如果是内疚，那么感觉就是内疚。糟糕的是，这种感觉可能非常强烈，由于我们不够坚强，所以无法在忍受这种感觉的同时，做到放下。

如果你觉得很难放下，就问问自己："如果放下前任，我的哪种感觉会最强烈？"也许，你的难舍难分实质是在掩盖自己无法面对另一种痛苦感受的事实。比如说，你很害怕放下，因为放下之后你就不得不直面自己被抛弃的感受。于是你拒绝放下，以此回避被抛弃的感受。要做到放下，你就不得不面对那种感受。你如果感觉需要支持，可以寻求救生索式的朋友或咨询师的帮助。

投资自己

处理好本章重建方块的目的就是：在情感上投资自己，促进自己的个人成长，不要在已经结束的关系上再进行投入。过去的关系已经是一具情感死尸了，投入是不可能有回报的。投资自己，才有可能得到最大的回报。

帮助孩子放下

离婚家庭的孩子要想做到放下，就要放下过去双亲家庭的概念。突然他们的家成了单亲家庭，双亲中一个是有监护权的家长，另一个是没有监护权的家长。即使是共同监护，孩子们也不得不应对不同的生活方式。我们的建议是：孩子可以保持与双亲的高质量关系，他们并不需要放下。

如果父母无法放下这段关系，可能会给孩子带来难题。如果孩子不断听到一方家长谈论另一方家长做的好事（或是坏事），那么这对他们来说会变得很难处理。如果父母没有放下这段关系，无论父母之间的感觉是积极的还是消极的，孩子往往都会卡在其中，不能自拔。这就延长了孩子的调整过程。

你现在过得怎么样？

停下脚步，花点时间，扔掉过去所有的感受。因为这些感受，你还不断地在逝去的关系上投入感情。原地跳一跳，感受一下内心的力量，扔掉一直背负的包袱，找到轻松上阵的感觉。

最后，按照下列清单的内容测试自己。你真的放下了吗？

1. 我现在只是偶尔会想到前任。
2. 我很少幻想和前任在一起。
3. 想到前任时，我不再感到心烦意乱。
4. 我已经不再试图讨好前任了。
5. 我和前任不会复合了，我已经接受了这一点。
6. 我不再找借口与前任说话。
7. 我很少和朋友谈论前任。
8. 我对前任已经没有了浪漫的想法。
9. 我不再希望和前任继续保持性关系。
10. 我对前任不再一往情深。
11. 前任有了新的爱情关系，我能接受。
12. 我喜欢单身，胜过喜欢与前任在一起。
13. 我对前任不再愤怒。

第十一章

自我价值感

“也许我还不赖嘛！”

自我感觉好是没问题的。个体的自我感觉越好，就越能更好地应对危机，你可以学会这一点。随着你成功地调整并适应了危机，你的自我感觉也会变得更好！若是处在个人身份/叛逆危机中，你与爱人的关系可能会变得非常紧张。

小时候，我父亲常常警告我不要“自负”，不要“自恋”。后来，我到教堂做礼拜，得知我生来就是有罪的。在学校，受到大家关注的都是体育健将和头脑聪明的人。再后来，我结婚了，这个世界上终于有人觉得我有价值了。有人在乎我，我感觉很好。接着，她也对我的缺点指指点点。最后，我真的要相信自己是个一无是处的人了，就是这个时候，我决定要离婚。

——卡尔

天呀！自我价值感这段路上，到处挤满了人，他们看起来都像是无法再攀登下去了。有人灰心丧气地坐在岩石上，筋疲力尽，无法继续攀登。有些人躺在地上，看上去就像是门垫，谁都可以从他们身上踩踏过去。有些人看上去一副饱受批评、觉得自己毫无价值的样子。有些人都快隐身了，似乎正在努力与背景融为一体。

看到了吗？这些人无论走到哪里，都头顶乌云！雨只落在他们的身上，周围人却是滴雨未沾。看到那个女子了吗？她好像是把头顶的乌云忘在什么地方了，正在焦虑地东张西望，蹒跚着行走在岩石中。她是在寻找那块丢失的乌云吗？没错，那块乌云追上她了，又开始在她头上下雨，可这时的她看起来似乎更为满足。

自我价值感的重要性

在这段行程中，我们主要的任务是更多地了解自我价值感和学习提高自我价值的方法。自我价值感（Self-Worth），也被称作“自我概念”（Self-Concept）和“自尊”（Self-Esteem），指的是你看待自己的方式，以及作为一个人，你对自己价值的核心信念——这真是不好理解。

在成长的过程中，布鲁斯觉得只有他自己一个人在遭受“自卑情结”（Inferiority Complex）的折磨，而完全没有意识到这个词被使用得如此频繁，原因就是很多其他人也觉得自卑！（说真的，难道不是人人都感到自卑吗？）

我们在离婚讨论班问，他们之中有谁想要提高自尊，请举手。通常的情况是所有的人都举手了！现在，你明白这个重建方块有多重要了吗?

自我概念是生来有之，还是后天习得的呢? 你有没有想过这个问题? 现在，心理学家认为自我概念有50%是天生的，另外50%是后天习得的。显然，我们一出生就带有某种倾向，然后在早期生活中，我们通过父母、兄弟姐妹、老师、牧师和亲戚，也就是我们身边对我们有影响的人来感知自己。再往后，特别是在十多岁的时候，同龄人极大地影响了我们自我概念的基本面。成年之后，我们的爱人成为验证和反馈的主要来源，极大地影响了我们的自我价值感。

很多走到尽头的婚姻在存续期间存在着一种破坏一方或是双方自我概念的模式。事实上，有些模式的破坏力非常大，婚姻中的双方甚至无法走出离婚这一步：“我不配离婚！”比如说，一位心力交瘁的妻子可能认为自己就该在情感和身体上受虐待。她可能觉得无法冒险离开婚姻，因为她确信自己没办法一个人过下去。由于婚姻不幸，很多人的自尊都遭受了严重的侵蚀，最后才在离婚中得到解脱。

可是，当实质的分居来临，婚姻结束时，自我概念就会降到历史最低点。人们的身份与婚姻紧密相连，婚姻失败了，这种身份就会遭遇很大的危机。

布鲁斯曾经让刚分居不久的人填写“田纳西自我概念量表”（Tennessee Self-Concept Scale，一种用纸和笔填写的心理测试，旨在测定自我价值感）。

他们的得分非常低，很难找到得分比他们还低的人群了。分手可能会对自我概念造成毁灭性的打击。事实上，这个时候自我价值感也可能是最低的。自我价值感低的个体在情感上会丧失机动性，无法完成自己的工作，无法做父母或是与他人互动。

布鲁斯对这群人的自我概念分数进行了进一步研究，发现自我概念良好的人能够更好地调整并适应爱情的结束。研究证实了我们共同的感觉：对自我概念良好的个体来说，调整自身以适应生活危机更容易。

显而易见，对于我们的生活方式，自我价值感起到了很大的作用。通常而言，分手对自我概念没有好处，在经历了分手这类生活大危机之后，大多数人都需要改善自我感觉。令人欣慰的是，我们是可以增强自我概念的。你可以再学习、可以成长、可以改变，这一观点令人振奋而且乐观向上！我们完全可以摆脱这种低自我感觉。

11 个步骤让你获得更高水平的自尊

长达 25 年的时间里，布鲁斯一直在离婚和个人成长讨论班授课，为期 10 周的课程让很多参与者在自我价值感方面有了很大改善，这是他们最大的收获之一。他到底用了什么样的技巧呢？人们怎么才能实现大改变呢？现在我们就来分享能让你变得更为自信的方法吧。我们没有魔法，你对待自己的态度也不会在一夜之间就发生改变，但是我们希望你能够尝试这些方法。我们相信，看到结果时，你会惊喜的。

第一步　你必须下定决心要改变。这似乎是不言而喻的事情，但我们常常忽略了这一点。几年前，布鲁斯有几位前来咨询的客户，这几位来访者就像我们前文提到的那位女性一样，无论走到哪里，头顶上都罩着乌云；并且，他们只要在咨询中有了进步，就开始局促不安，然后就开始寻找乌云，希望头顶上能下雨。

布鲁斯觉得有些郁闷，决定在山中独自走走。他来到了落基山脉的大汤普森峡谷徒步旅行。快到小路尽头的地方有个小小的指示牌，这个指示牌指向一棵被大风连根拔起的花旗松。这棵树已经倒地很久，树梢已经弯了过来，但它还是朝着阳光的方向继续生长。新长出的树梢冲着天空，直立向上，大约有 6 米多高。原来的树根大多数都暴露在空气中，人们不禁要疑惑，这样怎么还能继续生长这么多年！除了树梢，树干的上端也冒出了不少直挺向上的枝丫。其中一根有 9 米高。

布鲁斯说："我一边研究这棵树，一边想，这棵树被连根拔起，就像是某人的人生遭遇了离婚之类的危机。这棵树全力以赴，继续朝着天空的方向生长。看到这棵树，我非常感动。我认识到，我们每个人的内心都有一种力量，纵使危机搅乱了我们的生活，这种力量仍然能够帮助我们发挥出所有的潜力。这棵树继续朝着天空的方向生长，我因此有了一种信念，我相信自我概念是可以改变的。"

情感能量的内在源泉促进我们潜能的发展，我们需要找到它，并且倾听它的声音。无论这种能量以何种名字出现：虔诚的灵魂、心理学的自我、内在源泉或是生命的力量……只要你找到了这种力量，你就能达成心中渴望的改变。审视内心，找到这种力量的源泉，利用这种力量，改变自己，成为心中想要成为的自己。

如果你下定决心要改善自我概念，你生活中的方方面面都会因此而改变——你的工作、你与他人的关系、你教育子女的方式、你对未来爱人的选择。最重要的是，你的自我感受会改变。只要你继续改变自我概念，你的个性和生活都会发生很多变化。如果你坚定不移，接下来的步伐当然会轻松许多。

第二步　改变你看待自己的方式。你不喜欢自己的哪些方面呢？大多数人都可以轻轻松松地列出 20 项来。可是，为什么不写下 20 项你喜欢自己的方面呢？在离婚讨论班，我们给大家布置了这项作业，大家都抱怨起来，还说："20 项太多，两项怎么样？"那天很晚了，一位参与者打来电话，电话一接通，他就说："去你的！我从学校回来后就开始写。我喜欢自己什么呢？花了一个小时，我才写了一条。又花了一个小时，写了第二条。现在晚上 11 点了，我才写了 5 条！"在为期 10 周的课程中，这对于他而言是最重要的功课了。

这项功课很重要，所以不要着急，慢慢写。在继续下一步之前，一定要写完。

第三步　在别人面前把自己的优点说出来。我们自己的优点，写下来容易，说出来就难了。我们会听到内心那些老生常谈的尖叫声："不要表现出自以为是的样子！"不要听从这样的声音；拿起你列出的清单，找个朋友，让对方听一听你的优点。说出自己的优点，是没问题的，但需要勇气。记住：改变自己的自我概念很不容易！

如果在成长过程中遇到了挑剔的人，我们内心的那个尖叫声就会格外刺耳。拉斯说他无法完成第三步，从小他父母就经常告诉他"不要自以为是"。高中的时候，他是一个不错的运动员，而运动本来可以帮助他建立自信，但是由于父母的声音太大了，他已经学会了"谦逊"。作为一个成年人，他无法大声说出自己的优点，他还是觉得父母会因此而不高兴！你听到这里会觉得荒谬，但拉斯并不这样想。最后，他在讨论班上大声读出了自己列下的清单，脸上挂着痛苦的表情。读完之后，大家都为他鼓掌；接着他说道："天，我感觉真好！"

第四步　这一步可不轻松：审视你与他人的关系，做出改变，改掉自己的破坏性模式，养成“新”自我。

他人的反馈在很大程度上巩固了我们的自我概念。好好地审视一下自己与他人的关系。哪些对你的自我概念是有建设性意义的？哪些的害处胜过了好处？如果发现有些关系对你的自我概念是具有破坏性的，要么结束这些关系，要么就把它变得更有意义、更积极。已经建立的互动模式很难改变。保持一段觉得舒服却强化低自我概念的关系，就是在自我成长的路上保留一处大障碍。

在担任缓刑监督员期间，布鲁斯经常听到人们说，对某个出问题的青少年来说“只需要换一个新的同龄人环境”，问题就能得到解决。事实上，事情没有这么简单。通常，出问题的少年不仅需要换一个同龄人环境，还需要改变他们对自己的感受。这些青少年会选择接受那些基本上符合他们自我概念的反馈。同龄群体的关系极大加强了他们现有的自我概念水平。部分原因是：他们选择了这个群体，这个群体是他们自我概念的折射：“我和这些人待在一起很自在。”

人们往往会追随固有的模式，寻求强化现有自尊水平的关系，考虑到这一点，要改变你们的关系可能会是一件极为困难的事情。但是，如果你真心希望自我感觉好一点，你就要在积极的关系——也就是有助于你提高自我感觉的关系上下功夫！

第五步　从脑海里根除那些负面的自我概念。我们都可以听到脑海里的声音。这些自言自语的来源是哪里呢？可能是父母、老师、牧师或是其他对我们有影响力的成年人。“你要小心了，不要让成功冲昏了头脑。自负自私是一种罪恶。你觉得自己很聪明，是不是？”这样的信息是破坏性的，它们会阻碍你提升自我概念，虽然本意是想要听者有规矩、有控制力，但糟糕的是，这样的信息对我们既无帮助，又无成效。

作为成年人，我们可以选择要不要继续倾听这样的信息。把你脑海里的“录音带”播放出来，然后再写下来。想一想，这些信息是否恰当呢？站在成人的角度，分析这些“父母说过”或是“孩子气”的话，判断这些话在自己所处的生活阶段是否是理性而健康的。找出那些妨碍良好自我感觉的信息，然后扔掉它们吧。

也许，你还需要心理咨询或治疗，或是找到救生索式的朋友，又或是在自我反省中表达自己的不良情绪。写下或是录下想说的话。不管怎样，你需要“把这些过去的情感垃圾扔出去”，不要让这些情感垃圾控制你，成为你生活的负担。对于之前那些不良感受，你要把它们摊开来，晒出来，表露出来，说出来；接着，就要做到放手——你在着手提高自己的自我概念，不要让这些东西成为你的拦路虎。

第六步　在纸条上写下自己的优点，然后把这些纸条贴在家里显眼的地方。这一步听起来可能会有点傻气，但对于我们离婚讨论班上的特鲁迪而言真是有用。比如说，贴在镜子上或是冰箱上。纸条上可以有这样的赞美之词：“你有甜美的微笑。”之前你列出了 20 项喜欢自己的方面，你就可以借用其中的内容来写纸条。

特鲁迪参加的是周末讨论班，她看起来心如死灰。她很难集中注意力，但这种练习对她有效。第二周，她告诉大家，她给自己写了差不多 100 个纸条，马桶上都贴了一个！她变了，脱胎换骨地变了！给自己写纸条使她产生了翻天覆地的变化。这样的变化是很罕见的，但是特鲁迪的例子告诉我们，积极主动的努力会有什么样的潜力。

第七步　敞开心扉，倾听来自他人的正面评价。人们往往只会听到自己想听的话。如果你的自我价值感低，你只会听到别人对你做出的负面评价。当有人表扬你的时候，你就会否定它、忽视它，或是将它解读为："哦，他们只是说说而已，并不是真心的。"有些人屏蔽了正面的评价，因为他们的基本自我概念认为这些正面的评价与实际情况不匹配。那么，你该怎么做呢？下一次，有人表扬你或是赞美你的时候，不要再屏蔽这些正面评价，你要让它深入你的内心。对你而言，这样做可能会很困难。但是，你一定要打破只倾听负面信息的模式，这一点非常重要。你听到正面评价之际，就是你自我感觉提升之时。

第八步　在自己的行为方面做出某项具体的改变。在你的个性中，找出你想要改变的某个方面。也许你想要和更多的人打招呼，也许你想要准时上班或是上学，也许你不想再在小事上拖延，比如说每天早上整理床铺之类。那就做决定好了：从下周开始，这些事情你每天都要做到。要制定容易执行的、你能够做到的改变，这样你就能感受到成功。第一周，不要给自己设定不可能完成的大改变，不要让自己感受失败。

你可以在日历上做标记，这样也算是每天都给自己一点小奖励。等到一周结束之后，你就能回头一看，说："我办到了！我做出了改变！在这一方面，我变得不一样了。"完成这一步之后，下一周再走出第二步，做出另一个小改变。开始吧！连续几周之后，你会发现自己有了显著的改变，自尊水平也会随之提高。

第九步　多一些拥抱吧！这是最有趣的步骤之一。我们几乎到了害怕用身体接触来表达感情的地步，也许这与我们过分强调性，以及维多利亚时代对待性的保守态度有关。有些人不肯拥抱是因为害怕被拒绝；有些人是觉得拥抱会侵犯他人的个人空间。亲切的身体接触和两性之间的身体接触是有区别的，很多人都不知道其中的不同之处，所以他们都避免互相接触和拥抱。很多群体已经克服了这一障碍，甚至有的群体根本就没有这样的忌讳，所以亲密接触对他们来说更为自在。

朋友的一个温暖拥抱饱含深意，远胜过语言的表达。拥抱有助于治愈情感伤口，能够帮助你快速改善自我概念。拥抱可以给我们自由，让我们的内心感到温暖，并改善我们的自我价值感。“有人愿意拥抱我，我挺不错的！”这或许是我们听到的最暖心的话。你若是能克服对肢体接触的恐惧，甚至还能要求别人拥抱你（如果你觉得没有得到足够多的拥抱的话），你就能极大地改善自我评价，而且享受这一过程！

第十步　你应该努力与他人建立有意义的交流。离婚之后，在与好友交流的过程中，人们往往会收获某些最重要的个人成长。在交流过程中，你们要坦诚相待，告诉对方你从来没有说出口的那些事情。这样做效果怎么样？到时候你就知道了！这样的对话就像是一面镜子，你能从中看到别人眼中的自己。

第十一步　你可以选择进行心理治疗，以求增强自我概念。这就需要专业人士的帮助了。在专业人士面前，你可以畅所欲言。有了专业人士的引导，你可以更快地改变自我概念。

如果你认真进行了上面的这些练习，便也能得到讨论班学员身上发生的变化。你失去的不过是对自己的不屑！这一段路程是你成长的重要部分。这一重建方块会影响到你整个人生的很多方面，胜过其他任何重建方块。

孩子：最脆弱的自我概念

要知道，离婚也极大地破坏了孩子的自我概念。他们的生活突然发生了天翻地覆的变化。孩子觉得被抛弃了，觉得孤独，觉得被疏远，也许还觉得内疚，他们会质问自己做错了什么，造成了父母的离异。

如果孩子正处在某个成长阶段，这些成长阶段本身对自我概念就是一种威胁，那么再加上离婚，他们的调整过程就更为复杂了。最能说明问题的就是下面这个例子：有证据显示，对于大多数孩子而言，初中阶段是成长和发育最为艰难的时间。我们也听到很多成年人谈论自己在初中时是多么痛苦，多么困难。青春期意味着身体上会发生巨大的变化：身高、体重、第二性特征、体毛，还有声音的改变。突然，他们的身份，或者说他们对自己是谁的认识也在改变。他们经历着各种新的态度和感受，比如说对异性有了兴趣。这时，同龄人对他们的影响就变得更为重要了。即使在周围环境最为有利的情况下，这一阶段的快速变化对青少年的自我概念来说也是莫大的压力。由于这些少年本来就经历着自身发生的极端变化，还要应对父母离异带来的压力，他们的自我概念当然更有可能受到影响。

和自己的孩子一起进行本章的练习，对孩子是一种帮助。事实上，一起练习有助于增进家庭成员间的交流。我们的建议是：有孩子的离异家长要做到这 11 个步骤，提升自我概念，然后再帮助孩子一步一步地走过来。

你现在过得怎么样？

这一段路程走得怎么样了？对照下面的清单看一看吧。再次强调，这一部分很重要，一定要给自己充裕的时间。如果你对清单里的大部分内容都能泰然处之，那你大概就是准备好继续攀登了。路上小心哦！

1. 我愿意努力提升自己的自我概念。

2. 我明白提升自我概念后，生活的多个方面都会随之改变，但即便如此，我也要这样做。

3. 我就是我，我喜欢自己。

4. 我觉得自己是个有魅力的人。

5. 我喜欢自己的身体。

6. 我觉得自己有魅力，能吸引异性。

7. 大多数时候，我都有自信。

8. 我了解自己，懂得自己。

9. 作为女性/作为男性，我觉得挺好的。

10. 我不再因为亲密关系的结束而觉得自己是个失败者了。

11. 我觉得自己能够建立深刻有意义的人际关系。

12. 我觉得自己是个值得交往的人。

13. 我正在依照本章节列出的十一个步骤尝试提高自己的自我概念。

14. 我觉得自己必须说出口的那些话对他人而言是重要的。

15. 我觉得我对于自己是谁有了一定的认识。

16. 我希望并且相信自己能够提高自我概念。

17. 我能够解决现在面临的问题，我有这个信心。

18. 我能够调整并适应当前的危机，我有这个信心。

19. 我能够心平气和地倾听别人对我的批评。

第十二章

过 渡

“我回过神来了，开始处理垃圾”

早期的经历极大地影响着我们的人生。在童年时期养成的态度和感受，还有与家人、朋友和爱人之间的关系一定会对你构建新的人际关系产生影响。有些态度和感受对你是有帮助的，而有些则并非如此。有些过往留下的东西会给你的成年生活带来问题，比如说，想要反抗之前的约束（例如父母的规矩）却没能实现，还有争夺掌控的权力。我们应该找出其中有价值的东西，保留它们，滋养它们；至于那些阻碍你成长的东西，我们应该着手改变。

“当我是个孩子的时候，我说着孩子的话，用孩子的眼光理解这个世界，我的思维也是孩子的；但我成为一个男人后，我就把孩子气的东西放在了身后。”

——圣保罗（《哥林多前书》[1] 13章11节）

现在，我们的登山之旅已经完成了大半，应该仔细审视一下我们一路上所携带的行装。我们中的很多人可能带了不需要的东西。鲍勃回忆他的第一次背包旅行：他攀登的是加利福尼亚州的内华达山脉，他居然背了1.1公斤的水到了3.4千米高的营地。到了顶峰，他才意识到在最后8千米的雪地攀爬中，他居然还一路背着1公斤的水！

过往生活中没必要保留的东西，你是不是还吃力地驮在背上呢？它们也许是上一段婚姻留下的，也许是你与父母相处时留下的，也许是在学校与朋友相处留下的，又或是你成长道路上接触过的其他人留下的。现在，你真应该卸下这些不必要的负担了！在本章中，我们将要看一看最常见的垃圾有哪些，它们从何而来，我们应该如何处理它们。

过往生活中有4大垃圾：原生家庭问题、童年经历的影响、混乱的叛逆期以及权力争夺中的挫折和无助。在离婚讨论班，布鲁斯发现似乎所有的成员都不明白这4大垃圾的重要性和威力。而这些因素往往直接导致了重要恋

① 《哥林多前书》（*Corinthians*），又译《格林多前书》，全名是《保罗（保禄）达哥林多人前书》，是保罗（又译保禄）为哥林多教会所写的书信。——译者注

情的结束。

这4种影响力有重合之处，很难彻底划分清楚，但我们可以大致这样区分：你出生之前，父母家里发生的事情是原生家庭影响。你出生后一直到你搬离父母家之前，发生的事情是童年影响（其中也包括在学校、教堂和你所处社会中发生的事情）。家庭和社会对你怀有期待，但你想要找到一种与此不同的个人身份，这是叛逆期。权力争夺就是综合了上述3个领域中所有未解决的问题。

原生家庭影响

原生家庭就是你成长其中的家庭。你的父母、兄弟姐妹、祖父母、姑姑婶婶、叔伯、舅舅都极大地影响了你的家庭观念。在这个阶段，你获得的很多理念都很有可能是健康的，但有些也并非如此。

现在想一想你自己婚姻的开端。新娘人生中“具有最大影响力的家长”是谁？新郎人生中“具有最大影响力的家长”是谁？这两个家长结合在一起会是什么样，你就能八九不离十地猜到自己日后的婚姻是什么样了。（比如说，布鲁斯人生中具有最大影响力的家长是他父亲，他前妻人生中具有最大影响力的家长是她的祖母。这两个人从来没有碰过头，如果他们真见面了，那肯定是一场灾难！）希望是有的：我们可以摆脱原生家庭模式的互动。但是，我们中很多人也看到了，离婚之际，你身上家长的影子和对方身上家长的影子就是过不到一块儿。

布鲁斯向很多国家的不同听众问过下面这个问题：“你们中有多少人想要拥有本质上和父母一样的婚姻？请举手。”举手的人没有超过5%。如果我们不想要父母那样的婚姻，我们想要什么样的婚姻呢？

有些原生家庭的影响力是显而易见的，而且容易让人理解。我们支持的政党通常都和父母一致，我们通常都在同一宗教组织，通常都住在同样的社区。我们中有些人叛逆，独辟蹊径，选择了完全不同的道路。即使叛逆了，原生家庭依然是叛逆的重要元素。

除了这些显而易见的影响，还有很多微妙的影响。布鲁斯是这样说的："我爱人家里女性说了算，我家里男性说了算。我们的原生家庭的问题之一就是协商谁来当家做主。（她说我胜利了，我说她胜利了。）"

另一个问题就是如何处理钱财。还是用布鲁斯的例子："我母亲家里的男性在理财方面不太负责。于是我母亲就成了钱财的节俭者和管理者。而我母亲还是过上了她原来家庭的生活，她嫁给了我的父亲，我的父亲和她原生家庭里的男人一样，对待钱财很是散漫。"很多人结婚是为了逃离原来家庭的影响，结果发现自己让这些影响长存于生活之中。

"这听起来不对呀，"你会说，"如果你家里父亲说了算，性格更为强势，怎么你母亲成了管理钱财的人呢？"家庭社会学研究找到了答案，你家里可能也是如此。与表面现象比起来，实际上"家庭主妇"往往拥有更大的权力，不过她们是在以一种微妙的非直接的方式行使这种权力。爸爸好像是当家做主，但妈妈拿着钱箱子的钥匙。

你结婚了，你觉得你的丈夫或是妻子会不同于自己的父亲或是母亲，结果你却变成了自己的父亲或是母亲，这一点听起来让人觉得迷茫。你还记得第四章我们讨论适应行为模式时给出的解释吗？在童年性格形成期，如果有需求没有得到满足，我们中大多数人就会发展出适应性行为。通常的适应性行为就是成为"父亲"或是"母亲"，结果就是给予别人自己想要得到的东西。

对原生家庭的影响持怀疑态度？你可以试一试这样的练习，对你会有帮助：我们人类有各种各样的情绪：愤怒、内疚、抛弃、孤独、恐惧和亲密感，你生命中最重要的家长是如何应对这些情绪的呢？列出一份清单。而你自己又是如何应对的呢？也列出一份清单。比较一下这两份清单，你就能更加清楚自己与对自己影响最大的那位家长之间到底有何异同了。如果我们没有质疑原生家庭的影响，也没有超越原生家庭的影响，那么我们处理各种情绪的方式与对我们影响最大的那位家长差不多是一样的。

顺便说一下，列出这份清单之后，我们询问到底这位“最重要的家长”是谁，那些处在离婚过程中的人说出往往不是父亲和母亲。由于父亲或母亲的空缺，又或是父母情感上的空缺，很多人会找一个“伪父母”来弥补这种空缺。

若是我们没有受到父母足够好的养育和教导，我们往往会在配偶身上寻找这种缺失。每个人心里都有一种需求，希望我们的爱人能弥补父母没能给予的东西。对于有些人来说，这种需求很大，而另一些人在这方面的需求则较小。如果恋爱关系中出现了这种渴望对方弥补的现象，往往会促使关系终结。虽然我们小时候没有得到足够的关爱，但很少有爱人愿意做这些换尿布，看护我们，弥补我们父母缺失的事情。

当然了，原生家庭的问题是非常复杂的，渗透到我们生活的方方面面。我们这本书不可能对此进行详尽的探讨。出生顺序、成为家里的替罪羊、隐私界限、家庭三角关系①、规矩和传统、家里的秘密、药物滥用等家庭问题极大地影响了我们本身以及我们和爱人之间的关系模式。现在，我们就不要再讨论原生家庭的问题本身，而只关注以下内容：我们都需要清醒地看到原生家庭对我们的重大影响，然后学会如何在未来的关系中处理这些影响。

终结原生家庭对我们的负面影响

琳达就是原生家庭问题没有得到解决的一个典型的例子。琳达与父亲并

① 在家庭中，父亲、母亲和子女构成了家庭中的基本三角，这个三角决定了家庭的基本结构，同时也决定了其他家庭关系的进一步展开及其内容。——译者注

未达到和解，当她意识到丈夫诺亚就像是自己的父亲时，她的婚姻开始走向尽头。我们可以用两种方式来解释。第一种可能就是：诺亚像她的父亲，她嫁给诺亚是因为虽然这种关系有压力，让人感到痛苦，可相处起来随意，感觉熟悉。另一种可能就是：她的丈夫并不像她的父亲，可是等到琳达开始治疗父女关系的时候，她把诺亚推了出来，这样才能完成未尽的事情。琳达对丈夫说："你就像是我父亲，总是告诉我要这样做、那样做。"这样的指责也许站不住脚，但长久以来对父亲的愤怒占了绝对的上风，这样一来，诺亚就成了琳达眼中指手画脚的人。

夫妻的一方或是双方开始觉醒，认识到自己的婚姻与父母的婚姻非常相似的时候，问题就出现了。要么他们不得不接受自己父母那种婚姻（不要再嗤之以鼻），要么就不得不把自己的婚姻变成自己想要的模样。如果两种都不能实现，他们就很有可能会觉得自己的婚姻失败了。（事实上，婚姻本身并没有失败，失败的是没能终结原生家庭的负面影响。）

童年影响

在我们人生的最初几年，我们接受了很多有关自己、世界和关系的理念。我们学会自我感知，学到了自我价值感。我们认知这个世界是否安全，是否可以相信周围的人。我们学习感受被爱，如果觉得没有得到足够的爱，我们就会学习如何适应。我们也许养成了对被拒绝和被抛弃的恐惧。我们学习认知自己是"不错"的，或是"不怎么样"的。

你有没有试过赞美一位看上去不怎么样，也就是自尊水平低的人呢？你们之间的对话往往是这样的："我喜欢你的头发。""哦，我刚洗了头发，简直拿它没办法。""你今晚的裙子好漂亮。""是吗，这件旧衣服？我在慈善商店（Goodwill Store）买的。"赞美他们，会让他们觉得不自在，因为他们内心里的那个孩子并不赞同你说的话。他们从很小的时候起就相信自己“不怎么样”。

在性格养成阶段，如果你有哪一部分的成长和发展没有完成，那么在成人关系的某个层面上，你就会尝试着进行解决。由于在人生早期习得的自我价值感低，他们就想在婚姻中改善这种感受。但是，他们并不相信配偶的赞美，因此自己阻止了想要习得的东西。“你说你喜欢我的头发，你这样说只是想让我高兴而已。”

要改变一个人“内心的孩子”的信念不是几句赞美就能做到的。如果内心孩子的主题就是自尊水平低，我们希望你特别关注第十章的内容。你也许需要回到第十章的重建方块，再多花一些时间。（在这里，我要敦促你完成作业。）

童年持续性影响的另一个例子就是情感纽带，在理想状况下这种情感纽带建立在人生的第一个年头。若是父母能够自在地表示亲密，不断地紧紧抱着自己孩子，凝视他们的眼睛，那么孩子就能学会亲密。如果在早期没能学会建立情感联系，这些人通常会和成年时的恋人一起完成这一过程。但这些人甚至不清楚什么是亲密关系，甚至可能会远离想要与他们建立亲密关系的人。他们想要亲密关系，但一旦感受到亲密，却会以某种方式“叫停”。

终结童年的负面影响

终结童年的负面影响是什么样的呢？有很多例子。一个孩子气而且不负责任的男人可能会怨恨妻子表现出母亲般的行为，于是他开始了另一段恋情，出轨了。仔细了解后，你就会发现这个男人又找了个母亲般的女人来满足孩提时期没有满足的愿望。第三者也许还不是问题的关键。这个人内心的孩子提出的需求没有得到满足，这一点无法解决，才是他的问题。

如果你想要更多地了解原生家庭问题和早期童年经历对我们成年生活的

影响，我们强烈推荐你阅读维吉尼亚·萨提亚的经典论著《新家庭如何塑造人》。

叛逆：通往成年的崎岖之路

我们需要反抗父母，反抗他们给我们立下的规矩，从而成为独立自主的人；我们早期的不良经历中最为常见的就是这种需求没有得到解决。如果你或是你的配偶在你们的关系中带入了这种负担，那你们成功的概率就要大打折扣。

青少年在成长过程中都会经历一个叛逆期，在这一期间，还未完全成人的少年想要寻找自己独立的身份。这是年轻人发展的必要部分，但叛逆期的确给家庭关系带来了极大的压力。我们一路走向独立的成人阶段，中间要经历哪些关键的发展期呢？布鲁斯给这些关键期分别命名为：蛋壳期、叛逆期（外部和内在）以及感情期。

蛋壳期　就是在小的时候，我们遵循父母的话，想要取悦父母的那个时期。在这个时期，孩子们的道德观和政治观与父母都是一样的，他们同属一个教堂，孩子的举止行为多少也是父母所期待的那样。蛋壳期的孩子基本上就是父母的影子，他们就像是母鸡下的蛋，没有自己的身份。处在蛋壳期的人满脑子都是禁止的词汇：“人们会怎么想？我必须小心行事，按照要求做。我要遵守社会的规则和规定。我必须遵循社会对我的要求。”

十来岁的时候，或者稍晚一些，我们的叛逆期就开始了，破壳而出。整个过程包括：改变行为模式，做“不应该”做的事情，挑战边界，想要知道到底可以做到什么样的程度。这一阶段是绝对的实验阶段，我们想要尝试各种不一样的行为。蛋壳里面的小鸡开始长大了，有了自己的生活，开始谨慎地探索蛋壳外的世界。还处在叛逆期的成年人的语言是这样的："我要自己做。我不需要你的帮助。要不是你，我会成为自己想要成为的人。别理我！"叛逆期有两个阶段：外部叛逆期和内在叛逆期。

外部叛逆期 在我们感受到内心的各种压力之际，通常叛逆期的身份危机就开始了，这时，再继续背负原生家庭、童年和社会的"各种应该办到的要求"就过于沉重。而这时，我们已经觉得背负各种要求的行为是过度负责，是追求完美，是取悦他人，或是逃避感受。于是我们就像是在肩膀上扛着地球的阿特拉斯（Atlas①），厌倦了这一切。叛逆的配偶想要逃走，他（她）也许会表现得像一个叛逆的青少年，寻求不同于父母和社会所赋予的身份。

处于叛逆期的人的行为是可以预测的。（是不是很有趣呢？想要打破规矩的叛逆是如此可预测，是如此符合规律。）以下是外部叛逆期的典型行为。

1）这些人觉得不幸福，觉得压抑，觉得窒息，觉得受到了禁锢。他们觉得是自己的配偶造成了自己的不幸福，他们投射出来的语言是这样的："只要你变一变，我就会幸福了。"他们把自己的不幸福归咎于别人，特别是他们的配偶身上。

2）有些事情曾让他们觉得不自在，但现在他们开始做这些事情了。他们乐在其中，并且不理解为什么其他人不像自己一样，他们觉得这些事情棒极了。他们的配偶说："这个人变了，不再是和我结婚时的那个人了。"

3）他们觉得自己活到现在都过分负责，现在他们不想这样了，他们要做不怎么负责的人。他们找了一份责任小的工作，如果有可能，他们甚至干脆就辞职不干了。有个人的配偶进入了叛逆期，这个人说，"我有4个孩子——我丈夫就是其中之一，他就像是我的大儿子。"

① 希腊神话中的擎天神，是泰坦巨神的一族，被宙斯降罪来用双臂支撑苍天。——编者注

4）他们找到了可以交谈的人。他们对自己的配偶说："我没法和你交谈。但那个人理解我，真正倾听我说话。"他们找到的人通常要年轻一些，可能发展成为他们的恋人。这看起来像是外遇，但处在叛逆期的人通常否认自己外遇了。大家都觉得他们有外遇，但这种关系往往是柏拉图式的。

5）处于外部叛逆期的人的措辞通常是这样的：

> 我在乎你，但是我不爱你。我本以为自己懂得爱，可现在我不知道了。我不太清楚自己是否爱过你。
>
> 我觉得结束这段关系才能找到真的自己，我需要一些情感空间，我需要找到自己的世界，而且我不想继续卷进你的世界了，我希望做我自己。
>
> 你让我想起我爸爸（妈妈），我不想和家长式的人待在一起。即使距离很远，我也能嗅到家长的味道。

上述这些行为都出现在某段关系中的话，那么这段关系要结束，也就没什么令人惊讶的了。某人出现了以上的言行，其配偶通常都会信以为真，并觉得对方的行为在针对自己，在感情和心理上会变得非常烦恼。其实，他们应该放松心情，就坐在那里看着对方表演，他们应该明白自己叛逆的爱人身上发生了多少成长和变化。他们应该知道，叛逆者正处在某种心理阶段，这些人的所作所为和他们的配偶没有什么关系。这些叛逆者正在试图摆脱过去的人和关系，但往往把自己的配偶当作垃圾给扔掉了。

内在叛逆期　在叛逆的过程中，人们有足够的勇气和洞察力来审视自己后，就进入内在叛逆阶段了。这个时候，他们意识到战场是在自己的内心，从本质上而言，这是"应该是什么样"和自己"想要成为什么样"之间的战争。他们意识到自己想要从原生家庭和社会的期待中分离出来，这场战争是内心之战，而不是反抗配偶和其他家长式角色的战争。

面对处在叛逆期的人，配偶们往往决定等待，他们想要等到叛逆者再次“回归理智”，他们觉得到时候两人的关系又会恢复正常。这样的配偶把叛逆者看成了“病人”，并不觉得自己有责任解决这个难题。

另一方面，叛逆者的配偶在情感方面感到心力交瘁，烦恼不堪。面对叛逆行为，配偶们信以为真，把过错都怪到了对方身上。他们没有认识到爱情关系是一个体系，要是这个体系出了问题，他们也有责任。如果他们不认为爱情关系是一个体系，不认为自己有责任，他们就没有勇气和情感方面的力量去完成自己需要进行的工作。

叛逆不是偶然的。叛逆者的配偶往往都是家长式的。在某种程度上，也许是无意识地，这位配偶找了一个需要自己充当家长的人。“我知道什么对他来说是最好的，可是他就是不听！”这一类人想要掌控局面，所以一旦对方“失控”，他们就很难接受叛逆的对方。

叛逆者的配偶不应该等着暴风雨结束，而是应该利用这个机会自省，尽可能地实现个人成长。

感情期　到了最后，叛逆者开始有了个人的身份。这样一来，我们就能依据爱来做出人生的选择，而不再是“应该怎么做”。他们会觉得更爱自己，更爱他人，特别是更爱自己的父母。

感情期的语言中就有了接受和理解的词汇。“我父母已经尽力而为了。他们也犯过错，对他们，我也有过很多次的愤怒和烦躁，但他们已经非常努力了，他们就是他们，对此，我是理解并且接受的。”

这一成人阶段是“感情期”，原因就是：此人有了独立的身份，能够像一个成人一样爱别人，不再因为幼稚的期待而爱对方。在蛋壳期，我们做自己应该做的事情；在叛逆期，我们做不应该做的事情；到了感情期，我们做自己想要做的事情。很多时候，感情期的行为与蛋壳期有相似之处，但背后的动机是完全不同的。处在感情期的我们不再想要取悦他人，我们取悦的是自己。

蛋壳期、叛逆期、感情期：小结

表 12-1 总结了这三个阶段的历程。这份表格列出了每个阶段的典型特征（包括语言、行为和成长阶段等方面的内容），也许会对大家有帮助。但是，请不要忘了，每个人在这三个阶段的表现都极具个人特点，虽然有模式可循，但每个人的表现都有独特之处！

在多年的离婚课堂上，我们看到了很多蛋壳 / 叛逆 / 感情期的例子。

埃洛伊斯一天晚上来上课的时候，显得非常生气，原因就是她的前任拉里正在经历叛逆期，这给她造成了很多不愉快。拉里处在蛋壳期时是学校的校长，但他因为不想承担这么多的管理责任，便辞去了校长的职务，干起了全职的教学工作。他和一个女人有了恋情，他们“有很多话可谈”，能帮助他发现“自己是谁”。当然了，这段新关系让拉里感到非常兴奋。他未成年的儿子前去小住，之后，儿子带回来一箱衣服，里面还有拉里的一张便条，拉里对埃洛伊斯说自己的新恋情真是棒极了。可想而知，埃洛伊斯因此火冒三丈！当时，我们那周的讨论内容就是叛逆期。埃洛伊斯开始明白拉里到底是怎么回事了，拉里在尝试着成长，尝试着扔掉过去的垃圾。她了解了目前的状况，她的部分愤怒也就随之消失了。

我们在课堂上解释这一概念的时候，格蕾琴变得激动起来。她的丈夫以前是大学教授，后来经历叛逆期时，跟自己的一个学生私奔了。在了解这套成长发展体系之前，她觉得这件事简直是疯狂之极。现在她明白了自己的丈夫查尔斯是想要摆脱过去的各种期待，成为有自我身份的人，从原本被视为疯狂的举动中，她也看到了一些理智。（这一点并不能挽救她的婚姻，但至少

表 12-1 “长大成人”的三个阶段，并不轻松

		蛋壳期	叛逆期	感情期
语言		“我应该做什么” “你让我做什么，我就做什么” “照顾我呀” “你是我的一切” “我只希望你开心”	“都怪你” “我不需要你帮我” “走开” “我自己会做的” “如果感觉好，那就做”	“我已经考虑过了其他的可能性” “我会对自己的选择负责” “也许没用，但我想试一试” “你和我都开心”
行为		顺从、听话 愿意照顾人（觉得自己应该如此） 谨慎、不冒险 义务，不是选择	自我中心、自私 不负责任、怪罪别人 古怪、不可预知、粗心大意 孩子气、和年轻人“玩” 跑车、亮闪闪的衣服、性	自我提升、尊重他人 有责任感、懂得变通、开诚布公 愿意冒险，能从错误中吸取经验 根据事实做出选择
成长阶梯	自我	开始信任自己 开始冒险 开始坦率地交流 开始承担责任 开始尝试新行为	尝试积极的成长活动：课堂、娱乐、运动、友谊、爱好、社区活动 开始心理治疗（和配偶一起？） 和配偶、朋友、心理治疗师交谈 保持道德伦理的平衡	提高自我意识 提高自我接受 提高坦诚的交流 结交亲密的非暧昧朋友 明白地表达自己的愤怒 在亲密关系中保持独立和相互依赖的平衡
	配偶	鼓励配偶的成长 减少对配偶的依赖 如果有需要，进行共同治疗 准备好“叛逆”开始的动荡	保持平静和耐心 允许配偶成长 做到与配偶交谈 鼓励共同进行心理治疗 要知道，叛逆的对象是蛋壳，不是你	

她觉得自己能理解了！）

比尔告诉大家，3 年前，当自己的妻子处在叛逆期时，他的婚姻经历了一场危机。他和夏洛特接受了婚姻咨询，那位心理治疗师阻止了叛逆期，劝说夏洛特“做应该做的事情”，事实上就是告诉她留在蛋壳期。比尔说，他觉得那是个错误。婚姻又持续了 3 年的时间，最后夏洛特的成长压力和叛逆的需求突然再次爆发，她变得“完全不负责任了”，她一走了之，甚至连一件衣服都没有拿！整整 3 个星期的时间，夏洛特都没有跟比尔联系。回顾这些痛苦的往事，比尔说，也许人们应该关注一下自己的心理治疗师到底处在成长发展体系的哪个阶段！

许多人问，是不是只要有一方经历叛逆期，婚姻就要结束，有没有什么方法继续这段婚姻呢？叛逆者应该怎么做呢？如果他（她）能够关注自己的内心，意识到自己与过去父母之间的内心互动，也许就能直接处理这些应该做到的、需要做到的和各种期待的问题。讨论自己的叛逆，而不是用行动表现出叛逆，这样对周围的人和亲人的破坏性就要小得多！

参与心理治疗、大学课程、社区服务、各种体育运动或是其他的创造性活动，也许可以在婚姻当中找到叛逆的情感空间。叛逆者需要各种机会尝试新的行为，尝试新的交往风格，尝试与配偶之外的人互动。叛逆者经历的是内心的矛盾，和配偶并没有什么关系，如果夫妻双方都能清楚这一点，那么成长发展就是叛逆者本人内心的事情，不会给双方的关系带来压力。

处在叛逆期的人需要明白：自己的叛逆过程是内心的需求，不是对方的责任。他们应该努力治愈“内心的小孩”，自己对孩子的教养方式和控制行为都来源于自己没有得到满足的需求。

权力争夺的惊涛骇浪

什么才是挤牙膏的正确方式呢？怎样打开卷纸才对呢？很多夫妻都在为这样的问题争吵。这些事情从未得到解决，即便他们自己认为已经解决了。每个人都觉得自己无力控制这段关系。两个人都觉得无望无助，都厌倦了争吵。这场战争可能充满了火药味，两个人大喊大叫、火冒三丈、出言不逊。这也可能是一场冷战，两个人沉默不语、离家出走、板脸噘嘴或是其他很多看似被动却是在争取控制权的行为。

这两个人不再交谈，或是不再分享彼此的感受。他们开始用“你”字开头的句子。除了吵架时感受到的虚假亲热感，他们已经不再寻找彼此间的亲密。没有人想输，所以两个人都能想尽办法地要赢得战争。

权力争夺就像是炉子上炖着的菜。夫妻双方内心没有解决的问题都投射到婚姻当中，都煮到了这锅炖菜当中。他们觉得别人应该对自己的幸福或是不幸负责，这样的信念就是锅底的火苗。结婚之际，他们觉得自己从此就可以过上幸福的生活。没错，在蜜月期间，他们的确过着幸福的生活。等到蜜月结束，他们有时就不怎么幸福了，之前那个人带来的是幸福，现在那个人带来的就是不幸福了。如果他们觉得另有人需要对自己的幸福或是不幸负责，他们就会放弃主宰自己。

平息权力争夺的惊涛骇浪

如果夫妻双方能够承认自己内心有尚未解决的问题，这场权力的争夺就能变为成长之痛。权力的争夺有可能与前文提到的蛋壳 / 叛逆 / 感情期途中的绊脚石有关，但生活中各个方面或是夫妻各自性格中都可能有未解决的问题。夫妻关系中的权力争夺其实是个人内心权力争夺的投射。个人无法面对和解决的问题投射到了婚姻关系当中，这锅炖菜就这么一直煮着。

在下列情况下，权力争夺也有可能平息：

- 各自学会谈论自己的感受。
- 各自开始用“我”字开头说话，而不是用“你”字。
- 各自承认自己有没解决的问题。
- 各自把对方看作婚姻关系的老师，认为对方是在帮助自己更多地了解自我，而不是在投射伤害和责备。

扔掉垃圾

生活中的任何转折点都不会一帆风顺，这个阶段攀爬的路程的确是非常崎岖艰难。要清醒过来，明白自己的婚姻为什么会结束，这个过程往往比较艰难，甚至可能会非常痛苦：人们往往看得见别人眼中的倒刺，却看不见自己眼中的梁木。

布鲁斯做青少年缓刑监督员的时候，会安排问题家庭进行为期一周的家庭心理咨询。他发现，如果双方在参加心理咨询的时候，想的是去探索自己能够学到什么、自己能够做什么改变，那么咨询往往会有成效。如果双方想的是另外一个人需要改变，那这样的家庭咨询往往是失败的。

以后，走在攀登高山的路上，要是看到某个人表现得就像个青少年，面对家长式的权威人物，他们总是一副叛逆愤怒的样子，你心里就明白是怎么回事了。这个叛逆者努力想要实现的是情感上的成长，想要获得独立的身份，想要摆脱往日的期待和控制。如果是你父母心大发，想要告诉他注意自己的行为，那你最好还是收起这份心，保持成熟稳重，然后对自己说：“也许，目前这样对他是最好的。”也许，你自己依旧还处在蛋壳期，本身就需要某种叛逆来提高自我价值感，从而找到更适合自己的身份呢！

你注意到了吗？在攀登的路上，你的进步不少呢！你现在可以面对并且整理过去的垃圾了，这标志着你能够用更为广阔的视野来看待生活和自己了。还记得在山脚的时候吗？当时的你在情感上痛不欲生，虽然身负垃圾，也无能为力。

孩子和转折点

大多数孩子和自己的父母一样，在处理父母的垃圾时会有些问题，这些垃圾包括：原生家庭问题、童年经历、叛逆和权力争夺。孩子就只有那么大，人生阅历有限，而且还要依靠这个来判断他人的行为。

在这一过程中，他们受到了极大的影响，感受到了内心的痛苦。父母有问题，孩子该怎么办呢？成长中的孩子会与其他重要的大人交流，得到某种形式的治疗。（不要忘了，孩子还在经历他们自己的原生家庭问题和童年经历。）如果孩子有了继父或是继母，之前与亲生父母之间的问题往往会继续出现在孩子与继父母之间。这种情况可不可以改变呢？是可以的，前提是：身边有理解孩子的大人，孩子得到了他们的帮助，学会了该如何处理以前的情绪，（比如说，改掉了破坏性的适应性行为），学会了该如何与大人建立新的关系。

想要轻松的转折期？做一下功课吧

- 对你影响最大的家长是谁，对你配偶影响最大的家长是谁，如果这二人生活在一起会是怎么样的场景呢？你过去的这段关系和你想象的场景有没有什么相似之处？
- 你的爱情结束了，你的原生家庭对此有什么样的影响呢？

● 面对愤怒、爱、恐惧、内疚、亲密和冲突，你的原生家庭是如何应对的呢？你又是如何应对的呢？

● 你觉得自己的前任配偶是否像自己的某位家长呢？你之前的婚姻有没有类似于自己父母的婚姻呢？你想要和自己父母不一样的婚姻吗？怎样才能创造出自己想要的婚姻？

● 你觉得自己在童年时和父母的感情深厚吗？与另外一个人亲密相处，你觉得舒服吗？你在童年有没有培养出良好的自我价值感？你和父母的关系都不错吗？你和配偶的关系有没有类似于自己与父母的关系呢？

● 本章节将叛逆的过程分为：蛋壳期、叛逆期和感情期。你的父母处于哪个阶段呢？你的前任呢？你呢？

● 你们的恋情结束了，这是否与叛逆过程有关系呢？

● 你们分手了，当时你们是否处于权力争夺的过程中？你结婚时，是不是想着从此以后就可以幸福地生活了？你是否觉得他人应该对你的幸福或是不幸负责？你和配偶之间有权力争夺，你有没有发现自己内心中某些没有解决的问题在争夺中也起了作用？举个例子：（女性）你在对抗丈夫的时候，有没有希望自己也能这样对抗父亲？（男性）你有没有开始对自己负责，而不是让妻子像母亲一样溺爱你？

● 通过本章的学习，你有没有发现自己有需要改进的地方？改变自己之后，再开始一段健康的恋情。

你现在过得怎么样?

按照下面的清单检查一下自己，然后再继续我们的旅程。开诚布公地交流是非常重要的。这之后我们将会讨论爱情。爱情晦涩难懂，却时时存在于我们的生活中。

1. 我还留着上一段恋情遗留下的垃圾，这一点我知道了。

2. 我不再埋怨他人，而是开始处理自己的垃圾。

3. 我开始建立新的人际关系，这样能帮助自己清除垃圾。

4. 我明白，要想扔掉垃圾，我必须要改变自己的态度和意识。

5. 成长和发展的三个阶段是：蛋壳期、叛逆期和感情期，我已经明白自己处在哪个阶段了。

6. 配偶处在成长和发展的哪个阶段？我也进行了思考。

7. 我的父母处在哪个阶段？我也进行了思考。

8. 叛逆的形式有消极破坏性的，也有积极的，我能区分两者的不同。

9. 配偶的行为和叛逆期有关，我能理解并且接受。

10. 蛋壳期、叛逆期和感情期在我的一生中可能会出现几次，我明白了这一点。

11. 我尝试关怀自己，保持强大稳定的内心。

12. 在进入下一次严肃的恋情之前，我要尽可能地丢掉过去的垃圾。

第十三章

率　真

“我一直躲在假面具后面”

面具就是假脸，是你想给周围的人投射的非真实的感受。有些面具是应该戴的，而有些面具就是不应该戴上的。戴上面具，你或许就隐藏了自己感受到的或是害怕感受到的情感痛苦，但佩戴面具也要消耗大量的情感精力。戴上了面具，你在情感上就和他人疏远了，就无法建立亲密关系。在适当的时候摘掉面具，你找到的就不是情感痛苦，而是亲密感。

> 离婚之后，因为想要结交更多的人，我参加了一出小戏剧的演出，扮演了一个小角色。一天晚上排练的时候，我突然意识到在婚姻存续期间，我一直都在背台词。我不是真实的自己，只是一个悲喜浪漫剧中的角色。
>
> ——斯科特

我们一路攀爬到现在，大多数人对自己以及过去的恋情都有了更多了解。你很有可能非常明白为什么会走到离婚这一步，现在我们希望你开始思考另一个问题，即怎样避免在未来出现类似的错误。

要想爱情天长地久，关键之一就是率真。对配偶，你真的坦诚相待了吗？你对自己坦诚吗？或者说，你是不是常常躲在“一切都还好”的面具之下呢？

面具和率真

我们所有人都要时不时佩戴面具。有时，你不希望别人知道你的感受，“面具”很方便，像盾牌一样遮住了内心真实的情感。也正因为如此，面具投射出一种与内心不同的态度或情感，保护自己不受面具下痛苦的侵扰。是什么样的痛苦呢？可能是害怕被拒绝，害怕别人不喜欢自己，害怕觉得自己不够好，或者只是觉得没人真正关心自己。

小孩子不会像成人那样佩戴面具，这也是为什么和孩子在一起时你会觉得如此惬意。我们逐渐成熟，变得“社会化”，也就渐渐戴上了面具。这并不是存心要欺骗别人，只不过是因为戴上面具，我们与他人的互动会更有效。

但是，有些面具并不能帮助我们与他人建立联系。这些面具让我们在情感上与对方保持了一个安全的距离。毕竟，率真往往让人望而生畏。

你的面具是什么样的？

我们谈论的面具是什么样的呢？有例子吗？

有些人，只要你在情感上接近他们，他们就立刻开始了各种幽默笑话——这是幽默面具。

类似的还有“芭比娃娃”面具。你一旦跟他们认真起来，开始说些重要的事情，就可以立刻看到他们脸上挂上了芭比娃娃一样、永远不变的幸福笑脸。

许多处于离婚阶段的人都挂着“我很坚强”的面具。他们想要投射出一种随时都能掌控局面的形象，从来都不示弱。可是，他们的内心却是各种迷茫和无助。

几乎所有离婚人士都这样，康妮也不例外，她经历过亲密感情的烈焰。在她和克里斯的婚姻存续期间，克里斯让她觉得很温暖。接着，她就被烈焰烧伤了，对感情上的亲密有了畏惧之心。现在，她运用各种各样高深的方法在感情上与他人保持疏远。她还摆出一张“别惹我”的怒气冲冲的面具，这在方圆数十里都是出了名的；这张面具在拒人千里方面十分有效。

谁戴上了面具？遮掩的是什么？防的又是谁？

有些面具并没有太大的用处。带上了这些面具，我们抗拒的正是我们所渴望的东西：亲近、亲密、与他人在一起时的安全感。可是，我们受过伤害，我们害怕这种亲近和亲密。

玛丽安戴上了面具，她觉得周围的人都看不穿自己，不知道自己真正的感受。可是，她后来知道，别人不仅看穿了她的面具，甚至比她本人更了解她。面具就是这么奇怪：我们糊弄的往往是自己，而不是别人。玛丽安觉得戴上了面具，别人都看不穿自己，可正是这副面具让别人了解了她自己并不怎么了解的内心痛苦。

面具会阻止你进一步了解自己，而不是让别人无法了解你。你实际上在向自己否认你的痛苦。这种行为就像鸵鸟一样——它以为把头埋进沙子里别人就看不见它了，其实只有它自己看不见自己。

面具会成为负担！

有时，我们在佩戴面具的同时会投入大量情感。

你成天戴着面具，并没有做真正的自己，而是表现出自认为“应该”有的样子，这副担子很沉重。有时，佩戴面具需要消耗很多情感精力，几乎到了让你难以承受的地步。结果你花了更多的精力去佩戴面具，而不是去了解自己，实现个人成长或是做更有用的事。

想一想：躲在硕大厚重的面具后面，那是多么孤单。人或多或少都会生活在自己的世界里，面具背后的那个人的内心到底在想些什么呢？别人并不真正了解。你越感到孤独，就越会创造更厚的面具。面具的厚度和你感到的孤独程度之间似乎有一种直接的联系。

如果一个人一直都戴着厚厚的面具，在经过心理咨询或是和朋友谈心而取下面具之后，会有一种如释重负的感觉。这样一来，人会突然感到多了很多精力，可以做其他事情了。

当还是个孩子的时候，杰夫就开始佩戴面具了。他很早就知道，想要得到需要的爱或是爱抚，自己必须表现出某些“讨人喜欢”的行为。他学会了照顾别人，可事实却是他本人想得到照顾。他在学校功课都是A，可他却并不真心在意成绩好坏。他学会了把感受都埋在心里，他不会率真待人，不与他人交流自己的感受。在成长的过程中，他的理念就是：爱与他本人无关。如果他戴上了“好孩子”的面具，他就会得到爱。这一来，他当然不会把率真当回事。

我们没有感受到无条件的爱，我们没有觉得做自己会得到爱，这是大部分面具形成的原因。

“我们一起吃午餐吧：我的面具会给你的面具打电话”

想象一下这样的画面：你戴着面具，有人想吻你——现在你知道了吧！当你戴着面具的时候，别人是很难接近你的。通过这样的画面，我们就可以明白面具在你与另一个人之间的沟通中起了什么样的作用。想想吧，因为我们戴着面具，我们收到的都是些拐弯抹角的信息！要是能做到率真该有多好！

当然了，面具也有应该戴的和不应该戴的之分。工作时与他人接触，你戴的就是应该戴的面具。你戴上“乐意为你效劳”的面具，会投射出效率和能力，这种面具使你与他人工作的协作更顺畅。但是，你下班后，回到家里，和朋友或是和你爱人待在一起时，这样的面具就不应该再戴了。它会在情感上拉开你和配偶之间的距离，阻碍直接的交流，扼杀率真，让你们两个人都没法做自己。如果你想要独处，那么戴面具没什么问题，可是对于亲密关系而言，它是不利的！

关于选择

你选择的面具很有可能是你应该戴的，而如果是面具选择了你，那你很可能就不应该戴它。面具为什么会选择了你呢？那是因为你不能自由表达内心的感受。从这个角度来说，那就是面具控制了你。很多时候，你佩戴的面具控制了你，你却对此浑然不觉。

准备好摘下面具了吗？

我们怎样才会决定摘下面具呢？

处在离婚期的某个时间，你就应该摘下脸上的面具了，这是尝试率真的时候了。那么，现在是不是一个摘下面具的好时机呢？

如果摘下了面具，会有什么事情发生呢？为什么不找几个可靠的朋友，摘下面具看一看呢？摘下自己的面具，看一看是不是会像自己想象的那样遭到拒绝，看一看有多少次自己会被朋友们接受？有多少次自己会因此受伤，还是会和别人更亲近？看一看有多少次自己会因为摘下了面具而感到更自由？

你找到了一个可信赖的朋友，想要摘下自己的面具，该怎么操作呢？你可以这样说："知道吗？有时我在你面前表现得并不真实。你一接近我，我就开始开各种玩笑。我就是在用'玩笑'面具来保护自己不受伤害。我害怕受伤害，或者说，我觉得自己会受伤害，这时我就会开各种玩笑。不应该开玩笑的时候，我也开玩笑。可是这样做会阻碍我了解你，也阻碍你了解我。我想要你知道我戴着面具呢。我把这一点告诉你，我的面具也就去掉一部分了，我是想要在你面前摘掉面具的。"（在本章后面的部分，我们会做"摘掉面具"的练习。）

你摘掉了面具，有些朋友可能会伤害你。他们无法面对你面具下面隐藏的感受。你会如何选择呢？如果继续戴着面具，你就无法了解对方了，你会选择这样吗？要是选择摘掉面具，率真相待，就有受伤或是被拒绝的可能，你会这样做吗？如果你们的关系处在可能发展为恋人的阶段，那你就应该问问自己想要什么样的恋情。是率真、亲密、彼此信赖的恋情，还是你们二人继续戴着面具相处的恋情？你真的可以进行选择！

如果你是因为内心的痛苦而戴着面具，那么摘下面具的一部分工作就是处理内心的痛苦。作为心理咨询师，我们通常会让前来咨询的人接触面具下的痛苦，然后进行表达并且说出来。离婚的时候，莎伦想要坚强，总是处在自控的状态。她的心理医生鼓励她谈论内心的痛苦和迷茫，她迟疑地照办了。她明白了处在一个迷茫的阶段，感到迷茫是正常的，摘下面具，处理自己的迷茫对自己很有帮助。在心理治疗期间，通过几次谈话，她才完全承认了内心的痛苦，然后开始了建设性的应对策略，最终得以摘掉面具。

很多在分手之际受了伤害的人都会佩戴更多的面具。其中一些面具是为了隐藏分手的痛苦，而攀登离婚期这座高山的一部分内容就是要学会摘下这些面具。

面具后面的自我

我们内心都有个小小的“自我”，它是住在内心的真实自己。围绕这个自我，我们发展出各自的个性，也就是外界看到的我们。我们的自我通过个性与外界及周围的人交流。在理想状态下，这种交流是双向的。

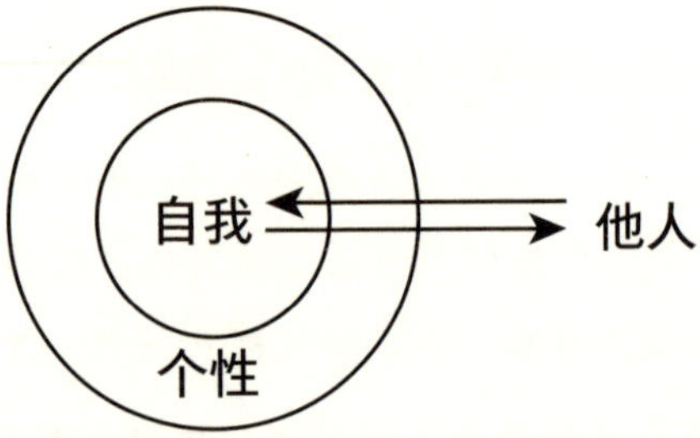

如果我们穿上了厚厚的外壳，或是建起了一堵墙，又或是戴上了面具来“保护”自我，交流的途径就被面具阻挡了。在这种情况下，我们就失去了从自我到他人，再从他人到自我的双向交流，而信息交流的途径也变成了从面具到他人，再从他人到面具。（当然，其他人也可能戴着面具呢！）

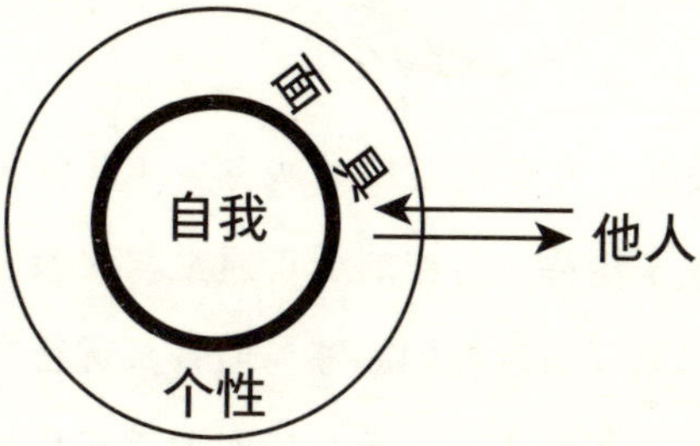

这种情况下，你的自我并没有真正地参与交流。如果你一直戴着面具，你内心的自我就会忍饥挨饿，就会永远见不到阳光，永远也得不到滋养，而且无法成长。你内心的自我会变小，或者说自我的影响力会变弱，最后你的自我变得如此之小，你本人都找不到自我身份的存在了。与此同时，你的外壳则会越来越粗壮坚硬。

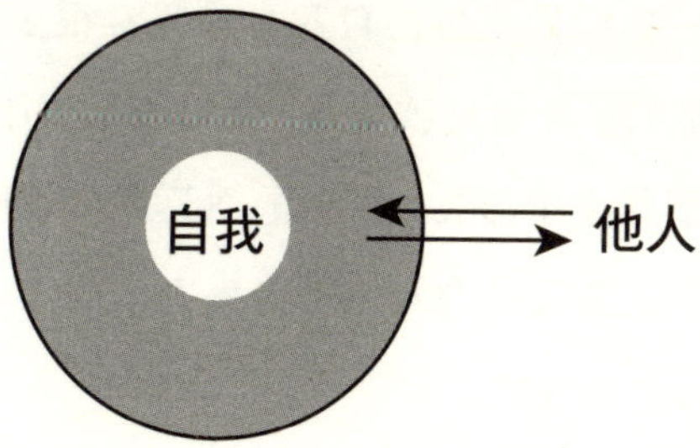

这一模式还有另一变体：你可能只屏蔽了部分个性，并没有屏蔽全部。我们从下图中可以看到，你个性中的有些部分戴上了厚厚的面具，阻碍了这

部分的交流，但你个性中的其他部分还是可以与他人交流的。

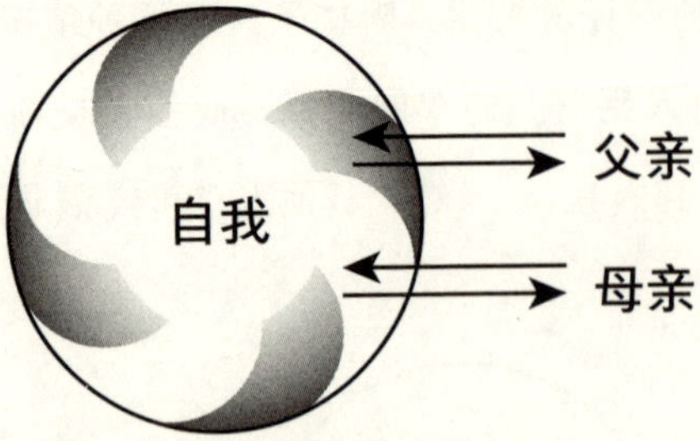

在做缓刑监督员时，布鲁斯发现有些青少年非常合作，而有些防御性却很强。后来，他发现了规律：合作的少年通常与父亲有良好的关系，而监督员多少也是父亲的形象，所以他们能够与监督员进行良好沟通。那些与父亲在一起时感到不自在的年轻人，与布鲁斯沟通起来也别扭。这样的年轻人在内心的自我和权威的成年男性之间建起了厚厚的保护面具，妨碍了两者之间的交流。这样的年轻人面对女性缓刑监督员时也许要轻松一些，如果他的母子关系良好，就更是如此了。

你是谁?

你了解自己吗？你能确定你的自我身份吗？很多人是因为缺少身份感，才会使用面具的。他们不知道自己是谁，或者说他们不知道自己真正的感受，所以没法率真。他们戴上了面具，佩戴的面具越变越厚，内心的自我越来越难辨认。很快，这些人就完全与自我身份失去了联系。其实他们本身是拥有自我成长所需的支持和勇气的。

如果你想要摘下面具，则需要在尽可能多的方面做到开诚布公。如果你打算将一些从来没有告诉过别人的事情分享给他人，那你就摘下了一张面具。当你请别人给你反馈，往往会从中看到之前并不了解的自己，这样一来，你又摘下了阻碍你了解自己的部分面具。

你的面具中有不应该佩戴的，也有对你没有帮助的，要摆脱掉这样的面具，就要开始尽可能率真地对待他人。该怎么办呢？你需要与他人建立联系，其中要有大量率真的、有意义的交流（不要只是滔滔不绝地谈论自己！）。与他人的这种关系有助于你摘下面具，让内心的自我得到成长，在诚实和率真的基础上建立你与内心的自我，以及你与你所爱的人之间的关系。

很多人内心的小男孩和小女孩处在极度的恐惧中，非常害怕走出来。如果你感受到这种恐惧，那么寻求专业心理咨询会对你有帮助。专业咨询是非常安全的，能帮助你内心恐惧的小男孩或是小女孩走出来，从而使你做到对自己率真。

家庭作业：帮助你从面具走向率真

● 坐下来，把你佩戴的面具一一写下来。看一看你的面具列表，区分一下，哪些是应该佩戴的面具，哪些是不应该佩戴的，前者的数量是很少的。而那些不应该佩戴的面具，就是应该摘下的面具。

● 审视自己的内心，努力感受自己的情感。看一看自己能否找到面具下面的恐惧或是痛苦，又或是两者兼有。为什么自己非要回避与他人的亲密呢？这些面具很有可能是在掩饰某种恐惧。看一看自己的恐惧，它们是否合理呢？或者你的恐惧是不是因为之前与他人交往方法不当造成的呢？

● 找一个或是几个自己觉得放心的朋友，也就是你信任的朋友。把这项作业的内容告诉他们，告诉他们你想要摘掉面具，而现在和他们在一起的你就戴着这些面具呢。你要告诉他们，摘掉了面具，它就不能像以前那样控制你了。告诉这些朋友你心里感受到的恐惧，这些恐惧阻碍了你与他人之间率真、诚实和亲密的关系。请别人也开诚布公地对待你。你和朋友之间率真、有意义的交流能够帮助你摆脱一直佩戴的面具，能够帮助你找回因佩戴面具而消耗的情感精力。

孩子的面具

对待自己的孩子时，你有多率真、多诚实呢？你们的关系中发生了直接影响孩子的重大事情时，你有没有告诉孩子呢？你们就要分手了，你是怎么把这个消息告诉孩子的呢？你对待孩子的方式是不是前后一致、始终不变的呢？对待孩子时，你是否言行一致呢？一句话，孩子能信任你吗？

有一次，在孩子的离婚讨论班上，我们问一个13岁的小女孩，她觉得自己像哪种动物，这个女孩回答说："这容易。和爸爸在一起时，我是一个样。和妈妈在一起时，我又是另一个样。我两个都讨好，这样他们就都舒心了。我是变色龙。"

在我们自己都感到痛苦不已的时候，我们很难做到真正地倾听孩子的心声。他人的评论能轻易地让我们觉得受伤、心烦意乱。而孩子们呢？他们通常会觉得有责任照顾我们，和我们感同身受，他们非常害怕让我们变得更加心烦意乱。

即便是在我们很难承受的情况下，我们也应该鼓励孩子们说实话，说出他们的想法和感受。你应该做到不评判，或是不批评，或是平静，如果做不到，就请那些置身其外、判断客观的人来和孩子交谈。

他们的世界已经被打碎了。他们不知道接下来会怎样。如果他们能和父母开诚布公地交流，或至少找个能理解他们的大人谈心，他们就能感受到自己是解决方案的一部分，而不是应该受到责备的人。

你现在过得怎么样？

在继续攀登之前，做一下自我测试吧。

1. 我开始识别自己佩戴的面具。
2. 我想要对自己在意的人表现得更为率真。
3. 虽然很害怕，但我愿意面对面具下隐藏的恐惧。
4. 我冒险尝试了一把，把自己一直隐藏的恐惧告诉了一个可以信任的朋友。
5. 我请一个可以信任的朋友对我本人提出了一些反馈意见。
6. 我开始意识到爱情中率真的重要性。
7. 我可以更为自然地做到率真了。
8. 在有必要的时候，我可以选择佩戴应该佩戴的面具。
9. 我不再受面具的控制了。

第十四章

爱

“会有人真的在乎我吗？”

为了以一种更为成熟的姿态去爱，我们中的很多人都需要重新学习如何去爱。爱别人的能力与爱自己的能力是紧密相关的。学会爱自己并不是自私和自负。事实上，这是最符合心理健康的行为。你可以通过若干具体的步骤，学会更加爱自己。

爱就像一束玫瑰：你不记得怎么得到的玫瑰；你只记得她接到玫瑰时眼中的爱。

爱就像是背对着壁炉坐着。我看不见跳动的火焰，却能感受到温暖。

爱是世间最棒的礼物。但是，你必须把爱给自己。

——艾德

我们沿着山路攀登，看到了诗人在岩石上留下的评论爱情的大作。我们对爱情的了解大多数都来自诗歌。有人在学校里做过关于爱情本质的家庭作业吗？那现在你愿意花点时间来做一份“家庭作业”吗？在此页的横线处写下你对爱情的定义。（我们探讨的是两个人之间的爱情，不是父母对孩子的爱，精神恋爱或者是人类间泛泛的爱。）

爱情是：______________________________

____

____

____

____

好了，你写完了，我们继续沿着山路攀登。

在离婚调整的讨论班里，成千上万的人都做过这种练习。对离婚人士而言，这一任务非常困难，或者说，对任何人而言这都不容易。典型的离婚人士会这样说：“我本以为自己知道什么是爱情，但现在我觉得，我应该并不知道吧。”很多人都觉得自己没法给爱情下定义。爱情就像是钻石，你可以从很多不同的角度来观看它，而它没有所谓的正确或是错误的定义。你对爱情的定义就是你所感受到的爱情。

在我们的社会中，很多人都把爱情模式化了，把爱情理解成为别人做点什么或是对别人做点什么。很少有人知道爱情本应该是你内心中央的东西，爱别人的基础是你对自己的爱。我们中的大多数人都能记住《圣经》中的教导："爱人如己"，但是，如果你不爱自己呢?

这样的爱情未免有些自私自利："爱情就是某人满足了你的精神需求，给你带来的温暖的感觉。"这算不上爱情的定义，而是需求的定义。在这样的定义下，我们不是完整健全的个体，我们有情感的不足，我们需要通过"爱"另外一个人来弥补这些不足。我们希望在对方身上找到自己所缺少的东西。换言之，我们中的很多人是"半个人"，想要找到另一半，变得完整。一个完整的人的爱情更为成熟，也更有可能持久。

"带着爱情坠入爱河"

你也许听过这种说法：暖言暖语中有鱼钩。什么是暖言暖语呢?就是对别人示好，比如说像"我爱你"这样的话。不幸的是，我们中的很多人都在苦苦挣扎地想要成全自己。如果你自己的人生水桶都是空的，那么当你对别人说"我爱你"时，其实你的意思更有可能是"请来爱我"。对方听到这样的暖言暖语，一口吞了下去，这下就上钩了。一个空空如也的水桶说出"我爱你"，那么它代表的感情往往具有操控性，而装得满满的水桶的爱情会让对方做自己，让对方感到自由。

关于爱情，我们社会的另一个问题就是：人们把坠入爱河认为是结婚的最正当的理由。然而，到底什么是"坠入爱河"呢?可能更多是摆脱孤独，而不是对另一个人有温暖的感觉。为了摆脱孤单而爱，并不是真正的爱情。孤独阻碍了我们与他人亲密，而在我们摆脱了孤独后，随之而来的温暖感并不是爱情。

有时，我们爱的并不是对方，而是理想化的对方。一旦意识到理想和现实之间的差异，想象也就破灭了，爱情也就褪去了，关系也就结束了。爱上理想化的对方后，如果夫妻双方能够实现成长，度过这一阶段，就有了更成熟地相爱的可能。有些人能在爱情中实现这一成长，他们之间的爱就成熟了。而对有些人而言，只有在这段不成熟的爱情结束后，他们才会成熟。

很多人的爱情观都不成熟：他们觉得，爱一个人就是对对方或是为对方做一些事；他们觉得，爱就是照顾一个人；他们觉得，爱就是成功；他们觉得，爱就是随时的掌控；他们觉得，爱就是“永远不必说对不起”；他们觉得，爱就是永远坚强；他们觉得，爱就是要好好待人。

爱就是要好好对他，雪莉曾经就是这样认为的。当时，她的恋情出了问题，她正在想办法改善。在课堂上，肯问她，你都好好对他了，怎么还是行不通。雪莉回答：“我想我还是对他不够好。”

无条件的爱：毫无保留

我们中很多人（或者说大多数人）在成长的过程中都没有得到足够的无条件的爱。所谓无条件的爱，就是父母或是别人并不因为我们表现“好”才爱，而是爱我们本来的样子。别人没有无条件地爱我们，因此，在对待别人方面，我们也就习得了不成熟的爱的方式。我们很难克服这样的过去。虽然困难，但我们终究可以认识到：成熟的爱等同于爱自己本来的样子；同样，爱别人也就是爱他或是她本来的样子。无论你如何表达自己的爱，你如果能感受到这种无条件的爱，那你就学会了成熟的爱。有了成熟的爱，在你心爱的人面前，你就可以彻底做自己。

要放弃不成熟的爱的方式，对很多人来说都非常困难。他们一直都是通过这样不成熟的方式受到爱抚，受到关注，感受到愉快的感情的。然后，到了最后，他们意识到，他们不得不一直不断地更加努力，才能赢得自己渴望的爱。这就好像是：不得不退而求其次，才能得到一些爱抚，而不是通过学会爱自己得到真正的爱抚。

我们需要得到无条件的爱，可是这种需求常常没法得到满足。在孩子眼里，父母的爱可以被视作是无条件的。毕竟，大多数父母都能为孩子提供基本的需求，比如说衣食住、照顾和实质的感情。由于孩子的认知有限，这一切看起来好像是无条件的爱。孩子认为这种爱是无限的，是全能的。

然而，随着年龄、成熟程度和认知的增长，我们意识到，人随时都可以因为某个原因，停止对他人的爱。死亡也可以终止这份爱。对于成年人而言，在情感上他们很难接受有无条件的爱。

也许你可以从另一个角度来攻击这个观念：你可以学会无条件地爱自己。这听起来有点像“抓着自己的鞋带，把自己拎起来。”其实，这不过就是接受自己本来的样子：你是独一无二的，没有人和你一样。接受自己，你就会觉得自己是个不错的人，开始感受到对自己的爱。

如果在童年时期没有被爱，你就很难做到爱自己。

我们社会中普遍存在心理疾病方面的问题，这让我们从另一个角度去审视爱。从这个角度看待心理问题，我们就发现：解决心理问题其实就是在弥补无条件的爱的缺失。如果从心理诊断的角度层层剥茧，直达核心，我们会发现许多情感上的问题都源于个体缺乏爱别人和被爱的经历。

我们往往会把自己习得的爱的概念教给自己的孩子。如果你爱的方式是不成熟的，那么你的孩子往往也会养成不成熟的爱的方式。如果你想要自己的孩子学会用成熟的方式去爱，想要他们感受到无条件的爱，你就要必须学会爱自己！这样你才有能力去爱孩子，让他们感受到无条件的爱。

我们极其强调无条件的爱，是因为无条件的爱是人类成长中非常关键的条件。无论自己怎样，仅仅因为我是我，就有人爱我，我知道自己是宝贵的——这一点是你能给自己和孩子的最棒的礼物。

（请注意，我们并不是在提倡不负责任或是反社会行为，而是承认我们共有的人性和不完美，鼓励你自己学会全盘接受自己，“毫无保留”地接受自己。）

“像你爱自己那样……”

看一看在本章开始的时候你写下的“爱”的定义。在离婚课堂上，很多人的定义中都包含了以爱他人为中心的内容，也就是说爱是以他人为中心的，而不是在自己心中。很多人写的是：爱就是照顾，给予，并且让对方感到幸福。几乎没有人在定义中包含了爱自己这种成熟的概念。

我们来看一看大家对“爱”的定义。如果你爱情的中心在你配偶身上，而你们的关系又结束了，那么你的中心就突然没有了；之前我们也谈过这个问题，这样一来，离婚就更令人感到痛苦了。如果你是个完整的人，知道如何爱自己，情况又会是怎样的呢？遭遇离婚，你依然会感到痛苦和伤害。但这种感受不是毁灭性的，你依然是一个完整的人。

对于那些爱情的中心不在自己内心，又没有学会爱自己的人来说，离婚带来的伤害尤其大。他们会觉得自己不值得爱，或是无法爱别人。很多人花了很多时间和精力向自己证明自己值得被爱。为了疗伤，他们有可能立刻就开始寻找下一段恋情。他们可能在性方面变得非常开放，与遇到的任何人发展出各种各样的关系。这种人中的大部分在性和爱方面都是糊涂的，他们觉得自己走出去，找到了人发生性关系，自己缺失并且需要的爱就会随之而来。有时，对他们而言，更恰当的说法是，“我和你发生性关系”，而不是“我爱你！”

我们在第二章和第六章都讨论过，在这段艰难的日子里，更为明智的做法是在恋情上做到节制。你可以交朋友，直到自己在爱自己这方面有了长足的进步后，再发展浪漫关系。我们会在第十六章进一步讨论这个问题。

有这么多的人从来没有真正学会爱别人和被爱。有时，爱别人，不让自己被爱，看起来似乎要轻松一些。你所谓的“想要爱另一个人”，可能只是隐藏自己渴望得到爱的需求的一种手段。

你的爱情有多温暖？

我想要给大家讲一讲我个人在离婚期经历的一件事。我参加了冥想的训练。我们闭上眼睛，坐在那里，开始冥想，带出了一股能量。它穿过身体的不同层次，最后到达头顶。我跟随自己的冥想，感受到一股温暖的力量慢慢在体内腾起。在老师指导冥想的过程中，当这股暖流到达我们胸部的位置时，指导老师就说：‘此时，你们中的很多人会感到这股能量从你的胸口流失。如果你有这种感觉，就想象自己的胸口有个盖子正挡住这股暖流，使它无法泄漏。’她的描述和我的感觉完全吻合！我惊呆了！

等到指导结束后，我问老师，‘我坐在那里，闭着眼睛，一句话也没有说，你怎么会知道我的感受呢？’她回答说，很多人都有能量从胸口流失的感觉。她觉得这是因为这些人相信爱是对别人或是为别人做些什么，他们的爱是以他人为中心的，而不是在自己内心。于是，能量就从胸口流向他人了。我们把爱放置在他人身上，没有充盈自己的生命之桶，这就造成自己在情感上枯竭了。

对此，我想了很久，然后定下目标，要用更为恰当的方式爱自己。

> 我想让自己的爱变成温暖的火光，在我的内心燃烧，温暖我自己，同时温暖我接触的人。我的朋友们不需要证明他们值得被爱，就能感受到温暖。他们只需要接近我内心的那团火，就能感觉到温暖！
>
> 有承诺的恋情是亲密的，那个特别的人只要靠近我就能从我内心的火焰中感受到特别的温暖。
>
> ——布鲁斯

那你呢？你的内心是否也燃烧着火焰呢？或者你内心的火焰已经熄灭了？我们内心的火焰既可以温暖自己，也可以给我们周围的人带来温暖，因此我们应该悉心照料内心的那团火。

表达爱的方式

我们的生活诠释了我们对爱的定义。如果我们认为爱就是赚钱，那我们就会把时间花在赚钱上。我们用行动表达出我们对爱的定义。你用什么样的行动表达出你对爱的定义呢？你在生活中看重的是什么呢？你的行为表达出了你对爱的定义，你对它满意吗，或是你想做出改变？仔细想一想。

关于我们爱别人的方式，有一个有趣的悖论。我们每个人表达爱的方式都是独一无二的，而每个人都倾向于认为自己的方式才是爱在这世界上唯一的表达方式！我们很难明白这个道理：除了自己的表达方式，这世上还有其他的爱的表达方式。

你恋爱了，你要明白你自己表达爱的方式，也要明白对方表达爱的方式，这一点很重要。也许看一看爱的不同表达方式，我们就能更加了解自己和他人。多伦多大学的社会学家约翰·艾伦·李（John Alan Lee）深入研究了爱的方式，总结出爱的 9 种“类型”，我们对此深感佩服。我们简化了他的 9 种方式，列出以下 6 种方式供你思考：

浪漫式的爱情 它很温暖、很有感觉、很能调动情绪。这是一种“触电般”的爱，看到你所爱的人，你会有各种激动的感觉，（事实上你的身体也有生理变化，比如说心跳加快和体温上升）。这往往是一种理想化的爱情，你会去追寻并找到那个让你有这种感觉的“唯一的人”。许多流行歌曲唱的就是这种爱。浪漫的爱人往往爱得很深，除了浪漫的爱情，还有性关系。不让浪漫的爱人得到性，就像是不让婴儿得到食物。性是这种爱的重要组成部分。这种爱的感受和情绪都非常丰富，与其他形式的爱相比，浪漫式的爱并不是那么稳定。

友谊式的爱情 这种爱并没有丰富的感受和情绪。这种关系一开始，就是相互喜欢，接着就“自然而然”地发展成了更为丰富的东西，也就是所谓的爱情。这种爱更为冷静，没有浪漫式爱情的那种激情。对于友谊式的爱人，性并不是特别重要的，往往在关系开始之后很久才会有性。这种爱情是最为持久的类型之一，即便是离婚后，双方也还能做好朋友。这种爱的基础是互相尊重和友谊，并不是四溢的激情。

游戏式的爱情 这种爱情方式视恋情为游戏，需要双方遵循一定的规则。浪漫式的爱人渴望的是亲密，游戏式的爱人对此并不太感兴趣。事实上，他们可能同时维持着几段恋情，为的就是避免亲密无间。游戏式的爱情就像那首老歌唱的那样：“我不在我爱的人身边，现在谁在我身边我就爱谁。”游戏式的爱人往往会制定自己的游戏规则，他们的性关系则是随心所欲、便宜行事的。

需求式的爱情 这种爱情往往充满了控制和依赖。这种爱的方式非常情绪化，对爱的需求也让这种关系显得非常不稳定。这种恋情中的双方很难维持彼此的关系；他们有很强的嫉妒心、控制欲和不安感。很多感受过离婚创伤的人就选择这样去爱，这种方式反映出他们由于离婚的痛苦而产生的需求。离婚后的第一段恋情就是典型的需求式：为了幸福，我就要再找一个。这是一种不成熟的依赖和控制式的爱情。

现实的爱情 这种爱情从现实的角度出发，以理性、理智的方式来看待恋人，判断这段爱情是否合适。这种恋人会在宗教信仰、政治观点、金钱观、养育孩子等方面考量双方的相似度，会从社会经济地位、品性和基因方面考察对方家庭的不足。现实的爱人会在“合理”的情况下去爱。

利他主义的爱情 利他主义的爱人多多少少会以他人为中心，非常愿意满足对方的需求。如果走向极端，为了满足对方无止境的需求，利他主义的爱人就有可能成为牺牲者。但是，世上的确有真正的利他主义爱人：他们的人生之桶装得满满的，内心足够强大，能够非常无私地爱另外一个人。许多利他主义爱人都有坚定的宗教信仰，他们在至高无上的存在那里找到了支撑，自己的水桶一直都是满满的。

一对前来咨询的夫妇有很大的问题，在他们的关系中，丈夫是友谊式的爱人，而妻子是浪漫式的爱人。妻子觉得丈夫冷静的爱情不是爱情，丈夫觉得妻子浪漫的爱不够稳定持久。丈夫表达爱情的方式是照顾妻子，满足妻子的需求，在婚姻中和她一直走下去。丈夫觉得这就证明了自己的爱。而妻子的要求则是：丈夫要说“我爱你”，要变着花样表达浪漫的情思，让她感觉到爱和浪漫。这位丈夫友谊式的爱情和妻子浪漫式的爱情搭配得就不太好。他们对爱的基本理念就是不相容的，所以他们在理解和交流上都有困难。

我们显然都是各种方式的混合体，在不同的时期，我们会有不同的方式。你和别人恋爱了，明白自己的爱情是何种混合体就非常重要。

学会爱自己

离婚课堂的人们沿着山路往上攀登，他们经常会问一个问题：“我们怎么做才能学会爱自己？”根据我们的经验，要回答这个问题并不容易。但是，我们有专门的练习帮助你学会爱自己：

想一想，找一个你开始改变的时间点。也许是你婚姻最开始出现难题的时候，也许是你第一次与心爱的人分手的时候，也许是你开始读这本书的时候。你做出了什么样的改变呢？你经历了什么样的个人成长呢？你对自己多了什么样的了解呢？把这些一一列出来。你学会这些事情，你的生活就更在掌控之中了，你是不是多了些自信呢？想一想这种自信带来的感觉。正是这种自信给了你良好的感觉。你列出的东西如此之多，可能会让你吓一跳。

已故的著名心理治疗师维吉尼亚·萨提亚设计了另外一种方法，这种方法能帮助人们学会更加爱自己。首先，写下5个形容词来描述自己。写下这5个形容词后，在每个词的后面添上加号或是减号，加号表示这是一个积极的形容词，减号表示这是一个负面的形容词。之后，你再看一看标注了减号的形容词，看你能不能找到意思相近的正面词汇来形容你个性中的某一特性或是方面。

讨论班上有位女性写下了“恶毒”这个字眼。我们问她为什么会这样写，她说自己的丈夫经常说她恶毒。随后，她就开始讲述丈夫所谓的恶毒，结果她意识到丈夫口中的恶毒，其实是坚持，是一种积极地为自己辩护的方式。这其实是为同样的内容贴上不同的标签，一旦明白了这一点，她就能接受自己的这一特性，并且自我感觉良好。

其实，爱自己就是这么一回事：无论我们是怎么样的，我们都要学会接受自己。正如著名的心理学家卡尔·罗杰斯（Carl Rogers）提出的：你一旦学会接受自己本来的面貌，就能够成才、改变并且更像你想成为的那个人。如果你不接受自己的某个部分，你就很难做到改变这一部分！这听起来，就像是个古怪的悖论，不是吗？

我们都需要明白：在某些方面“看起来不好也没关系”。我们都经历过创伤，这些创伤在我们身上的某个地方留下了伤口，我们也都有感受不到爱的时候，这样的经历让我们成为不怎么完整的人。但是，这些经历就是人生的一部分，就是生活的一部分。我们并不完美，因为我们是人。如果我们能够接受自己不好的部分，我们的感觉就会更好。这是迈向爱自己的一步。

你有没有想过我们是怎么学会爱另一个人的呢？我们是因为什么突然地，或是慢慢地对另一个人有了爱的感觉？也许是因为对方体贴的行为，也许是因为对方做了什么满足了你的需求，也许是对方让你感觉良好。如果你也为自己做一点体贴的事情，会怎么样呢？明天，你花点时间来做一点让自己感觉非常良好的事情，那就是在学习更彻底地爱自己。不要忘了，只有你才能为自己做出体贴的事。

如何学会爱自己呢？也许最重要的一点就是允许自己爱自己。如果你想清楚了，能认为爱自己是一件好事，不是自私，也不是以自我为中心，你就能往前走，就能有爱自己的感觉了。

你达成的成长是别人无法给你的，因此也没有人可以从你这儿夺走它。通过了解自己和他人，你的人生在你的掌控之中。也就是说，你不再受任何人的摆布。你的成长为你带来了良好的感觉，那么就让你的身体沉浸在这种感觉中，让你自己感受成就带来的暖意吧。让你感受一下爱，对自己的爱。爱自己是可以的。不，那不仅仅是可以的，爱自己就是人生的真意！

要让孩子知道，有人爱他们

爱是什么？这个问题每个人都关心，但孩子呢？他们可能会因为父亲或母亲离开了，而觉得自己不怎么讨人喜欢。许多孩子还心存担忧，害怕失去留下来的那位父亲或母亲。在这个时期，孩子们很需要父母的爱，而父母虽然非常想要给自己的孩子更多的爱，但因为自己在经历创伤期，所以往往无法满足孩子。在这个关键的时候，家长一定要意识到这个问题，要格外用心地解决它，尤其是要与孩子坦诚地交流，告诉他们现在的情况是怎么样的，一定要向他们保证父母都非常爱他们。

最近，一位母亲讲了一个可爱的故事，就是因为有这样的小插曲，我们感觉为生活付出的一切都值得了。一天早上，她 3 岁的儿子从楼上走下来，坐到了沙发上。他坐在那里一副沉思的样子，突然间这个小孩子抬起头来，说道："你知道吗？好像每个人都爱我。这多好呀！"这就是生活中的特别时刻。处在离婚的过程中，我们都有一段时间觉得自己不讨人喜爱，虽然如此，作为父母，我们的主要目标就是不要让孩子有这样的感觉。

你现在过得怎么样？

在进入下一章之前，先看一看自己在爱自己这方面做得怎么样了吧：

1. 我觉得我讨人喜爱。
2. 我不害怕被爱。
3. 我不畏惧爱别人。
4. 我觉得我理解了自己信念中的爱。
5. 我的生活方式与我理解的爱是一致的。
6. 关于满足自己的需求，我觉得心安理得，不会觉得自私。
7. 我能够接受别人对我的爱。
8. 我表达对他人的爱，而且我的方式能够让他们感觉到被爱。
9. 我能够爱自己。
10. 自从危机开始，我个人成长了不少。
11. 我的爱有不成熟、匮乏和依赖性强的部分，我正在努力改进，要让自己爱的方式更为成熟。

第十五章

信　任

“我的情感伤口开始愈合”

如果你说你无法相信男人（女人）！其实你表达的更多是你不能相信自己，而不是异性。离婚之后的恋情往往都是出于疗伤这一目的才开始的，所以很多这样的恋情都会转瞬即逝。在与他人的新关系中，你可能是在重塑并改良自己与父母相处的方式。在内心中建立了基本的信任后，你就能感受到令人愉悦的亲密关系。

我表现得不错，自己也感觉挺好的。这时，他说："我爱你。"我慌了，就请他起身，穿上外套，回他自己家去。

——安

这段路程是信任之路，你会注意到人们与异性或多或少都保持着距离。他们就像渴望得到食物的野兽一般靠近你，可是等到你朝他们走过去的时候，他们又躲了起来。这些人总是在谈论恋情，看起来他们挺想约会，挺想和异性在一起的。可是一旦有人采取行动靠近他们，他们就会一边逃跑，一边大叫："离我远点！"他们身上的T恤衫上写着"你不能信任男人（女人）"！他们的情感伤口伤势严重。

情感伤口就是分手之后内心的痛苦，但这种痛苦也有可能源自早年的生活。布鲁斯在做缓刑监督员的时候，发现很多他接触的青少年都有情感伤口。这些孩子认为：爱就是受伤害。他们如果到了温暖而且充满爱的寄养家庭里，就会逃走。痛苦的情感伤口会让这些人在情感上与他人保持距离，这种现象会一直持续到伤口痊愈。有些人的伤口要花上几个月才能愈合，有些人则要花上数年的时间，之后他们才能在感情上与他人建立亲密关系。

有这样的恋情，也有那样的恋情

人们离婚后，会觉得恋情很重要。在离婚讨论班上，被问及想要讨论什么样的题目时，每个班都把“恋情”作为最重要的题目列出来。

（在单身人士的聚会上，“恋情”这个词的使用频率相当高，你有没有注意到这一点？有位女性曾经提议这个词该遭到审查：只要一出现，就用“哔”来消声。她真是听腻了！在这本书以及我们的讨论班里，我们都大量使用了这个词，没办法，只有这个词才有这个意思呀！鲍勃是一位心理丛书的编辑，同时又是一位心理学家，不用说，他也讨厌这个词！）

人们往往想当然地认为，要想证明自己调整好了，唯一的办法就是再谈一场恋爱。事实上，有些研究离婚的专家也认为再婚是离婚调整好了的标志。然而一项根据《费希尔离婚调整标准》进行的研究表明：那种“认为再次恋爱了，自己就算调整好了”的想法是缺少说服力的。很多再婚的人并没有从上一次的离婚中调整过来。

在这种认为再次恋爱就能“证明自己调整好了”的观念的引导下，很多人立即就开始寻找新的“唯一的人”。离婚后不久发生的恋情中，确实有一种最为健康的，而它是以治疗情感伤口为目的的。这种恋情是暂时的，并不是长期稳定有承诺的。（到了第十六章，我们会更为详细地谈论这一话题。）

你也许看过这样的海报，上面写着：“你只有吻过很多只青蛙，最后才能找到自己的王子。”而更为健康的总结方式似乎应该是这样的：“你只有吻过很多只青蛙，最后才能变成王子 / 公主。”如果你能在思维上实现这样的转换，在这些早期的恋情中，你就能丢掉不切实际的期待、压力和对未来的过度关注。最重要的问题并不是：“我能和这个人一起生活，共同走完一生吗？”而是：“我们彼此会在一起度过一段双方都能从中受益的时光吗？”

自由自在地经历这段恋情，帮助治疗情感伤口（或许对方的伤口也得到了治疗）。放轻松，每天都欣赏一下日落，停下来“嗅一嗅玫瑰的芬芳”，让自己的伤口愈合，你要知道很多离婚后的早期恋情都是暂时的，因为它们本来就是你在情感生活困难的时候会遇到的。在你感到迷茫时，就让这些早期的恋情帮助你整理迷茫的思绪。之后，等到你在内心重塑坚定的基石后，你会有大把的时间来发展另一段持久的恋情。

离婚的调整过程大致可以分为两个主要的步骤。第一步：学会单身，准备好独自面对生活，清理过往的碎石。第二步：要让自己坚强起来，足以承受长期有承诺的恋情的责任，再次学会爱。如果真正完成了第一步，第二步就会轻松许多。

恋情的类型："身体姿态"的练习

这一练习是为了让你审视自己处在其中的恋情是什么类型的。这一练习被称作身体姿态，源自著名家庭治疗专家维吉尼亚·萨提亚的研究。要进行这一练习，你需要找一位朋友来帮你。下面的简笔画展示了人们在不同类型的恋情中所表现出的身体姿态。我们来看一看这些身体姿态，想一想每种风格所蕴含的感受。

1. A 型结构的依赖关系

在这种依赖关系中，两个人互相倚靠。能够依赖别人，个体有时会感觉很好，但多少还是有受限制的感觉。如果有一方想要挪位置、想要变化，或是想要成长，那么对方就会感到局促不安。和你的朋友一起，模仿一下图中两个人的身体姿态，之后再表达一下模仿该姿态的感受。

2. 窒息式的恋情

青少年在恋爱的时候，常常会呈现这样的姿态。要用语言来表达，那就

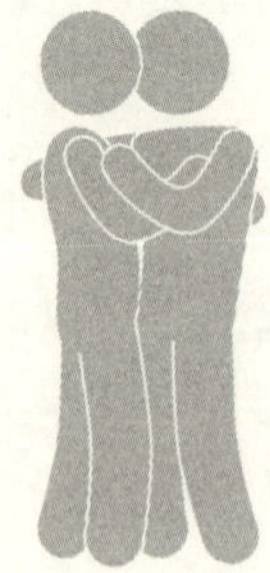

是："没有了你，我就活不下去。我要和你在一起，整整一辈子。我要全心全意地让你幸福。能离你这么近，我感觉真好。"很多恋人之间的关系一开始就是这种，然后逐渐松开了勒住对方脖子的胳膊，给成长让出更多的空间。对于新恋情的蜜月阶段，这种窒息式的相处方式可能是意义非凡的。一段时间之内，这种窒息式的恋情是非常甜蜜的，但到了最后双方都会觉得无法呼吸。

3. 宝座式的恋情

这种"崇拜式"的恋情表达的是：我爱你，不是爱你本来的样子，而是我心目中你的样子。我心中有个理想化的你，我想要你做到那样。坐在宝座上非常危险，对方对你有很多期待。从图片中，你可以看出他们之间存在交流的问题。由于爱上了心中理想化的那个人，这位崇拜者仰望和交流的对象也是理想化的那个人，而不是现实中的那个人。这样的恋情从一开始就有情感上的距离感，两个人很难有亲密感。

4. 主人 / 奴隶式的恋情

主人想的是：我是一家之主。我是老大。家里我说了算。主人就是这样做事的，也期待得到家人如此的礼遇。不要想当然地认为男性就是一家之主。很多女性也是家里的当家人，在家里说一不二。

在大多数情况下，两个人中有个人的个性稍微强一点，这并不一定是坏事。但如果双方的关系一成不变，而其中一个人完全负责所有的决策工作，那双方的感情就疏远了，双方的地位也就不平等了。双方保持主人和奴隶的身份往往会消耗很多的情感精力，通常会导致权力争夺，从而干扰双方的交流和亲密感。

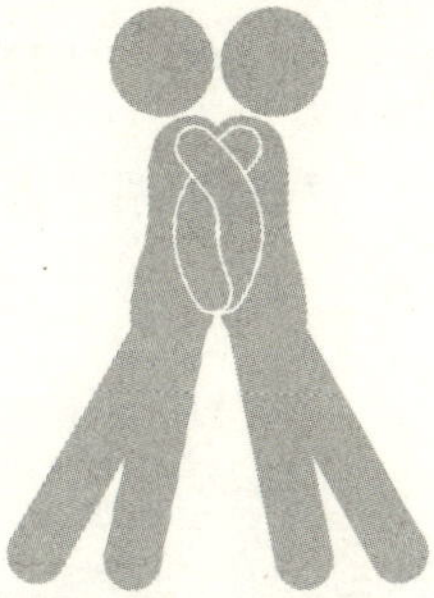

5. 寄宿式：背对背的恋情

双方手肘相交，他们达成了某种协议，要共同生活。在这种恋情中的双方没有交流。他们典型的表现就是：回家后，坐下，边吃东西，边看电视；接着，整个晚上剩下的时间里，他们就各干各的，互不干扰。双方之间没有爱的表达。试一试这个姿势，你就会注意到，如果其中一个人往前移动，或是做出改变（比如说，成长了，成熟了），另一方就不得不随之变动。背对背是限制性非常强的一种恋情。许多人都认为自己在分手之前，正是处在这种形式的恋情中。

6. 牺牲者式的恋情

为了服务于另一方，其中一方完全牺牲了自己。这一方总是为别人做事，从来不给自己时间，自己“要求”被踩。牺牲者看起来地位很低，但是，不要被愚弄了！这种关系非常具有控制性。你注意到了吗？躺在地上的人位置一旦发生改变，另一个把脚放在牺牲者身上的人就会失去平衡。

牺牲者是怎么获得控制权的呢？你猜到了，就是通过内疚感。对方什么事情都替你做了，对方无微不至地照顾你，你怎么能够对这样的人生气呢？

在控制他人方面，牺牲者是高手。和牺牲者生活在一起，你感到非常内疚，从而无法表达自己的需求和愤怒的感受，这样的生活非常艰难。也许你父母中有一方就是牺牲者的角色，想一想自己和这位家长相处的方式，你就会明白牺牲者式的恋情了。

7. 健康的恋情

完整的两个人各自心中都是幸福的。他们各自站得直直的，不需要依靠对方，也不需要与对方纠缠在一起，他们可以过自己的生活。他们的生活丰富多彩，足以与对方分享。他们是自由的个体，想要在一起分享彼此的生活，所以他们选择在一起。他们可以靠得很近，可以暂时选择窒息式的恋爱方式；在养育孩子方面，他们可以携手前进；他们也可以分开，他们拥有各自的事业、生活和朋友。他们选择在一起是因为他们彼此相爱，而不是因为有未满足的情感需求。健康的恋情给了双方成长和做自己的空间。

重申一次，我们希望你能找到一个朋友，试一试图中显示的姿势，感受一下每种恋情。尝试后，你们可以谈一谈或是写下自己的感受。你过去那段恋情符合哪种呢？在离婚课堂上，很多人认为他们过去的恋情经历了所有不健康的模式！

好，现在你已经模仿了这些身体姿态，对于为什么会离婚这个问题，你有没有更多的理解呢？各种不健康的恋情似乎就是不完整的半个人在寻找另一半。随着你的自我更加完整（我们会不会有真正完整的那一天呢？），你找到健康的治愈性恋情的可能性就越来越大。

感受变成行动

我们往往会在恋情中表现出自己内心的感受。如果你感到愤怒，你就会在恋情中表现出愤怒。如果你觉得孤独，为了留住对方，不让对方离开自己，不再感到孤独，你往往就会表现出占有欲。如果你在情感上非常痛苦，你的恋情很有可能就会非常痛苦。如果你有情感上的伤口，你在情感上就会疏远他人，避免别人碰到你的伤口。

我们自己缺少什么样的品质，往往就会寻找拥有这些品质的人来做恋人。如果你性格内向，想要与他人相处得更为自在，可能就会跟性格外向的人结婚。如果你缺少自信，就会跟自信心过剩的人结婚。如果你有愧疚的需求，就会跟让你感到愧疚的人发展出恋情。

当然了，硬币都有正反两面。如果你觉得幸福、自信、值得被爱，那么在你的婚姻中，你的行为就会给爱人带来这样的感受。看一看我们的恋爱关系是怎样的，我们就能深入地了解自己。在你的恋情中，你表达出了什么样的感受呢？有没有规律可循呢？（你是不是总会把流浪猫带回家呢？）你的恋情是折射出内心良好的情绪，还是反映出你对他人的需求呢？

历史是否在重演？

恋情类型中的另一个重要因素就是：我们与父母的关系。这一点是我们以前提及过的。我们每个人都从自己的父母身上学习如何应对爱、愤怒、拒绝和亲密关系。如果你父母常常争吵打架，那很有可能你也有这方面的问题。如果你的父母是冷漠且不可接近的，那么面对温暖的感情时，你就可能会手足无措。很多婚姻都不尽如人意，原因就是夫妻双方互动的方式就是各自父母的方式。

杰夫是这样说的：“婚姻就像一锅炖菜。第一次你做炖菜失败了，然后就不断地尝试，直到对了为止。我的第一次婚姻失败了，当时，我经营婚姻的模式就是小时候耳濡目染的那种。离婚后，我的内心没有改变，在第二次婚姻中，我之前的模式仍在继续！”

如果你能利用每次的恋情来了解自己，了解你是如何表达内心感受的，那你就能更加接近你想成为的那个人。恋情是可以让我们成长的，虽然婚姻失败了，但我们成长了，这也是看待婚姻的一种积极的态度。

离婚后，我们会出现倒退，并回到早期的互动方式中。这也可能是积极的：要做到情感上的健康，就像是在游乐场爬滑梯。你一直都在前进，然后手一松，就滑了下去。下一次，你就能爬到更高的地方。每次恋情结束后，你都可能在滑梯上往下滑一段，等到你又开始往上爬时，你就知道怎么才能爬得更高，以及什么才是更健康的行为。在离婚后的恋情中，许多人都在重新塑造自己从父母那里学会的互动模式，并使之变得更为有效。

我们进行了“身体姿态”的练习，讨论了各种恋情，我们希望这些东西能够帮助你清理瓦砾，腾出空间来重塑自我。信任的问题更多地关乎内心，而不是外部；明白过去是怎么一回事，你就能更好地理解自己现在所处的位置。成长的第一步是了解自己：了解我们互动的模式，了解我们与他人相处的方式。

清除瓦砾的工作就到此为止了——现在我们就要开始重塑自我！

“哪里可以找到人？”

这是离婚人士最常问的问题之一。答案非常简单，几近荒谬：“你在哪儿，那个人就在哪儿！”

人们泡酒吧，参加单身聚会，参加陶艺课堂（很多离婚的人也会参加这种课！），就是为了与更多人见面。单身的人喜欢去这些地方，我们并不反对。但是，一定要小心！很多孤单的人无法与人相处，他们只有在某种氛围的影响下才能与人相处，而酒吧就是这样的地方。混迹酒吧的人往往都是玩家，他们是出来练手的，他们玩的就是互动的游戏，而游戏的目的往往就是性。单身人士的聚会可能多少有点绝望和孤单的味道，而且参与者通常都是女性。

“哪里可以找到人呢？”提这个问题的人往往是在寻找一种有承诺的长期恋情。也许他们还有些绝望，这种绝望通过他们的身体语言、他们说的话以及他们的眼神透露出来，这样一来，他们往往会吓走别人。他们需要别人，而别人害怕陷入这种需求。有人称呼这种人为“真空吸尘器”！

你肯定经常听到人们说，“外面是不是什么都没有，全是些笨蛋？”当然了，这话也有一定的道理。许多离婚人士都处在伤痛之中，在这个艰难的时间段，他们当然算不上有魅力的约会对象。但是，你有没有想过，如果有一只雄鹰降落在你的身边，你会怎样做呢？你怕是会没命地逃跑吧！如果你感情的伤口仍然非常疼痛，那么就算有一个合格的、可接受的结婚对象站在你面前，你也会吓得落荒而逃。笨蛋是没有威胁性的，或许你在寻找的就是他们呢？或许你自己也还深感痛苦，本身就算得上是个“笨蛋”呢？你知道的，笨蛋往往都在一起玩。或许这话没有错，“外面都是些笨蛋”，但你还没有重塑自己，还没有成为雄鹰呢。

你戴着过滤眼镜，看到的只有潜在的结婚对象，实际上还有很多你没有看到的人。一旦你开始对周围的人产生兴趣，你就开始结交朋友了。有些朋友可能会变成恋人，而寻找恋人这种行为不仅找不到恋人，还找不到朋友！

我们要再说一次：你（现在）的目标是和身边的人认识，结交新朋友。至于他们是不是“合格的单身人士”，这一点并不重要；你只需要关注他们是不是你想认识的有趣的人。不论对方是男是女，请你尽量积极正面地与之交往。

无论在哪里，你都可以认识可能成为你朋友的人。当你在食品店买东西时，尝试发射积极的信号，表现出对他人的兴趣，由于你的吸引力，别人会蜂拥而至。参加派对的时候，不要想着找个同枕共眠的人，也不要想着派对结束后要带个人回家，你可能就会认识不少有趣的人。如果你找到了内心的幸福，并且传递出这种幸福感，人们就会喜欢和你在一起。

我们都很清楚离婚男女数量之间的差异。这个比例严重失衡了：离婚后，女性单身的人数要远远多于男性。当然，女性的平均寿命要高于男性，这是其中的一个原因。另外一个原因就是很多再婚的男性都娶了更为年轻，往往还没有结过婚的女性。（女性在适应单身生活方面的确远远优于男性。）

金杰提出了另一个问题："每次我去参加单身聚会，结果就成了'到你那儿，还是到我那儿'的游戏。"我们经常在班上讨论到这个问题。很多单身的人在与异性相处的时候，就只知道发生性关系这一件事，但这并不是说你要如此局限自己。不断地探索自己的个性，拓展自己；你的兴趣爱好越多，你就会碰到更多有趣的人。记住：你总是有拒绝的权利的！

重建信任

我们在离婚讨论班上找到了一些理念，它们可能会有助于你克服信任的问题。

试一试这一条：下次出去的时候，真正做到诚实。如果你觉得受伤，如果你感到情感的伤口还在作痛，那就坦诚地告诉那个人，你想要和他 / 她待在一起，可是你担心自己的表现会扫他 / 她的兴。如果事实上你害怕得要死，就不要带上老道成熟的酷面具。把自己的担忧告诉别人，你可能会惊奇地发现别人和你一样呢！不要忘了，我们都是凡人。这样一来，你既可以做自己，又不必装出酷酷的样子，你就会觉得轻松。

你一直想的是信任恋人，你有没有想过去信任一下朋友呢？如果找到某个能做朋友的异性，由于对方是朋友，对你而言，他/她比恋人更安全。在友谊中加入浪漫的成分，也就是加入了不稳定的因素，这样做对你来说更为冒险，你就更不容易学会信任了。

我们内心缺少信任，这种感觉会投射到他人身上。许多父母都觉得自己十多岁的孩子不可信任。比如，瓦莱丽的父母就很担心女儿会怀孕，虽然女儿已经是高中三年级的学生了，但他们还是不允许她约会。为什么呢？原来瓦莱丽的母亲十多岁的时候就怀孕了，她把对自己的不信任投射到了女儿身上。

在进行婚姻咨询的时候，我们也常常碰到类似的情况。泰丝说，丈夫安德烈总是查她的岗，就怕她有婚外恋。后来，她发现安德烈有婚外恋，丈夫是把对自己的不信任投射在了妻子身上！不信任就像是自我实现的预言，很多其他的感受也是如此。瓦莱丽说，她觉得自己应该怀孕，原因就是自己的父母仿佛认定了这件事。泰丝觉得自己完全可以出轨，反正自己丈夫就是这样怀疑的！

情感上严重的伤害会导致对信任的恐惧。虽然温暖是那么诱人，可亲近别人却有再次被烧伤的危险。这种不信任的感觉会控制离婚后的恋情。这些恋爱关系的目的应该是再次学会信任，治愈情感上的伤口。因此，很多这样的关系都是短期的。如果强求长期的关系，结果可能适得其反——你只会受到更大的情感伤害，你的调整期也会因此延长。

从恋爱关系中，从父母身上，我们学会了互动。作为成年人，我们还可以选择改善我们已经习得的互动方式。怎么改善呢？第一步就是了解自己的互动方式。也许你要多交几个朋友，多发展几段恋爱关系，这样才能养成更为健康的方式。

要学会信任，我们就不得不冒险。冒险就有可能适得其反，你有可能会被拒绝，或是遭到误解，但是，如果想要再次拥有亲密关系，你就不得不冒险。这还是值得一试的。

信任和孩子

有些孩子不知道父母离婚是怎么一回事，父母中的一方不在家里了，孩子要适应这一问题，却没有和父母进行直接的交流，这些孩子的信任问题就特别严重。比如说，父亲突然离开了这个家，却没有和孩子说过自己为什么会离开，也没有和孩子说过父母之间到底有什么样的问题，这个孩子就可能觉得自己被抛弃了，很难信任这位缺席的无监护权的家长。

孩子其实比你想象中的坚强得多，如果父母肯花时间，孩子是可以承受直接的交流和事实的。家长们若是学鸵鸟藏起来，觉得自己无法把真实的现状告诉孩子，往往就会在与孩子的交往中产生信任危机，还会失去孩子潜在的珍贵的爱和支持！其实，在绝大多数情况下，即使父母不说，孩子也会知道（当然了特别小的孩子可能不知道）。你和孩子交流得越多，实话说得越多，孩子就越能相信你告诉他们的东西。

你现在过得怎么样？

下面的内容就是测试一下你现在的情况，看一看你是否准备好了继续攀登。我们接近山峰了，注意，不要冲刺，在你继续攀登之前，一定要确保通过了信任这个重建方块。

1. 我可以信任异性。

2. 男人和女人在对待爱、恨、亲密和恐惧这样的情感上，的确有不同的反应，但同大于异。

3. 我能够信任自己和自己的感情。

4. 我信任自己的感情，可以按照自己的感情来行动。

5. 面对可能成为爱人的对象，我可以在情感上靠近对方。

6. 我意识到了自己疏远他人的方式。

7. 我与人交往，以此治愈自己情感上的伤口。

8. 我与男性和女性都建立了治愈式的、互相信任的朋友关系。

9. 当我变得情绪化时，我不再发出混乱的信号，而是与他人交流。

10. 我明白，不是每个人都值得信任。

11. 恰当的时候，我能够做到信任他人。

12. 我想要治愈情感上的伤口，感受亲密。

13. 与人交往之际，我努力做到活在当下，不想未来。

14. 我明白了，离婚后，早期的几段恋情可能都是短期的。

15. 与人交往的过程中，我能表露自己的真实感情和想法，虽然这样做有风险，但我这样做了。

16. 我真诚地与周围的朋友交往，而不是在绝望地寻找另一段恋情。

第十六章

交往

“交往有助于我进行心理重建”

在婚姻结束后，你当然可以开始另一段重要的关系。你需要别人的支持、陪伴和反馈来帮助自己重建。这些往往都是短期关系，因此你需要学会如何“健康地终结关系”。建立这样的关系是成长过程中的一部分，同时你也需要知道如何最大限度地让这些关系帮你成长和康复。

我有过有助于自己成长的关系吗？不止一个，一共有4个。每一个都比上一个更为健康。每段关系都让我有所收获。

——苏珊

我曾经的女友非常善于甄别废话。我当时处在自我整理期。我征求她的意见，她总是能告诉我哪些是真实的我，哪些是废话。在自我成长期间，我的确找到了完美的女友。

——大卫

许多攀登这座山峰的人决定结伴而行，在艰难的登山路上互相支持。在一段时间之内，他们相处得非常愉快，但是他们往往在路途中就会分手，并独自继续攀登。

在一段时期之内，有另一个人的支持的确是件好事，但用不了多久，一方或是双方都会意识到自己需要独自攀登。分手之际，一方或是双方都会难过一段时间。有些重建方块，之前他们虽然已经通过了，但这一次又得再经历一次，比如说悲伤和愤怒。两人在一起的时候，进步似乎非常神速，可一旦这段新关系结束了，他们的进步就明显慢了下来。

什么是成长型的关系？

我们称之为成长型关系，也有其他的专业人士将之命名为“过渡关系”、“回弹式关系”、“试验式关系”、“疗伤关系”。精神病学家马丁·布林德（Martin Blinder）在他的书《选择爱人》（*Choosing Lovers*）中比较细致地描写了各种类型的关系，他认为每种类型都是独特的，满足了不同对象的特别的需求。在本章后部分，我们将会讨论两三种比较常见的类型。

成长型的关系在一段时间内能够帮助人们更好地在山路上攀登，因此对双方都是非常健康的。但顺其自然是不够的，我们应该了解这种关系，明白这种关系是如何运作的，这样就能加强其有助于成长的部分，使其效果更加持久，也许还能减轻关系结束之际的痛苦程度。

这种成长型的关系的典型特点有：

- 这种关系往往出现在婚姻或是一段感情结束之际，但其他任何时候也有可能。
- 你往往是与潜在的恋人产生了这种关系，但这种关系的对象也可能是朋友、家庭成员、治疗师，甚至是你的伴侣。
- 这种关系通常是短暂的，但也可能发展为更为持久的关系。
- 这种关系通常是治愈性的，但也可能是破坏性的。
- 这种关系通常发生在你的个人成长期或是你人生的转折期。
- 你想要与自己和他人创建新的关系，这种关系就应运而生。
- 这种关系可能会有一个“健康的终结方式”，不会是你所经历过的那种痛苦的破坏式结局。
- 良好的交流是这种关系的特点。通常两个人会花很多时间谈论重要的话题，比如说个人成长和人生的意义。
- 这种关系的基础是双方的诚实和率真，双方用从未有过的开诚布公的态度在交往。他们没有“精心打扮”以在新恋人面前摆出自己最好的那一面（在旧的“追求”体系中，我们中大多数人都是这样做的），他们赤膊上阵，展现出最基本的情感，他们为此感到激动兴奋。

- 这种关系的定位是成长，不是止步不前。这种治愈性的关系和那种昨日重现式的回放是不一样的。什么是昨日重现式的回放呢？一个需要母亲般照料的男人往往会娶一个过度负责的女人。然后呢，他结束这段关系，另娶了一个过度负责的女人（甚至名字都是一样或是相似的！）。而那个有照顾他人需求的女人呢？可能又嫁了一个“流浪猫”一样的男人，这样她就可以继续扮演以前的角色了。成长型的关系却不一样，这种关系要的是发展出一种不一样的新关系，这种关系是个人成长的实验室，而不是保存过去的模式。

我们说的难道是婚外恋？

有时，某人已经结婚了，或是有稳定的恋人，却保持着和第三方的关系，并称之为成长型的关系。这样的关系可能就是外遇。前来咨询的人中也有人将这种第三方的关系变成疗伤的过程，用来丰富自己的婚姻，使之更为坚固。这样的情况的确存在，但在这种情况下，这种新的关系往往只是友谊，并非婚外恋。如果卷入了三角恋中，往往就会有长期的后果，卷入的人很难从外遇的痛苦中恢复。

这时，持老派的婚姻与性关系的观点的人就会说：“你说的是婚姻之外的关系，那就可能涉及性，你难道是在鼓励婚外恋或是乱交吗？”其实这种关系不一定就会涉及性；这样的关系不一定是浪漫的，也不一定需要涉及性。如果你无论是出于宗教因素还是道德价值考虑，都不赞成发生婚外性关系，那你依然可以拥有不涉及性的朋友关系，这样的关系也能极大地帮助你学习和疗伤。

成长型的关系可以帮助你了解自己，帮助你了解你必须了解的东西，但它必须符合你的价值观。

为什么有些人更容易建立成长型的关系呢?

有些人更容易建立成长型的关系。

● 离婚后，比起被甩者，甩人者能更快地进入新的关系。

● 离婚后，男性往往能更快地建立新关系。

● 比起男性，女性更有可能与朋友发展出成长型关系。

● 比起性格内向的人，性格外向的人更有可能利用成长型的关系来疗伤。根据迈尔斯 - 布里格斯性格分类法[①]进行的调查，我们发现性格外向的人和别人在一起能更好地疗伤，而性格内向的人独自一人才能更好地疗伤。

● 情感上处于开放状态，容易受到他人影响的人更容易发展出治愈性的成长型关系，而不愿意谈论感情，在情感上封闭的人则不太容易。

● 处于叛逆期的人通常会有成长型关系。(关于叛逆期，参见第十二章转折期的内容)

● 比起年龄大的人，年轻的人更容易发展出成长型关系。

● 参与离婚恢复课堂或是讨论课的人几乎都会自动地和其他课堂参与者发展出成长型的关系。这就是课堂学习的“额外效果”。你在这种课堂中发展出的友谊很有可能持续很长时间，甚至成为终生友谊。这种友谊可能会比你以往的许多关系都要健康，都更利于成长。但不要忘了，你在课堂上可以结

---

① 迈尔斯 - 布里格斯性格分类法(Myers-Briggs Type Indicator，MBTI)是性格分类的一种，其基本理论是根据瑞士心理学家荣格于 1921 年所出版的书籍《心理类型》。最先的开发者是美国的心理学家凯瑟琳 · 库克 · 布里格斯(Katherine Cook Briggs)及其女儿伊莎贝尔 · 布里格斯 · 迈尔斯(Isabel Briggs Myers)。虽然备受学术派的心理学学者批评，但经过 50 多年的发展，MBTI 现已成为全球著名的性格测试之一。——译者注

交这种朋友，在课外同样可以结交这样的朋友。

● 许多人并不想发展这样的关系，他们担心事情的发展会超出自己的控制。他们想要安全的关系，那种不会变得长久的关系。面对潜在的恋人，你应该清楚地表达出自己的愿望、需求和目的，要做到开诚布公，这一点很重要。如何控制你的参与度，如何把这段关系控制在你希望的程度，这都是你可以决定的。

离婚课堂中有 15%~20% 的人并不是在离婚后报名的，他们是在离婚后的成长型关系结束后才报名的。离婚后，最初的关系都不会特别长久。可这种关系结束时带来的痛苦程度甚至超过了离婚或是重要恋爱关系结束时。

到了 21 世纪，我们有了无数种转型的方式，成长型关系也是其中一种。更多地了解这种关系的种类，你就更有可能在这种关系中得到更多的治愈。为了达到这个目的，我们现在就来了解一下最为常见的两种成长型关系：激情型和治疗型。

激情型的情感关系

人们的重要恋爱关系结束后，最为常见的成长型关系可能就是激情型的，其重点就在于浪漫的爱情。人们终于，或者说似乎在这种恋情中找到了上一段婚姻中缺少的所有东西：激情、诚实、良好的沟通、共鸣和理解。既然如此，这两个人当然想要永远地这样过下去，彼此紧紧相拥，一起谈论共同的未来。

但是，想要在这个阶段长相厮守，对双方而言也许并不是有益的。我们先来考虑一下这种激情型情感关系中潜在的陷阱和好处：

陷阱：你把兴奋和激情都寄托在了对方身上。你是不是太看重这段新关系了呢？你处在转折的汹涌波涛之中，感觉真是棒极了，你真想永远这样。

你的新恋人让你如此开心，你觉得没有了对方，你就活不下去。此刻，你需要提醒自己：你还处在恢复期。你要对开始了这段恋情的自己负责。你想成为心中的自己，但你才刚刚开始。给自己点时间，使你成为心中的自己，不要着急。和对方在一起，你真的感觉很好；但不要让对方来掌控你的喜怒哀乐，你要自己做主。

好处：这段恋情存在的一个重要原因就是你的个人成长。在这段恋情中，你要学会的是疗伤，改变，获得自由，做你自己。好好利用这个机会，要认真学习。你已经创造出了能够实现自我成长的环境。

陷阱：把你的新恋人推上了宝座。如果你犯了这个错误，那么这段恋情的潜在治愈效果就要打折扣。你可以再次试一试已故治疗专家维吉尼亚·萨提亚提出的“身体姿态”练习（回忆一下我们在第十五章讨论过的内容以及插图）。你们摆出宝座式恋情的姿势，感受一下这种关系。让你的恋人站在宝座上（椅子、矮凳或是小桌子），而你站在地板上。之后，互相交谈，互相拥抱一下。真切地感受一下这种关系。站在宝座上的对方通常会感到孤独、危险和不舒服。

陷阱：过度关注未来。这段恋情给你带来的感觉太好了，你开始构想未来，开始想象和对方结婚后，永远在一起会是什么样的。活在未来，疗伤的效果就打折扣了；活在现在，才能实现治愈效果的最大化，才能表明你是个自我实现（Self-Actualized）型的人。你需要享受这段关系中每时每刻的景致，把每一天当作是你的最后一天来过。你们应该交流此时此刻的感受，不要去梦想未来，也不要去关注这段关系能够维持多长时间。

好处：拥有这种恋情的人通常都有良好的沟通方式。通常，你会把心里话讲给对方听，这样你也就前所未有地暴露了自己。你的宝藏打开了，你也许更容易受到伤害，但你与对方的关系会更亲密。你要知道，这段恋情教给你的重要一课就是学会亲密，学会暴露自己。不要忘了，你在这段恋情中学到的沟通技巧和暴露自己内心的感觉在其他的关系中也会派上用场。

陷阱：你觉得自己再也找不到这么好的人谈恋爱了。你把这段关系紧紧抓在手里，部分原因就是你觉得对方是你“今生今世的唯一”。（这或许是你在社会中学到的一种期望？）遇到这个人后，其他的人都不会像现在这个人这样有趣，这样让人兴奋。你会这么想也有一定的道理。但是，你感觉兴奋的原因并不是对方，而是你自己的成长。你活在当下，暴露了自己的内心，有了新的感受。你感到兴奋的主要原因是你走出了你的外壳，找到了自己，在情感上“回归了自我”。

你可能再也不会有这种走出外壳的兴奋感了，但在未来的恋情中，你有了由快乐和亲密带来的兴奋、情感上亲近、爱别人和被爱的潜力。这些东西甚至比走出外壳之后带给你的良好感觉更有意义。

好处：你知道了健康是一种多么美好的感觉。亲密的感情会让你暴露，会让你有受伤害的可能，但你在成长，在逐渐成为自己，你就能够承受这样的后果，你对自己的身份也会感到更安全。此时，你需要明白的重要一点就是：这种感觉并不局限于这一段关系；在和其他人建立的关系中，你也会有同样的感受。所以，不要再以为你只能和对方建立这样的关系了。因为你变得更加接纳自己，所以只要你愿意，你就能建立更多的健康的关系。

好处：成人之间的恋情也可以是成长的实验室。还记得第四章和第十二章的内容吗？我们讲到了原生家庭和童年影响的问题。作为成人，你可以重新加工、再次学习童年时学过的东西。这种成长型恋情是你成长的良好“实验室”。这段新恋情很有可能不同于你与原生家庭成员或前任恋人之间的关系。为什么这段恋情会如此美好，这种不同也是部分原因。

陷阱：情感投入不均衡。你很容易就把 80% 甚至是更多的情感时间和精力投入到这段恋情中，从而忽略了对自己的情感投入。这就限制了你的疗伤效果和成长，反而加快了恋情的结束，还让分手更加痛苦。如果你想要成长型恋情的治愈效果达到最大化，你就要约束自己，做到在自己身上和这段恋情上进行同等的投入。这样，你就不会在这段令人兴奋的新恋情中迷失了自我身份。

记录自己的时间。看看你花了多少时间用于提升自己，比如说培养爱好、上课、独处或是和朋友在一起？又花了多少时间和对方谈情说爱呢？

尽可能多地学，尽可能多地疗伤，不要把珍贵的蝴蝶捏在手里不放，要让它飞，给它自由。你紧紧抓住对方不松手，紧紧抓住这段恋情不放，你就不能继续攀登，不能完成自己的治疗过程了。

友谊和治疗型关系

成长型关系不一定就是恋情。事实上，非恋爱性质的成长型关系也有很多好处。与好朋友或是某个可以信任的家庭成员建立成长型关系，你也可能拥有同样的治疗效果。你也可以谈论自己的感情，也可以前所未有地袒露自己的内心。这样的友谊当然没有恋爱关系中的那种战栗、兴奋和激情。可是，这样的关系更为安全，结束之际，你们也不会有恋情结束时的情感痛苦，疗伤的效果却是一样的。恋爱是改变过去交往模式的实验室，友谊和治疗型的关系也是一样的。

心理重建课堂的参与者很容易认同以友谊为基础的成长型关系。参与者们彼此开诚布公，诚实相待，分享生活中重要的方方面面，彼此之间就有一种亲密和亲近的感觉；他们觉得这样的关系很特别，比以往建立的关系更健康，更有助于疗伤。学习如何建立这种友谊性质的成长型关系，是离婚恢复课程中最有价值的内容之一。

治疗也可以是一种成长型关系，这取决于治疗师和治疗方式。那种界限明确的、收费的、专业的咨询治疗同样也可以安全地促进个人成长，帮助你建立治疗关系，并成为你一生中最有价值的经历之一。

成长型的关系可以持久吗?

是不是每一段成长型关系都注定要终结呢? 无论每段关系本身还是开始这段关系时的情感状态，这段关系的根基都是独一无二的。成长型关系的基础就是为了成长和治愈；这就是其存在的目的。长期的承诺型关系呢? 其基础是为了长久。这两者之间的差别是什么呢?

在建立成长型关系期间，你处在某个过程中，是不稳定的，在不断地成长和变化，你在治疗过去留下的情感伤害。今天的你和昨天的你是不一样的。到了明天，你又是另外一个样子了。在这个快速变化的过程中，你的基础也应该是灵活多变、不断适应的，这样才能给你的变化留出空间。这样的基础本来就不适合建立长久关系。

你开始了一段成长型关系，当然了，你不可能写下一份“合约”，甚至连口头协议都没有。可是，不管怎样，这份合约是存在的。这份合约中就写着:“我需要通过这段恋情来找到什么是真正的我。”长期关系的基础更加稳定和持久（当然也不是一成不变的）。长期的关系需要双方的承诺、目标和稳定。

如果想把成长型的关系变为长期关系，我们就需要撬开这层关系，重建基础。怎么做? 方法是多种多样的。有些人先用健康的方式“了断”了他们的成长型关系，然后其中一方或是双方就成了“小马驹”，他们跑到牧场上，在自己身上不断地投入努力，而不是在彼此的关系上投入。接着，他们又回到一起，建立起一种更为持久的关系。

我们也可以通过良好的沟通来改变成长型关系。这段关系要变成有承诺的恋情，双方都必须清楚其中的代价和好处。在长期的恋情中，双方都必须对自己的感情、投入和角色付出和负责。这种交流必须是开诚布公的。如果双方在清楚明白地彻底交谈后，决定要把成长型的关系变为有承诺的长期恋情，那就是可行的。

还有另外一个问题需要考虑。如果你真的处在改变当中，你可能就不是这段关系开始之初的那个人了。在进入这段成长型关系之初，你可能想找一个完全不同于你父母、你的前任和你以前朋友的人。现在，你的这种需求已经得到了满足，或许你想要找一个更像你父母、前任和以前朋友的人了。所以，需求满足后，你就会想结束这段关系。出于各种不同的原因，很多处在成长型关系中的人最终都不再需要这段关系了。

不要急于把成长型的关系变成有承诺的恋情。双方都必须先充分认清自己所处的位置，再步入更为稳定的将来。

为什么我得有这么多？

有时，人们会问，为什么他们就得有这么多成长型关系呢？这个问题提得好。答案如下：

● 也许你处在成长型关系的时候，过度地关注了未来，而没有关注当下，所以这些关系就只达到了一部分的治愈效果。

● 你满脑子想的都是对方多么棒，结果对自己的恢复和治愈过程关注得不够。

● 你不知道该如何健康地结束一段关系，所以到了分手的时候，你感到非常痛苦。（由于痛苦，你就需要再建立一段关系来治愈这段关系结束带来的痛苦。）

● 也许你的原生家庭和童年影响给你留下了很多创伤，你就是需要多段关系来治愈。

● 你一步步地走过了我们之前所有章节所描述的内容，但你没有真正明白其中的含义。如果你真正意识到了其中的含义，那么治愈效果就会增加不少。

● 你有多段恋情，原因之一就是这些恋情中有潜在的激情。这种直接的激情大大弱化了恋情的教化作用。你轻易就陷入了肉体的激情中，没有在意识层面醒悟过来。

● 你和对方可能在情感层面缺少有效的联系。如果你没有活在当下，没有真正关注这段关系，如果你避免亲密而不是寻求它，你们就不可能达到亲近、紧密联系、亲密的地步，就不能在这段关系中实现治愈。如果在成长型关系中你们没有在实质上完成亲密的任务，你可能就不愿意结束这种关系。

每一段关系都会促进你的成长。区分每一段关系，对每段关系和关系中的对象都心存感激，可能会对你有帮助。本章末的家庭作业就是建议你写下自己在每段关系中学到的东西和治愈的伤害。

善待自己。如果每进入一段感情或是结束一段感情时，你内心的批判者都要痛批自己，那你就又一次否定了疗伤这件事。每次你为自己建立一段成长型的关系，你都应该好好表扬一下自己。这样就能将已有的疗效最大化。

把自己的重要恋情变成成长型的关系

这种治愈型的关系有很多让人兴奋的地方，其中之一就是可以把自己的婚姻或是最重要的恋情也变成成长型的关系！如何才能实现呢？一样的方法：活在当下，良好的沟通，不要期待未来，负起自己的责任（对个人而言，你要对自己的感情和态度负责；对双方而言，你要对开拓这种新关系负责）。

如何在自己的婚姻中开拓新关系呢？你可以阅读本书关于叛逆和治愈型分居的部分，了解更多的内容。要做到这一点不容易，但大多数人都可以在撬开重要恋情的表层关系后重建新的基础。布鲁斯和尼娜·哈特

（Nina Hart）合著了《爱的选择》，这本书旨在帮助你在有承诺的恋情中创造出成长型关系。

学习良好的沟通技巧

成长型关系需要良好的沟通，如何最快地提高自己的沟通技能呢？那就是学会用“我”字开头的信息来替代“你”字开头的信息。（我们在第九章谈论如何表达愤怒的时候，就介绍了“我”字开头信息的概念。）

“你”字开头的信息就像是扔向对方的有毒飞镖，对方要么会进入防御状态，要么会开始想该如何回敬你。“我”字开头的信息表达的是：我对自己的感受和态度负责。

使用“我”字开头的信息可能并不容易，因为你不一定总是了解自己心里在想什么。那如何开始使用这种方法呢？这样做会比较容易：无论是与自己沟通，还是与他人沟通，句子的开头都用“我”。可以尝试用这四种沟通方法：我认为________；我感觉________；我想要________；我会________。想法和感受不能混为一谈，想法和感受要用不同的方式表达，这样才有助于沟通。如果你不告诉别人你想要什么，就很有可能得不到你想要的东西。完成沟通之际，你需要承诺你将要采取什么样的行为。采取负责任的行为来得到自己想要的东西，才是真正地用行动证明自己说过的话。

男人往往很难触摸并且谈论自己的感受。用“我觉得”这样的句子能帮助他们克服这一困难。而女人呢？她们往往能够告诉你周围其他人想要或是需要什么，却不能告诉你她们自己想要或是需要什么。

健康的终结

成长型关系的另一重要部分就是健康的终结。这类关系大多都会终结，如果学会以健康的方式终结关系，那对双方的成长都是有好处的。这种关系固有的问题是：你开始对这种关系的未来有了期待，你希望这种关系维持得更久，而这样的话，这段关系也就不那么健康了。

短期的关系是有其“自然寿命”的，如果非要将短期的关系变得更长久，那你就是在用一种不恰当的方式拉长它。你一直拉，拉到这段关系断裂，它就会像橡皮筋一样反弹在你身上——然而这本来并不会这么疼的。

如果你能在橡皮筋拉得过紧之前，就松手让其回到友谊的关系上，那你以健康的方式终结这段关系的可能性就要大得多。如果你是活在当下的，那你就会注意到这个“当下”已经没有多大意义了。使你建立这段关系的需求已经改变了，你该着手终结这段关系了。你要承认，生活发生了变化，需求也发生了变化，并告诉对方你在这段关系中学到的东西。健康的终结会伴随着痛苦，但如果你强行延长这段关系，它带来的痛苦就会远胜于此。

在这段关系开始之初，双方就开诚布公地沟通过各自的需求和愿望，从而播下了健康终结的种子。皮特是军队的牧师，有一番话说得很好：“当时，我对她说，我就是一只落水的小猫咪，需要有人照顾，需要一只猫妈妈把我舔干。我也告诉她，等到自己浑身都干了，并不知道自己会不会继续和她在一起。从一开始我们就开诚布公，最后关系结束的时候，痛苦被降到了最低点。”

健康终结有什么样的特点呢？如下所示。我们希望你们的成长型关系能有这些特点。

- 坦诚地交流。
- 活在当下。一天天地过日子，不要共同筹划不确定的“未来”。

- 为自己的感受负责任，坦诚地表达自己的感受。不要玩“我很好，什么事都没有”的游戏。

- 一开始，就要明白这是段短期的关系。在这种关系变成长期的关系前，“承诺”并不应该出现。

- 谈论自己的需求。倾听对方的需求。该分手的时候，你会看到一些信号的，留心这些信号，一旦信号出现，你要通知对方。

- 成长型关系以分手告终的可能性是相当大的，你要有所准备。如果该分手，你打算如何处理呢？你们要讨论。（比如说，有没有另外的生活安排？交通怎么办？孩子有没有涉入其中？你们还要不要做朋友？你们共同的朋友怎么办？）

所有的关系都可以用上这套健康终结的概念。每个关系都有其自然的发展周期。有些是维系一年的短期关系，有些是持续多年的长期关系。哪段关系的寿命是怎样的，并不容易判断。承认自己的感受，为彼此生活中发生的事情负责，你就极有可能找到这段关系的自然周期。

在本应该放手的时候，还抓着不放，这种态度给我们的生活带来了很多痛苦。如果你认为别人应该对你的幸福负责，就很难放下本已走到尽头的关系。

你需要成长型关系吗？

除了开始一段成长型关系，你还可以选择另外的疗伤方法。然而，当你醒来的时候，发现有一只手可以握着；对自己有了新的认识的时候，可以对身边的人倾诉，这些当然都是美好的感觉。它们都有助于自己的治愈。

成长型关系就像一个地方，你可以在这里实践自己在这本书中学到的各种技能，如果你能明白这一点，就能更清楚成长型关系的好处。我们希望，你在阅读过程中获得的新领悟以及我们给你推荐的各种练习能使你在各种关系中获得真正的治愈，而不是在各种关系中重复老路子。

孩子和交往

你的孩子可能也会发展成长型的关系。他们可能突然和其他父母也离异的孩子成了好朋友。他们可能觉得自己与这样的朋友交谈更为舒服，而和具有“完整家庭”的旧朋友交谈起来感觉则没有这么好。

你对这些父母离异的孩子可能颇有微词，这一点会让你自己都觉得惊讶。你甚至可能不想自己的孩子与那些孩子在一起玩。惊奇吧！你会发现自己对离异也有偏见。不要忘了，你的孩子也在经历离婚期，与处境类似的人做朋友会对他们有帮助。你也知道，谁都有可能离婚。坚持对要分手的人持批判态度，对你并没有帮助。

如果你自己发展了一段成长型关系，那你的孩子在这段关系中处于什么样的位置呢？这取决于这段关系的类型。如果它是治疗型的关系，那就让孩子参与进来，这会对他们有帮助。孩子们意识到你在与人交谈，他们与人交谈时也会更放得开。如果你的成长型关系的对象是朋友或是家庭成员，那当然也可以让孩子加入进来，这样就能让孩子们也感受到：有特别的人可以交心，是一件好事。

如果你的关系看起来像是那种激情外遇式的成长恋情，那孩子要不要加入其中呢？这时你就要特别小心了。作为父母，你们一直在争吵，孩子都看在眼里，你也许希望向孩子展示更为平静且充满爱的关系。然而，这段新恋情带来的兴奋感很有可能会蒙蔽你的眼睛。你可能会让孩子过度参与这段关系。孩子在家里时，你邀请新伴侣前来过夜，这对孩子来说是个很难处理的事情。

我们已经说过，这种成长型/转折型关系变为长期关系的概率并不高。到时候，你的孩子也要处理分手带来的问题。你希望孩子在多大程度上参与到你的成长型关系中？考虑这个问题的时候，你一定要记住这种关系是短期的，而且往往都是要终结的。

成长型关系是你调整过程的一部分，在建立这种关系的时候，你要对此负责。你明白这一点，就能帮助孩子更好地理解这种关系。你更为清醒地做出爱的选择，掌控自己的生活，你的孩子就能并且也会跟着你这样做。

成长型关系的家庭作业

针对下列问题，在你的日志中写下答案。

1. 你对本章的反应是什么？本章节讨论的内容与你的经历一致吗？
2. 如果你有过一段或是几段成长型关系，请对其进行描述。这些关系有疗伤的作用吗？它们在哪方面对你造成了伤害？在每段关系中，你学到了什么？对方是朋友、恋人、治疗师还是家庭成员？如何让下一段成长型关系变得更有治愈效果、更加健康呢？
3. 如果你还没有经历过成长型关系，你想要一段这样的关系吗？你害怕暴露自己吗？你无法与人交流吗？你害怕再次受到伤害吗？
4. 如果你处在一段有承诺的重要恋情中，同时又处在治愈型的分居中，你认为有可能与对方发展一次成长型的关系吗？对你而言，这是新理念吗？

布鲁斯看到成百上千对的夫妇从死灰一样的关系中重建了崭新的恋爱关系。如果这是你的目标，你可以和对方一起好好读一读这本书，一起行动，这就是一个良好的开端。只要有时间，你就做功课。这一过程需要承诺，需要自律，还需要信心，你们双方要互相鼓励支持。但没人能够保证结果是怎样的。

你现在过得怎么样？

在进入下一章内容之前，做一下自评吧。然后你就知道自己是否可以继续前进了。

1. 在过去的关系中，我让对方为我的快乐和幸福负责，我错了，但我准备好原谅自己了。
2. 在过去的成长型恋情中，我学到了什么呢？我列出了清单。
3. 我现在有了新的认识，我把它当作依据，来选择以后想发展的成长型关系的类型。
4. 我建立了成长型的疗伤过程，这是疗伤过程的一部分，我对自己的行为负责。
5. 在成长型恋情中，我要自己掌控幸福；我正在成为我想成为的人。
6. 在这本书中（或是在参与的重建课堂上），我学到了处理关系的新技能，我要把这些东西付诸实践。我会在未来的关系中使用这些技巧。
7. 在目前的关系中，我开诚布公，利用良好的沟通技能。
8. 我在尝试新的健康行为，打破原来的模式，尽可能地让我的关系更有助于我的成长和治愈。

第十七章

性

“我有兴趣，但是我很害怕”

分居之初，你非常害怕性生活，这是正常的。在调整过程中，你可以根据你的道德标准来表达自己的性需求。许多单身人士都遵循传统的道德准则：不要发生婚外性关系。其他人则喜欢“单身亚文化”，单身亚文化强调真诚、负责任和个性，这些人遵循这些原则。你也该想一想自己的标准了。（无论你如何选择，不要忘了，如果要过性生活，一定要过安全的性生活。）

离婚且处于中年：

……不敢出去倒垃圾，担心会接不到别人打来的电话。

……站在黑黢黢的停车场中间，大声叫道："来抢我呀，来抢我呀！"

……有人来抢你的钱，搜你的身，你对他说，你没带钱，如果他再搜一遍你的身，你就给他一张支票。

……在门上放了一个指示牌，上面写着："所有入侵者都会遭到侵犯。"

……往床底下看，希望能够发现有人藏在那里。

——洛伊丝

大家都非常期待这段路程的攀登。你也许刚拿到这本书，就翻到了这一章。也许从第一章的重建方块开始，你就在期待参与这章关于性的讨论了。不管怎样，我们都建议你不要着急，深呼吸，正确看待性这个问题。（先读第一章再说！）

在开始之前……

在开始讨论之前，我们首先要承认人们关于性有很多不同的态度和理念。我们也知道，我们的读者从"不要婚外性关系"到"只要感觉好，就做"，各种态度都有。在我们的社会中，性和道德是两个紧密相连的话题，无论你是严格道德的支持者，还是选择了非常规生活方式的人，我们都尊重你们的态度。

相当一部分的离婚人士参加了由教堂或是宗教组织举办的离婚讨论班，许多宗教团体的观点就是：性关系只属于承诺下的婚姻关系。持这种观点的读者可能觉得本章的内容有违他们的信仰。对此，我们表示遗憾，但这一话题对于处在离婚恢复期的人来说是非常重要的，我们认为跳过不进行讨论，是不负责任的。

我们认为在性道德方面，各种决定都是非常私人的，所以我们不在道德问题上做任何评判。简言之，对于离婚后的性关系，我们既不表示赞成，也不表示谴责。我们在本章中谈论了如何建立性关系，无论你的道德标准是什么样的，你都会觉得有所帮助。当然了，也不排除有人觉得本章内容无用。（同时，有些读者也可以跳过本章。）

一步一个阶梯

> 单身的时候，关于要不要发生性关系，我很矛盾。我心里的一个声音说，性对我的个人成长很重要，而另一个声音则说，对方不是自己的妻子，发生性关系会让我觉得有罪恶感。到底该怎么办呢？
>
> ——汤姆

在攀登这段路程的时候，你需要找到自己的路。我们每个人都有自己的道德标准，这在很大程度上决定了我们前进的方向。此时，由于不仅要努力攀登，还要努力寻找攀登的道路，你可能更加犹豫，更缺少信心。不要着急，一定要确定你所选择的道路真的适合你。当然了，如果选择的道路不对，你还可以换一条路。但是，也有人因为试了和自己价值观不匹配的方法，在情感和身体上都付出了惨重的代价。

这个重建方块分为三个阶段：缺乏兴趣阶段、性饥渴阶段，最后是回归正常阶段。每个阶段对自我调整都有巨大的影响。然而，并不是每个处在离婚期的人都会经历这三个阶段。有些人没有缺乏兴趣这一阶段，有些人则没有感受到性饥渴阶段。然而，这三个阶段都是极为常见的，你需要加以识别。

无论好坏，在婚姻存续期间，你是能和伴侣保持性关系的，但现在这段关系终结了。分手后，你面临着很多情感和社会调整方面的问题，其中就有如何处理自己的性欲望。

“我希望自己单身……”

传说中“自由”单身人士过着纵欲生活，离婚前，你有没有想过这到底是不是真的呢？你有没有好奇过在一周的时间里，每天都和不一样的、令人兴奋的人约会是什么感觉呢？

现在，你也单身了。（我们相信，一路攀登到此，你已经接受了单身的事实。）看看你周围的人。许多人都是独自过夜的。许多人晚上去参加单身派对，假装玩得很开心，而事实上觉得无聊之极。你也许找到了一个人共度夜晚，然而与这个人相比，你的前任显得充满魅力而且十分性感——虽然你一直以为前任是糟糕的。你认识的人好像都在与人交往，然后又分手了；你都搞不清楚谁和谁在约会。你幻想中疯狂的单身生活和事实的反差实在是太大了，这又加剧了离婚带来的创伤。

“约会？嗯，我也不知道……”

不要泄气，在性这一部分，开始的路程是最陡峭最困难的，随着你更加习惯单身生活，这些对你来说就会变得更加容易。你很多年都没有和人约过会了，你开口邀请的第一个人就拒绝了你。你参加了一个单身聚会，没有人邀请你跳舞，你目瞪口呆，有人邀请你跳舞，你同样目瞪口呆。多年后再次接触异性，你觉得自己笨拙异常，就像是第一次参加约会的中学生。天呀！如果有人挑逗你，你可能被吓得一辈子待在家里了。

多年没有约会，你们想知道对于成年人而言，什么样的行为才是恰当的呢？在十几岁孩子的派对上，可能还有规则，还有监护人指引。你父母可能告诉你什么时候必须回来。而现在，除了你自己，没有人会限制你，而你呢？你困惑迷茫，举棋不定，也不能信任自己的感觉。之前，你羡慕单身人士的自由，现在你巴不得重拾婚姻的安全稳定。还有道德和健康的问题，你该怎么办呢？

继续走下去，等你找到了自己的道路，你就会自在许多。等克服了困惑和不确定后，在约会和恋爱中面对异性，你就会发现自己已经能自如表达了。你或许会感受到十多岁时都没有感受过的自由，毕竟当时外界对你还有各种约束。

“你提出了那个问题，我很高兴”

在费希尔的离婚讨论班，性是最后一个讨论话题。这并不是把“最好”的留在最后，而是因为这是个非常私人的情感话题，只有等大家都觉得不尴尬了，才能谈论。怎么才能让大家少一些尴尬呢？我们请他们写下各自关于性的问题，也就是他们一直都想问却不敢问的。有些问题会让女性来回答，有些是让男性，由讨论班的引导老师来读出这些问题，没人知道是谁提出的问题。我们从中看到了离婚人士的心思。

刚分居不久的人常常提到的问题有：（1）“你觉得异性吸引你的东西是什么？”（2）“关于一起出去玩儿这件事，你会怎么表达呢？我讨厌约会这个词！”（3）“我不想搞得郑重其事，只是想一起出去，这种情况要怎么跟对方说呢？”

分居一段时间后，人们可能会开始问其他的问题：(4)“男性怎么看待刚开始交往就和对方发生性关系的女性呢？”(5)“女性如何看待同时保持不止一段性关系这件事呢？”(6)“发生过性关系后，为什么男人就不再打电话来了呢？”(7)“我拒绝发生非婚性行为，你还想跟我约会吗？”

性别角色转变带来的调整，无论对于男性还是女性来说，都是难题：(8)“如果女性主动约男性，男性会怎么想？”(9)“女性到底想要什么？我为一位女性开门，她却恼怒了。而下一位女性又等着我为她开门。我应该怎么做才好？”(10)“过去，我总是很自然地赞美女性，然后就约她出去。这一周，一位女性对我说，她喜欢我的腿，问我愿不愿意和她一起出去。我该怎么办？”(11)“约会的时候，你觉得应该谁买单？”(12)“避孕这件事应该由谁来做？”(13)“难道只有我一个人觉得用避孕套不舒服？”

关于孩子的问题也很难回答：(14)“谁来付钱请保姆呢？”(15)“保姆应该在谁家里呢？”(16)“孩子在家，而又有异性在家过夜，你怎么看待这个问题？”(17)“孩子不想让我约会。我该怎么做？”(18)“我家十多岁的孩子打电话给我，让我早点回家，我该怎么说？”(19)“对方的孩子来开门，看到是我，“嘭”地就把门关上了，我该怎么做？”

大多数离婚人士都非常害怕艾滋病、性病和其他性传播的疾病：(20)“我想要做爱，可是一想到性传播疾病，我就怕得要死。怎样才能确保不得病呢？”(21)“在做爱前，我怎么才能知道对方没有艾滋病呢？”(22)“生殖器疱疹是什么东西？真的很危险吗？”

离婚人士关于性有很多问题，这是可以理解的。以上的问题只是他们担心的事中的一部分。多萝西思考了性带来的情感冲击，她说：“上周，我意识到自己已经40岁了，而且离异，我可能再也不会有性生活了，我觉得非常压抑。”

我们不敢说自己能回答全部问题，但我们认为本章的讨论能够帮助你看清自己在性方面的疑惑。

“今晚不行，谢谢”

你还处在深深的痛苦当中，这一过程的第一阶段就是对性缺乏兴趣，或者是完全不能过性生活。在这一阶段，女性往往完全对性失去了兴趣，而男性常常会出现阳痿。你在情感上非常痛苦，而在现实中，你对性却完全没有兴趣，或是无法过性生活，这就让你更加痛苦。在讨论班上，很多人说：“我已经非常痛苦了，现在我又发现自己无法过性生活。真是雪上加霜。”身处深深的痛苦中，对性没有兴趣是非常正常和自然的事情；知道这个道理后，他们就会觉得轻松许多。

“如果你……就按喇叭”

> 分手后，我非常渴望过性生活，我给朋友打电话，问他们我该怎么办。但我是绝对不会考虑非婚性关系的。
>
> ——拉克尔

处在离婚期的某个节点，也许是愤怒这个重建方块的最后阶段，你就结束了无法过性生活的阶段。此时，你可能会走向另一个极端——性饥渴阶段。你的性欲前所未有地强烈，几乎到了让人恐惧的地步。在这个阶段，你的需求和欲望都特别强烈，因此你需要非常了解自己的感受和态度，这一点非常重要。在性饥渴阶段，你有很多感受，其中之一就是你觉得需要证明自己在个人生活和性功能方面都还挺好的。你打算以此解决的似乎不仅仅是性方面的问题，还有其他所有的重建问题。你想要克服孤独，想要觉得自己可爱，想要提升自我概念，想要征服愤怒，结交朋友——你把所有的事情都寄托在了性上。你的身体似乎想要仅仅通过性的宣泄来治愈自己。正因为如此，在性饥渴阶段，有些人觉得自己的行为有些“强迫性”。

有人用“一夜情”这种方法来解决性饥渴的问题。无论是在书上还是电影中，我们都看到过对这种方法的描述。他们想要出去约会，证明自己还挺好的，这种需求非常强烈，他们会尝试前所未有的性行为，几乎不怎么考虑道德或是健康的问题。

处在性饥渴阶段，人非常需要抚摸。随着离婚期的推进，你的身体可能会非常需要他人的抚摸。抚摸有一种奇妙的治愈效果。在婚姻中，虽然关系的亲密度和温度不同，但你很有可能还是获得了很多身体的抚摸。现在这种接触不在了。很多人会用性来满足身体被抚摸的需求；而身体的抚摸和性抚摸之间有绝对的区别，很多人却对此浑然不知。虽然两者截然不同，但你在很大程度上还是可以通过非性欲的身体抚摸方式满足自己对性接触的需求（比如说，拥抱、按摩、牵手、手挽手散步等）。

你可以通过非直接的性接触的方式来满足性饥渴阶段的需求。性饥渴阶段这种强制性需求的一部分是想要证明自己还不错，想要有良好的自我感觉，你可以直接调整自己的感觉。建立起自己的身份和自信，明白你是值得爱的，这样你就能克服孤独的感觉，就能驱赶掉性饥渴阶段的部分压力。如果你每天拥抱的数量达到了“预期的配额”，你也可以驱赶部分压力。把所有的方法用上，你就能在很大程度上解决这一艰难阶段的需求。

正是因为性饥渴阶段，人们才会对离婚人士有一种成见，认为在性方面，他们很容易上钩。在这一阶段，离婚人士有可能成为容易上当受骗的人。这种性的欲望的确非常强烈。很多经历离婚期的人在性关系方面多少有些混乱。如今，艾滋、衣原体、人类乳头状瘤病毒等性传播疾病比较普遍，我们并不提倡这种滥交的行为。

回归正常

在婚姻存续期间，我们的性生活并不和谐。分居后，我们各自与其他人发生了性关系。等到我们复合后，我们惊奇地发现性生活和谐了。我们似乎因此得到了自由。

——迈克和简

最终，你还是会度过性饥渴阶段，进入性的第三阶段，也就是正常性欲回归的阶段。（当然了，每个人的性需求都是不一样的，不要忘了，并不是每个人都会经历所有的三个阶段。）处在性饥渴阶段的时候，人们会感受到强制性的、控制性的欲望，所以这一阶段结束后，性需求回归正常，人们会有一种解脱感。

在性的最初阶段，你做的是你觉得自己应该做的；到了后来，你做了你想要做的事情。大多数经历了离婚期的人会感受到性自由的进化过程，他们会突然明白自己是谁，自己的性本质是什么。这又是离婚期的另一个成长方面。

大多数人在婚姻当中都只有一个性伴侣，他们觉得自己应该如此。等到离婚后，处在性饥渴阶段时，他们可能会与多人发生性关系。

最后，他们决定再次回归只有一个性伴侣的生活，这是因为他们觉得自己想要这样。我们来想一想，这一过程会对未来的恋情有什么样的影响。一个人到了性的第三阶段，他（她）通过出轨来获得性满足的需求就小得多了。如果在性方面，你还处在“应该”的模式，那些不应该做的事情对你来说总有一种诱惑力。等到了第三阶段，你做你想做的事情，表达真实的你，出轨对你的诱惑就大幅减少了。

生命是丰富多彩的

之前，你说的所有东西，我都赞同。但现在你说，单身的时候感受性关系是一种个人成长经历，我就必须表示强烈的反对了。性是神圣的，只有两个人处在神圣的婚姻时才能有性。

——约翰神父

我们的社会把性吹捧得过头了，这可能是因为长久以来我们一直在性方面遮遮掩掩，一直否认性。性的“媒体观点”似乎与现实世界没有多大关系。为了兜售产品，广告用了大量性的元素。人们崇拜年轻以及所谓的美好、具有诱惑力的年轻人的性。这样的内容每天都在媒体上面狂轰滥炸，人们要在恋爱和婚姻当中实事求是地看待性，就不是一件容易的事情了。

大众的性观点往往缺乏对人类在性的精神层面的关注。性超越了平常的自我表达方式，是一种向对方表达爱和关心的，非常特别而且积极的方式。性是一种超越日常的自我升华。但是，这种精神层面不仅仅存在于性中，也存在于其他方面：克服愤怒、与他人交流的能力、学习如何喜欢另一个人、学习接受并且处理人类所有的情感。如果从这个角度来看待性，我们就可以把性理解为人类互相交往的众多正常的健康元素之一。

美国社会的历史根基是宗教信仰，传统上一直非常强调只和配偶发生性关系。然而，我们收到的信息却是含混不清的。许多人在离婚后，惊奇地发现和不爱的人居然可以有非常美妙的性关系。有些人持有传统的道德观点，或是宗教观点，或是两者兼有，如果他们有了婚姻外的性关系，他们可能就会觉得非常罪恶。也有一部分人的道德观是：只要不得病，只要不怀孕，那就随便来。

什么样的离婚调整是健康的呢？你应该成长，不再过分强调肉体上的性；

性是与他人分享和交流的特殊方式，你应该明白其中的美。什么是性的个人风格呢？（1）它是你的个性、独特性和道德的真实表达；（2）你不仅要关心自己，同样也关心性伴侣的需求和健康；（3）不伤害他人，不伤害社会，有社会责任感，同时也是一种自我实现……和人性。

每个人都应该养成独特的性道德，符合各自的信仰、价值观、个性、背景、态度和经历，并且适用于对方。许多人都不会选择发生婚姻外的性关系，对他们而言，这就是非常适合的选择。而另外的人则认为，在恋情结束后，性经历是有效解决性饥渴阶段的需求和治愈自己的方式。

大多数离婚人士安于一个阶段只与一个人保持性关系。事实上，大多数人的性关系需要情感关系来保持，这一点是很明确的。两个人互相交流、相互信任、相互理解、相互尊重，再加上他们的性关系符合彼此的道德价值系统，他们就不会感到不安。如果在性关系方面，你能达到这种层面的自我实现，将来再婚的时候，你就不太会有寻求婚外恋的需求。

可以谈吗？公开讨论性

你现在离婚了，进入了离婚人士的亚文化圈子，我们现在来看一看你在这一过程中还有可能遇到哪些其他的调整问题。

女人们经常抱怨的是：男人们感兴趣的是和她们上床。然而，我们发现，喜欢那种廉价随意的性的离婚人士是极少的。不幸的是，在我们的社会，很多人除了性这方面，就没有什么能跟异性交流的了。性可以是，往往也是接触起来最容易的途径，但不要忘了，如果是暂时的性，其潜在的代价是巨大的。男女的交往除了性，还有很多其他方面。如果你能做到在其他各方面都与异性进行交往，你的生活就会丰富多彩得多。（我们在之前的章节谈论过如何与异性发展非浪漫的与性无关的关系。）

在我们的讨论课堂，我们发放问卷，问大家想要讨论的话题，大家的第一选择是恋情，非常有意思的是男性和女性在第二选择上的差异。几乎在所有的讨论班上，女性的第二选择都是性，而男性的第二选择都是爱。大吃一惊？还有更让你吃惊的呢。相较于男性，女性不仅对谈论性有更大的兴趣，而且谈论起来，也更自在。一次在课堂上讨论性这个话题后，伯特说出了心里话，他说自己回家后完全无法入睡，他太吃惊了，话题是性，而班上的女生却交谈自如。

我们认为：与他人互动的过程中，坦率是一种非常健康的方式。（你应该还记得，我们在十三章谈到了摘掉面具，开诚布公地交流。）在过去，性是一个绝对不能公开讨论交流的话题，结果就是人们无法了解，进而也就无法处理自己对性的态度和感受。现在，我们开放得多，就像我们理解和形成其他的人类情感一样，我们也能够理解和形成自己的性感受。

在性方面的坦率也带来了非常便利的一面。在离婚圈子里约会的时候，你可以在关系发展之初坦率地讨论性关系方面的问题，最大限度地避免那种猜心思的游戏——我们要上床，还是不要？你和很多人的约会最终都不会产生性方面的亲密，所以那些猜心思的游戏是不合适的。公开讨论过这种话题后，你就可以更自然、更正常地发展这段关系，不用揣测对方和自己在性方面的位置如何。

如果你还处在重建的早期阶段，一想到性生活，你就不寒而栗，那你也可以把自己的态度告诉对方："我现在真正需要的是走出家门，和朋友在一起，在这个阶段，任何超越了友谊的东西都不在我的承受范围内。"如此坦率地讲出自己的观点后，你会惊奇地发现对方的反应非常好。大多数人都会表示理解，会接受你，而且他们也在经历离婚期，也有过类似的感受。

不互相利用

有些人孤单，甚至绝望，这种人还不少，他们给离婚亚文化带来了另一个问题。因为他们的存在，性这个问题就显得更为复杂了——他们本质上是想找个人来利用。如果你是个善良的、关爱别人的人，看到自己周围有这些需要照顾的人，你可能会忍不住想要满足他们的需求，而他们需求的一部分就是性。

在离婚亚文化的圈子里，有那么多孤独和需求，对于那些处于同情陷阱的人而言，就会引发特有的调整问题。什么是同情陷阱？就是觉得自己有必要去照顾别人，回应别人表面上的需求。如果你有这种倾向，你恐怕应该学会自私一点。（在这里，“自私”也有可能是负责任的途径。）

那些人孤独而绝望，你根本没法满足他们的需求。你必须首先满足自己的需求，照顾好自己，同时不利用别人，也不要让别人利用你。尽一切可能，使自我感觉良好，实现内心的成长，尽可能变得完整，克服自己的孤独和依靠他人的需求。这样才能为未来的恋情，为帮助那些真正需要帮助的人打下坚实的基础。

角色和规则：谁对谁做了什么？

进入离婚人士亚文化圈后，很多人还面临另一个大问题，那就是规则。你觉得自己就像是个满脑袋都是疑问的青少年，不太明白、也不太清楚该怎么做。在性行为和态度方面，我们的社会发生了很大的变化。最大的变化就是：我们不再遵循追求游戏的各种行为规则，而是自由地做自己。如果你不知道“自己”是谁，自由地做自己对你来说反倒会非常困难。你需要找到自己的方式，跟随自己独特的方式。过去，你只需要遵循既定的规则，而现在你要坦诚面对自己是谁，然后尽可能地表达出这种独特的个性，后者当然困难得多。当然了，你是谁？其中道德价值就占据了很重要的一部分，这是不言而喻的。

如今，性别角色发生了变化，这又带来了另一个挑战。女性可以在所有的事情上占据主动，即使是性也不例外，这对两性而言都是颠覆性的。在关于性这一话题的讨论课上，女性问："女人占主导地位，男人的感受是怎样的？"男性的典型回答是："女性占主导，他们有一种非常解脱的感觉。"之前是男性占主导，男性可能被拒绝，但他们不得不承担下来。现在女性要开口了，男性不用承担全部了，女性也有了可能被拒绝的风险，这让男性感觉不错。

虽然男人们在讨论课上如是说，但女人们说，现实生活中男性都害怕如此自信的女性。虽然男人们说自己喜欢有女人邀请他们出去，但真正出现这种情况的时候，他们并不自在。现在的情况似乎是这样的：理智上男人们喜欢女人们占主动，但情感上男人们不太驾驭得了在两性关系上如此自信的女性。

并不只是男人才有这个问题。女人也觉得困惑。某个女人可能会说自己愿意邀请男人出去，但真到了那个时候，她又回到了过去的性别角色中，怎么也做不出邀请男人出去的事情。对于很多女人而言，这是双重身份的适应过程，一是适应单身，二是适应女性的新身份。

但是，这并不是一成不变的。社会的标准就像钟摆，忽左忽右。上个世纪末，社会运动的坚定目标是性自由和两性平等。到了 21 世纪，更为传统的价值观又再次浮出水面。充满变化的路并不好走，你会经历很多不确定和困惑。你应该了解自己，选择那些既能完成自我实现，又尊重他人的价值观，并且按照这些价值观来行动。也许，现在就是最有必要采取这些行动的时候。

小心为上

如果你已经决定好了要放开自己，接纳新的性关系，我们想要奉上四字箴言：注意安全！

更为安全的性行为真的非常重要。艾滋病和其他性传播的疾病对全球范围的性行为产生了重大的影响。科学界和医学界一直都在寻求治疗这些疾病的方法，但是我们每一个人都应该负起责任来，采用更为安全的方式，保护自己和性伴侣的健康。

所谓“更为安全的性行为”，就是有意识地做出决定，将感染性传播疾病的风险最小化。当然，能够确保不感染性传播疾病的方式仅有两种，一是禁欲，二是对双方来说，对方都是自己唯一的性伴侣，而且对方是“经过检测，没有疾病”的。但是，我们还可以采取其他的方式，比如说下列几条措施：

- 定期体检；
- 在性交过程中，自觉地始终使用避孕套（最好再加上杀精剂）；
- 了解并杜绝性传播疾病的常见危险因素（比如说静脉注射药物、高风险人群）；
- 与潜在的性伴侣开诚布公地讨论性习惯和性偏好；
- 不要频繁更换性伴侣。

当然，无论是已婚还是未婚人士，每个人都有自由地表达性的权利，前提是性表达涉及的对象是自愿的成年人，而且在生理上或是心理上没有故意伤害对方的意愿。性行为是自愿行为，与他人发生性关系并不是义务（即便对已婚人士来说也是如此）。我们都是有性别的人，关乎性，就是做决定，再按照决定行动。我们希望你的决定是明智的、安全的、有趣的、以恋情为中心的，而且是你自己决定的。

孩子和性

离婚家庭的孩子也有性的重建方块。孩子在恋情、性，成为男人、女人和一个成熟的人等方面需要有角色榜样，而父母的关系结束了，他们该在哪里寻找榜样呢？

父母有了另外的恋情，往往会让孩子觉得迷惑。孩子多少感觉到父母各自的新恋情中会伴有性行为。（父母中哪一方有性生活，哪一方没有，父母觉得孩子不太清楚，孩子其实知道得很多！）如果父母还处在性饥渴阶段，浑身散发出荷尔蒙的气息，孩子们该怎么办呢？他们该怎么应对父母出现的这种新行为呢？

答案是沟通。这听起来非常老套，但在这个时候，沟通是极为重要的。父母坦率地、开诚布公地和孩子谈论性，用孩子所处阶段能够理解的方式谈论性，对孩子和父母都很有帮助。孩子的生活中虽然有很多焦虑和不安定，但这种混乱也可以成为学习的开端。随着父母重建进程的推进，孩子很有可能会对性，对他们自身的成熟有更深的理解。

孩子们在亲戚、祖父母和他们父母的男女朋友身上也可以找到角色榜样。一个十多岁的孩子是这样对我说的：“现在我的身边有了更多的角色榜样！”

你现在过得怎么样？

在本章中，我们讲了很多的内容，但还是有很多东西是没有讲到的。对于离婚人士而言，性这个重建方块是绊脚石，所以在继续前进之前，你一定要确定自己已经处理好了所有的问题。请按照下列内容评估一下自己的进程。

1. 和潜在的恋人一起出去，我觉得很自在。
2. 我知道自己目前的道德态度和价值观，同时也能向别人解说自己的观点。
3. 时机成熟的时候，我觉得自己可以建立起一段深刻且有意义的性关系。
4. 即使换一个恋人，我也可以自如地与对方建立亲密关系。
5. 我的性行为符合我的道德观。
6. 我对自己目前的约会情况表示满意。
7. 我的行为在道德上符合我对孩子们行为的要求。
8. 我以自己满意的方式满足自己的性需求。
9. 与他人交往时，我对自己的行为负责。
10. 我了解到在对性的态度和价值观方面，男人和女人之间存在不同，但同大于异。
11. 和异性在一起，我觉得自在。
12. 虽然我想要的行为方式可能并不符合他人的期待，但我已经可以放心地按照自己的方式来做事了。
13. 我不会让性饥渴阶段的强制性需求控制我的行为。
14. 我以自己可以接受的方式来解决性饥渴阶段的需求。
15. 很多人处在深深的悲痛之中时，对性没有欲望，也无法有性行为，对此我表示理解和承认。
16. 每周我得到的拥抱数量都能达到自己的目标。

第十八章

单身

“单身也没关系，你是这个意思吗？”

单身——你正好可以在这个时期致力于自己的个人成长，而非其他各种关系。通过一段时间的单身，你可以建立内心的自信，你就能体验并且享受单身的生活，知道这也是一种可接纳的、可选择的生活方式，并不是什么孤独的阶段。然而，如果你把单身当作避免另一段亲密恋情的方式，你也很容易卡在这个重建方块上。

现在，我明白了单身生活是一种对能力和自我的肯定，而不是尴尬地承认失败。现在，与他人在一起，我更加放松。我不再浪费情感精力做一只社交变色龙。离婚后的内疚感、自我怀疑，还有像“我还能爱上谁吗？”这样的疑问极大地减少了。我是一个快乐的单身汉，这是以前的我不可能做到的事情。

——拉里

在这段路程中，你会看到有人在独自攀登。他们对自己的攀登能力已经有了足够的信心，他们选择按照自己的节奏来走，不再跟随大队伍。他们中有些人选择了独处，为的是在自己身上投资。有些人只是想要并且需要一个人待着，回顾一下脑子里的各种想法，独自享受一下沿途的景色。这一阶段就是单身。

之前你有过真正的单身生活吗？

许多人在结婚之前，从未学会独立生活。他们从父母家来到了婚后的家庭，从来没有想过单身的人也可能过着快乐的生活，从未想过“婚后从此过着幸福的生活”只是童话故事。

在嫁给乔之前，莫娜一直和父母住在一起。之前，她取悦的人是她的父亲，婚后她改为取悦自己的丈夫。乔第一次说自己要离开的时候，莫娜紧紧抓住他不肯松手。想到要一个人生活，莫娜就非常害怕。她从来没有学过如何取悦自己。她从来没有成为一个独立的人，现在一想到要独立生活了（这当然是挑战），她感到非常害怕。她已经35岁了，但她还是不了解自己，也不知道该怎么过自己的生活。这听起来也是够傻的，她自己也觉得尴尬。

她只能慢慢地适应独自一人的生活。最开始，她想要找点什么东西，找些什么人来依靠。随着她的自信越来越足，她开始为自己做事，并且开始享受这种感觉。她给一整间卧室贴了墙纸；她锯开木板，敲上钉子，给露台做了个新栅栏；孩子和乔在一起的时候，她就一个人去看电影，去听音乐会。她邀请所有邻居来参加派对。有了这些活动，她感觉非常快乐，她知道自己不需要别人。做一个独立的人意味着什么？她就是个很好的例子。

吉米是男性的例子。他母亲一直都悉心照顾他。衣服都替他洗好熨好，饭也按时给他做好，房间也给他打扫干净。这一来，吉米就能把所有的时间都用来学习和参加学校的活动，后来则是他的工作。他上大学的时候住在宿舍里。他不需要准备食物，也不需要做什么家务。后来他娶了简妮特，简妮特一手揽过了吉米母亲包办的事情。吉米觉得自己挺独立的，根本没有意识到自己有多依赖别人。后来，他离开了简妮特，才知道自己有多依赖别人。站在厨房里，他就连最简单的食物也做不出来，他完全不知所措。洗衣服是怎么一回事，他也完全不知道，他把内衣和红色的衬衣一起放在洗衣机里洗，结果他有了粉红色的内裤！对于汽车保养，你可以雇人来做，可是要找一个全职的厨子和家政人员，就很难了，而且非常昂贵。

慢慢地，吉米也可以自己做吃的了。最后他还有了勇气，邀请一位女性朋友到家吃东西，对方还很喜欢他准备的食物。他的衣服也洗得更好了。他终于学会了熨烫自己的衬衣，为此他非常高兴，非常骄傲！学会照顾自己就像是长大一样，每一个成就都会给他成功的感觉。

“我和我的影子”

以前不会做的事情，现在学会了，我们所说的单身肯定不仅仅如此。所谓单身是一整套的生活。

约会和恋爱方面的独立自主就是个很好的例子。“我永远没法一个人生活；我需要另找一个人。”说出这样的话，对于刚分手不久的人而言是很常见的。到了单身的阶段，同样还是这个人，说出来的话可能是：“为什么要再婚呢？我现在来去随心所欲。吃什么，随心所欲。我不需要为了另一个人调整我的日常生活习惯。单身的感觉真是太好了！”在进入单身阶段之前，他（她）可能在寻找“丢失的另一半”。但在单身阶段，他（她）到了独自一人出去也挺舒服的状态。他们不会为了避免尴尬或是失败感而去寻找“约会对象”。恋情的质量也随之提高了：你现在是选择一起约会的人，而以前你因为想要和人待在一起，就随便找个人约会。现在你晚上出去，可能是为了分享，而不是因为有需求。你可能会碰到喜欢的人，但你喜欢的是对方这个人，而不是对方有可能成为你的终身伴侣这件事。

单身，喜欢单身

在离婚讨论班上，我们的一项家庭作业就是在单身阶段发展新的兴趣。之前，很多人都把自由的休闲时间用于做配偶想做的事情，或是和父母在一起时会做的事。现在，你的作业很简单，就是把这些时间花在培养新的兴趣上，或是你长久以来想要做的事情上。有可能是学弹吉他、学画画、学开车，也可能是没从事过的运动。在讨论班里，认真对待这项作业的参与者找到了很多他们真心喜欢的新活动，他们不再满足于迁就别人喜欢的活动。

单身就是做一个负责任的成年人。在与他人建立的各种关系中，我们扮演的角色和我们内心的态度和感情是有关联的。而且，这种关联是条双行道！你改变自己的行为，改变与他人交往的方式，就会发现自己的态度也变了。（“嗨，我现在发现自己单身过得也挺好。看我自己一个人做了多少事！”）

与处在贯穿一生的恋爱关系中相比，其实在单身阶段，你更容易在独立自主这个方面改变自己。一个中性的环境能够同时促进内在和外在的变化。单身阶段是一个大好机会，你可以在态度和情感方面产生内在变化，也可以在行为和关系方面进行外在的改变，这对于成长为完整的人来说是必要的。

“又单身了，真高兴……真的高兴吗？”

当然了，单身阶段并非事事都美好。研究表明，单身人士，特别是女性，在经济方面情况不容乐观。某些行业并不会考虑提拔单身人士。他们被视为情场的合法猎物。虽然人们加强了针对性骚扰的法律，但在工作场合单身女性尤其可能感受到这种压力，有人可能会希望她们用性来交换提升和其他的机会。（只举一个例子：很多大型的公司都有性骚扰的案件，最近，福特汽车也成为其中一员。）虽然议会在讨论要废除“婚姻税”，但按照税法的规定，夫妻共同缴纳收入税的确享有优惠。在申请贷款方面，单身人士的状态已经大为改变，但在经济上，他们的确还面临着很多歧视。

其他场合也会让单身人士感到不舒服。亚力克莎就对自己孩子的主日学校课程感到不满。老师让孩子画全家福，亚力克莎的儿子画了自己、他姐姐和他妈妈，而这就是他的全家。老师却让他再画一个男人，老师说：“我们都知道家里有爸爸和妈妈！”亚力克莎觉得受到了伤害，她失望而且愤怒，直接就对着教堂的牧师表达了自己的负面感受。

母亲节这一天，厄休拉来到教堂，当日的布道是有关婚姻爱情的。厄休拉和另外十多个单身母亲觉得自己完全被忽略了。那天她在教堂觉得压抑。她给教堂的神父写了一封信表达自己的感受。这一次，神父做出了让人满意的回复，他与单身母亲们见了面，两周后，神父专门为她们布道，这一次母亲的定位就更为广泛了。

如果你是单身父亲或单身母亲，学校往往也是个让人烦恼的问题。家庭教师协会的主席给约翰尼的家长打电话，让他们来主办这次飞镖大会。这位单身父亲解释说，自己很乐意做这件事，但他只有一个人。主席说，主办这次大会需要两个人，所以他就另外找人好了。家庭教师协会的聚会往往也是夫妻共同参与的。如果你单身一人前往，你会觉得自己形影相吊。

你一个人来见老师，老师告诉你，班里"所有的问题儿童"都来自单亲家庭，这就是为什么她想见见你。你的女儿简妮可能没有得到"应有的教育"，也许这就是她成绩不好的原因。而且你的女儿"才五年级，对男孩的热情过头了！"其中暗示的意思就是如果做母亲的和一位男性有"终生"的关系，在对待男性方面，简妮就能做得更好。你觉得愤怒，觉得自己暴露无遗，觉得无法捍卫自己。你能说什么呢？

对于大多数常见的贬低和歧视行为，你应该有一些坚定自信的回答。你可以坚定地做出回应，帮助教育其他人，同时维护自己的尊严。这样，你自己的感觉就会好得多，而不是怒气冲冲地离开。

比如说：老师坚持认为如果生活在双亲家庭，简妮的表现就会好得多。你可以这样回应："你是对的。做单亲妈妈很不容易。事实上，前副总统丹·奎尔（Dan Quayle）曾经说过单亲母亲是'真英雄'。但是，我和简妮这些日子过得还可以。她成绩不好，我倒不觉得是因为我离婚了。为了提高她的成绩，我愿意辅导她，或是监督她多做些功课，或是付出什么其他的努力都可以。对于她的学习习惯，你有什么建议？你可以多给她布置一些功课吗？"

对方贬低你，认为孩子功课不好是你的个人生活造成的，你如此回答，就否认了对方的观点。该为学习负责的是老师、学生和家长三方面的合作，不是你的感情生活。

成功的单身生活

单身阶段要成功，往往需要很强的内心安全感。本章讨论了很多单身人士应对社会态度时的感受。如果你成功攻克了之前的重建方块，那你在单身阶段很有可能会感受到一种宁静平和。面对他人的态度，你可能会稍许有些不安，但你已经足够强大，能够应对。你可以从外界的偏见中学到东西，利用它们让自己有更安全的内心感受。

单身期是整个攀登过程中最有效果的阶段之一，在这个阶段，你内心的旧伤真的可以愈合。通过处理外界的偏见，你的内心也可以变得更加强大。

警告：我们很容易就卡在单身期。如果你在婚姻和亲密关系方面还有没有处理完的问题，你可能就会躲在单身阶段。你听到有人说："我再也不会结婚了。"他们听起来像是处在单身阶段。但事实上，从很多角度而言，这是真正单身的反面。害怕亲密，避免感情，抗拒婚姻，好像婚姻是我们社会最糟糕的机制一样，所有这些都表明这个人卡在了这个阶段。我们的目标是自由地在单身或是再婚之间进行选择，而不是永远单身。

在我们的社会中，单身已经成为大家可以接受的一种选择。一两代人之前，单身人士会被认为是怪胎，是找不到人结婚的人。在过去，家庭是社会的基石，结婚就是"爱国"。现在，大家的态度在变化；有一次谈论恋爱关系，一位女性问："为什么我们不停地谈论恋情，难道不能讨论一下保持单身的状态吗？难道我们必须视恋爱关系为理想状态吗？"

事实就是，每年美国有大约一百万夫妇离婚，因而单身越来越被大众接受。我们的社会中有大量的离婚人士，人们因此对单身的看法发生了许多转变。也许我们越来越能接受个体之间的差异了？希望如此！

孩子和单身

单身期也是孩子重要的重建方块。在孩子们长大步入婚姻的殿堂之前，他们也需要学习如何成为单身的、不依赖父母的独立个体。如果孩子们能够看到并且明白单身的重要性，他们就更可能在将来建立起成功的恋爱关系。

处在单身期，做父母的方式也是不一样的。在离婚调整期的早期阶段，父母拼命地想要确定自己是有人爱的，是有约会对象的，确定自己在多方面是没问题的。此时，孩子们常常苦不堪言，他们的需求被放在了次要的位置。在单身期，父母通常对孩子的需求有更多的反应。之前，苏珊娜在我们的讨论班做志愿者，她“需要”通过帮助别人感到自己的价值。等到了单身阶段后，她辞去了志愿者的工作，因为她想要花更多的时间陪孩子。到了单身期，父母就从自己的情感需求中走了出来。

你现在过得怎么样？

攀登到这个阶段，你已经得到了一个很大的奖励——可以看到林木线之上的风景了。你可以眺望远方！单身阶段当然超越了林木线。站在这里，你可以更清楚地看到这个世界。你更了解自己，也更理解他人，更理解你和他人的互动。你的人生观更为广阔了。到了单身期，我们就快要登顶了。加快脚步，到顶峰看一看风景吧！

在到达顶峰之前，按照下列内容评估一下自己的进程。

1. 我单身，我自在。

2. 我单身，我快乐。

3. 以单身身份参加社交活动，我很自在。

4. 在我看来，单身也是一种可以接受的、可以选择的生活方式。

5. 我在成长为一个完整的人，而不是寻找另一半的“半个人”。

6. 我花时间在自己身上投资，而不是寻找另一段恋情。

7. 在我的眼里，我的朋友是我想要共处的人，而不是潜在的恋人。

8. 我有孩子和家人，我享受陪伴他们的时间，没有抱怨他们剥夺了我的个人生活时间。

9. 作为单身的人，我找到了内心的平静和满足。

第十九章

目 标

“现在，我的未来有了目标”

刚分手的人往往生活在过去，他们往往非常依赖他人。等他们度过了离婚期，他们就开始更多地活在当下，不再像过去那样依赖他人。现在，你是个独立自主的人了，无论有没有新的恋情，你都可以规划你的未来了。

才开始离婚讨论班的学习时，我梦见自己开着一辆车冲出了山路，挂在了悬岩边。我害怕极了，动也不敢动。学习结束后，我梦见自己在一个黑黢黢的大坑里，我还是开着车，但是大坑前面有个水泥坡道，沿着坡道我可以开出这个大坑。

——哈里

转头看一看你攀登过的小径。难道这一切不让你觉得有成就感吗？当时的你处在离婚的深坑中，最要紧的事情就是活下去。当时，你顾不上给未来设定什么目标。你混一个小时算一个小时，混一天算一天。

随着我们的“高度”提高了，事情已经大有起色了，不是吗？攀登离婚期的高山不是件容易的事情，可你现在已经快接近顶峰了，你也有了些自己的看法。你回头看一看，自己是怎么走到今天这个高度的？看一看自己现在的情况，你就会明白自己有了多大的提高。你展望将来，明白自己已经下定决心要成为自己想要成为的人。

看一看自己的过去、现在和将来的生活

离婚的创伤给我们带来了动力，我们因此好好地审视自己的生活。我们往往会沉溺于过去，想着要是再来一次，我们肯定会用不一样的方式来生活。我们也往往会太过关注现在，无法思考未来。

现在，你该把部分关于过去的思考和现在的痛苦置之脑后，开始思考未

来的目标和决定了。

处在巨大的情感痛苦当中，人就很难对未来进行规划和设定目标。这一章讲的是目标的设定，如果在情感上依旧非常痛苦，你就会觉得这一章读起来非常艰难。在阅读此书时，如果你的进度太快，没有真正花时间进行情感学习，你也许就应该把这一章的内容放一放，花上一些时间看一遍之前的内容，真正地进行你所需要的情感学习。

我们在第十一章曾讨论过这个问题，布鲁斯的研究表明，刚分手的人接受《田纳西自我概念量表》测试，会得非常低的分。使用《个性指南目录》（*Personality Orientation Inventory*）对刚分居的人进行测试发现，他们（特别是被甩的人）在思维和态度方面很大程度上是“生活在过去”。处在离婚深坑中人，对未来几乎就不抱希望，也没有什么目标。他们觉得自己进入了但丁（Dante）笔下的《地狱》（*Inferno*），大门上就写着：“进入这里的人，会放弃一切希望。”

如果你真的花上数个星期或数月的时间仔细阅读并且攻克了之前的章节，到了本章，你很有可能已经准备好继续自己的人生了。在本章，在你成功攀登了此山的基础上，你将要为自己的未来设定目标。

那我们就开始吧！

你的人生轨迹：练习设定目标

这是实验性的练习，能帮助你审视过去、现在和将来的生活。我们想要你画出自己的“人生轨迹”。所谓人生轨迹就是图表格式的“时间线”，你在一张纸上，从左到右，画出你人生的起起伏伏。（本小节末有一幅人生轨迹的例图，你可以参考。）

不要忘了，做这个图表只是为了让自己看一看；这不是美术作业，也没

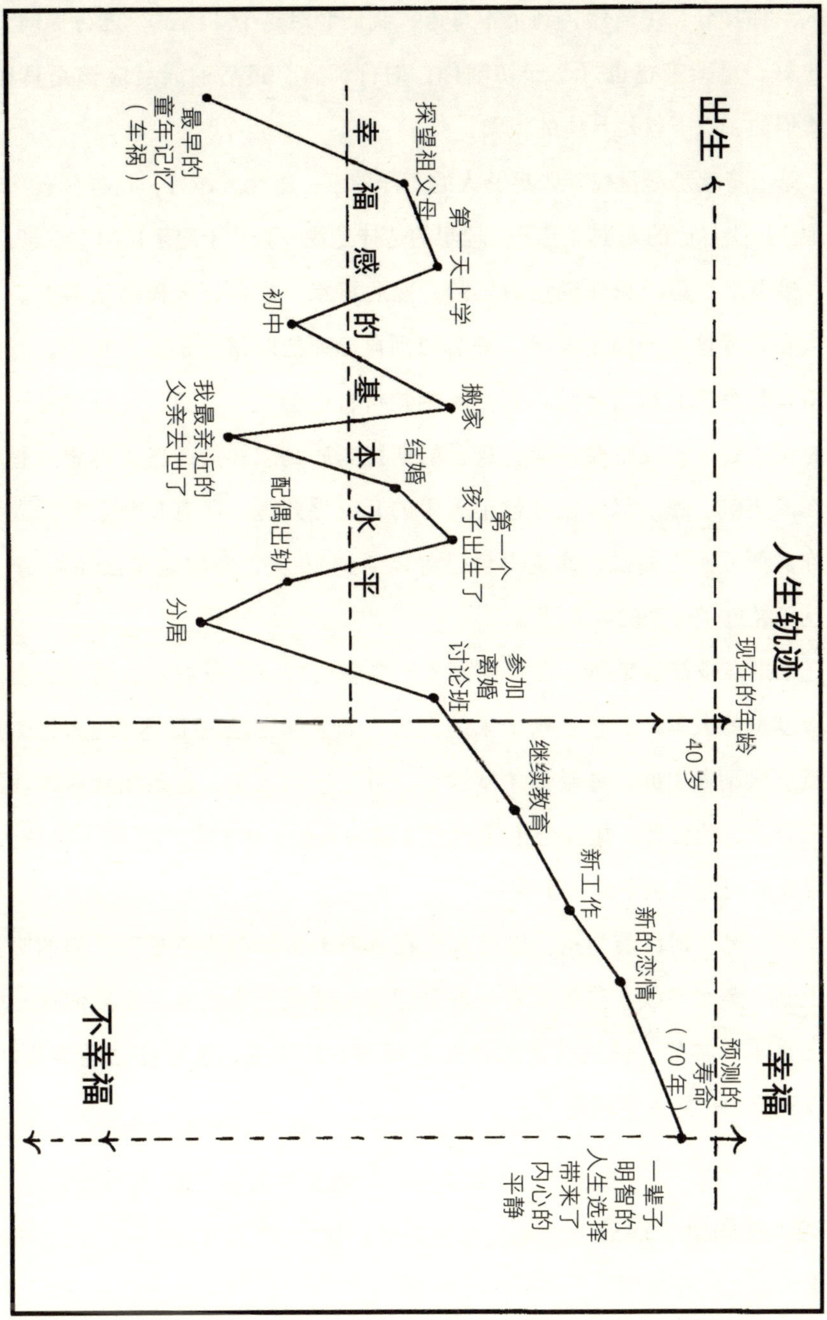

人生轨迹
出生
幸福
不幸福
现在的年龄
40岁
预测的寿命（70年）
幸福感的基本水平
最早的童年记忆（车祸）
探望祖父母
第一天上学
初中
搬家
我最亲近的父亲去世了
结婚
第一个孩子出生了
配偶出轨
分居
参加离婚讨论班
继续教育
新工作
新的恋情
一辈子明智的人生选择带来了内心的平静

有人给你打分！（当然，到了本章末，我们会对这个“测试”进行提问。）涂抹也好，重新来过也好，一切随你。对你而言，最后的成品应该是真实的、有价值的。以下就是具体的步骤：

第一步就是尽量找一张足够大的干净的纸。纸越大越好，这样你就可以尽情地涂抹出自己的人生轨迹了。理想的选择是找一张几十厘米长的牛皮纸。

接下来，想一想你现在的年龄，然后再想一想自己大概能活多久。大多数人在思考这个问题的时候，都会想到自己死的时候会是多大年纪。有些人觉得自己会活到很大年纪，有些人则觉得自己会英年早逝。好好感受一下这种感觉，看一看在寿命方面，自己的期待到底是怎样的。然后再想一想自己现在的年龄，想一想你已经过了人生的几分之几呢，还有几分之几的人生摆在你前面呢？比如说，你觉得自己可以活到 80 岁，而你现在已经 40 了，那你就已经过了一半的人生了。

拿出准备好的纸张，在上面画上一条垂直线，这条线左边的部分表示你已经度过的人生，右边表示未来的人生。如果你已经过了一半的人生，这条线就应该画在中间。如果你才度过了三分之一的人生，这条线就应该在靠左的三分之一的位置。比较一下你已经度过的人生，再对比一下剩下来的人生。你将要如何度过剩下的日子呢？

想一想，到目前为止，你的人生在本质上是幸福的还是不幸福的呢？在纸上画一条水平线，这条线表示的是你幸福感的基本水平。如果你这一生本质上是不幸福的，就把这条线画在中间偏下的位置。现在你已经准备好了，可以开始画你的人生轨迹了。

你的人生轨迹：过去

尽量回想你最早的童年记忆，这就是你人生轨迹的起端。好好思考一下这些早期的童年记忆，你可以从中了解你自己，了解你以后的人生。开始绘制你的人生轨迹，要反映出最早的童年记忆是否幸福。你的童年越是不幸福，你就越要从靠近底边的位置开始。

接下来，回想早期童年的重要事件。找出这些重要事件，绘制在你的人生轨迹图上。如果你记得有什么特别高兴的事情，就在靠近上端的地方标注出来。如果有什么特别不幸的事情，比如说家庭成员去世了，就把它们标注成不幸的事情。接下来就是小学、初中、高中，一路标注出你人生中的里程碑事件。在绘制这条人生轨迹的时候，你可以想象自己是在给朋友讲故事，告诉他们你人生中的重要事件。你的婚姻、你的孩子，都包括在内。

你的人生轨迹：现在

现在，想一想你离婚的事，想一想你现在的情感状态。许多刚分居的人会把离婚危机标注成为人生的最低点，但是不要忘了，你还有未来的日子呢，你还可以提高自己，成为自己想要成为的那种人。把离婚时和离婚后的幸福水平也画出来。

你的人生轨迹：不久的将来

你已经完成了现在这部分，应该考虑将来了。制定一些短期的目标，下个月要干什么，未来3个月要干什么，未来6个月要干什么。预测一下，在未来的人生中，你会做什么，你会有怎样的感受。是比现在更幸福呢，还是不如现在幸福？你是不是还有需要经历的痛苦，比如说离婚诉讼的最后宣判、财产分割或者是财政状况不妙，你有很多必要的支出，而收入却很低？尽可能如实地在人生轨迹上标注出你接下来几个月的情况。

你的人生轨迹：未来

开始制定长远一些的目标。问问自己：“一年以后，我会是什么样？五年以后呢？到了年老的时候呢？我会有一张书写了人生幸福的脸，还是一张写满难过、酸楚、愤怒或是负面情绪的脸呢？退休会对我有什么样的影响？到退休的时候，我准备好了吗？不再工作了，我能适应这样的变化吗？如果以后患上了重大的疾病，我会有什么样的感受呢？我有没有养成健康的生活习惯来预防重大疾病呢？我的生活中是不是充满了负面情绪，等我年龄增长后，这些负面情绪会变成身体上的疾病吗？

你的人生就是播了种子的土地，种子会发芽、成熟，你会有收获。你想要你的人生有什么样的收获呢？站在人生尽头，回顾一生，你是想说“我过了想过的生活，我准备好离开了”，还是想说“我错过了我的人生，其他事情也错过了。我还没有准备好离开”呢？

还有那个未来会和你生活在一起的人呢？再开始一段恋情，对你而言是不是很重要呢？等你老去，有人和你一起共同生活吗？或是你想一直过单身生活，享受单身的自由？

什么是你生命中的重要东西？是赚钱？是变得有名？是健康？是成功？“成功”对你意味着什么？你该如何做才能拥有成功的人生？问问你自己：你想要人们记住你什么样的贡献？世界会因为你更美好吗？回答这些问题时，你的答案让你舒服吗？

你是否在变成你想成为的那种人呢？什么时候你才开始变化，才开始行动？今天？下周？下个月？或者你永远不会成为你想成为的那种人？就今天吧，今天就开始行动。

孩子也需要目标！

父母离婚之际，孩子是非常困惑的。父母都处在离婚期的痛苦当中，孩子的需求往往被忽略了。孩子们不知道自己该前往何方，也不知道自己会遭遇什么样的事情，不知道该怎么看待明天。没有方向，或是没有目标，他们往往感觉迷茫。

孩子也可以把绊脚石变成重建方块（参见附录 A）。如果孩子也能有机会经历这个过程，他们也能为自己、为自己家庭的新结构策划目标。如果没能参与这个过程，他们很有可能会迷失方向。

在这一时期，建构个人或是群体成长计划会对孩子很有帮助，比如说附录 A 提到的“重建方块”期。这样的经历能够帮助孩子增长技能，更好地应对父母的痛苦，更好地满足自己的需求。

本章中的人生轨迹练习也可以在修改后，拿给孩子用，特别是小学高年级以及更大的孩子。他们的时间观和成人不一样，但让他们考虑一下未来，让他们为自己设定一下短期目标（要比大人的短一些），也是很有价值的。

父母离婚，孩子经历的是一段不确定和不稳定的时期。我们要帮助他们，让他们对未来抱有希望，我们要给他们机会让他们设定自己的目标，这一点尤为重要。

你现在过得怎么样？

现在，你已经思考过了你的人生、你的未来，并绘制出了你的人生轨迹，那就花上一点时间来评估一下自己的进步，然后继续攀登，登上顶峰。顶峰就在眼前，你当然会想一下子冲上去，但你已经付出了这么多，应该保持稳定的步伐。回答以下几个问题，然后再继续前往顶峰。

1. 在攀登的过程中，我完成了每一个重建方块。

2. 我思考了自己的人生，绘制出了人生轨迹图表。

3. 我为将来设定了几个可行的目标，并且有执行的探索方案。

4. 我回顾了还存有疑问的方块，觉得自己已经处理好了这些问题。

5. 我已经准备好了迎接自由带来的快乐和责任！

第二十章

自由

破茧成蝶

自由就是能够完全做自己。处理重建方块时，你就是在构建更满足的人生，更有意义的关系。你正在自由地选择道路来实现自己的人生，你可以保持单身，也可以选择另一段恋情。

过去在婚姻中，我感到自己深陷爱的“监狱”。我担负着这么多的要求和期望，很难做自己。刚分居的时候，我甚至感觉更糟。但是，到了现在，我觉得自己可以飞翔了。我可以做自己。我感觉自己已经破茧成蝶。我觉得非常自由。

——爱丽丝

哇！你已经站在顶峰了，看一看这里的景致吧！

到了这里，我们希望你能放下书，展开一次想象之旅：你站在山顶，眼前是连绵的山峰，脚下是蜿蜒的山谷。呼吸一下周围浸润了松树气息的空气；让高空中的阳光暖暖地照在你的皮肤上。看到了吗，白云在你的脚下；感受到了吗，雪峰吹来了凉凉的微风。看到了吗，地平线在遥远的平原尽头，你的视野是多么辽阔。回想一下整个攀登的过程吧。什么时候你觉得最享受、最有趣呢？什么地方最为困难呢？哪里又是最痛苦的呢？你发现自己内心有多少变化了？你是真的到达了情感的顶峰？或是你只是认为自己到达了？在个人成长的路上如此辛苦地攀登，如今到达了顶峰，你感觉怎么样？

在你继续翻开书之前，尽可能地多花一点时间想象吧。你已经仔细地想过了？好吧，现在翻开书，继续阅读。

你已经走了这么远的路！

在单身这一段的路程中，我们希望你不仅觉得单身是一种良好的感觉，还觉得这是最有成效的生活方式。现在，你已经准备好了，你可以考虑是否要开始发展另一段恋情了。你完成了前面所有的重建方块，这对你与他人交往的方式产生了什么样的影响呢？你如何处理孤独、悲伤、抛弃、内疚、愤怒和爱呢？这些处理方式会极大地影响你的日常生活和你与周围人的互动。

如果你真的完成了重建过程，克服了每个绊脚石以及曾经的重重困难，那你现在就能进入另一段恋情当中（如果这是你的选择），并让这一段恋情胜过上一段。与上一段恋情中的表现相比，此时的你能更好地满足自己的需求和你所爱的人的需求。重建不仅帮助你度过危机，还能帮助你掌握单身生活和处理新恋情的生活技能。

我们有话对丧偶的人说

也许你的配偶去世了，这一段恋情给你了幸福，你感到很满足。研究表明，如果丧偶的人选择再婚，那他们的婚姻很有可能会持久。丧偶的人需要痛苦而且非常艰难的调整过程，本书大多数重现方块对处在丧偶危机中的人都有帮助。然而，许多丧偶的人都不需要处理最艰难的调整——他们不需要处理上一段不幸福的恋情。

高处空气挺稀薄的

对于很多人而言，攀登太艰难了，他们半途就想放弃。这么多年来，布鲁斯听过无数的人说："我不想爬了，我想休息！什么成长，我累了，不想干了。"有许多人累了、害怕了或是觉得无法应对变化，他们的确放弃了攀登。这时，你应该坐下来，休息一下，恢复体力，然后继续攀登。顶峰的景致值得你一路辛劳至此。

支持、希望和信仰都会帮到你。但最后能否登顶还是取决于你。这段路程有多么艰辛？也许最好的证据就是：到了最后，只有少部分人登上了顶峰。你有自律性、强烈的愿望、勇气和毅力来支持自己成功登顶吗？

现在是说实话的时候了。即使你完成了全程的攀登路程，我们也不能保证你会成为一个更幸福、更丰富或是更满足的人。我们可以保证的是：在这样的高度，菜鸟肯定是少之又少，多的是老鹰，但我们也不能保证你就能给自己找到一只老鹰做伴（但你照镜子看看，你肯定能看到一只老鹰！）明明白白的铁的事实就是：你不一定能找到另一个“刚好合适”的人来开始一段持久的恋情。你能发现的是：你更喜欢自己了，你能够享受单身和孤独；站在顶峰，你遇到的人都非常特别，毕竟他们也是一路攀登上来的！

没错，站在顶峰，可供选择的人更少了。大多数人都没能登顶，是的，很多人还在山脚的大本营呢，玩着各种社交的把戏，躲在情感的厚墙后面，找各种借口不攀登这座高山。站在顶峰，人数很少，要寻找新朋友和潜在的爱人就更困难了。但站在顶峰，交友的质量却要高很多，数量也就不重要了。当你真正地站在顶峰时，由于你魅力四射，很多人会被你吸引。（事实上，你还不能大意呢，毕竟你现在是老鹰了，你太迷人了！）其实，站在山峰，你并没有路上的那种孤独感。如果你还是感觉孤独，则意味着你在情感上可能还没有登顶呢。（你阅读这本书的速度是不是太快了？）

深吸一口气

有时以前的老习惯又悄悄溜回来了，你觉得自己根本没怎么变，这时你可能会灰心丧气。你一般是先穿右脚的鞋，还是先穿左脚的鞋？下一周试着改变一下习惯，先穿另一只鞋。我敢打赌，你肯定会忘，还是会按照旧习惯穿鞋。日常的生活习惯都很难改变，个性的改变就更艰难了。一定要有决心，你会成功的。不要灰心丧气，变化是慢慢来的！

面对未知的将来，你可能会非常害怕。很多人都有这种感觉！未来的你是什么样的呢？有可能是学会单身，有可能是不知道该期待什么，或是别人对你有什么期待。在一个陌生的城市，你第一次开车或是坐车的感觉是怎么样的？迷惑、失落、不确定？你第一次去单身聚会的感觉怎么样呢？熟悉的东西往往会让你有一种舒服的感觉。（你以前的恋情也看起来不错了，而你身处其中的时候感觉那简直是地狱。）

这时，我们觉得你不会愿意再回到以前的恋情中了。如果你想回去，那应该是积极的原因，而不是对未知将来的恐惧！

超越单身

在整个攀登的过程中，我们讲了很多关于学会单身的重要性。现在，我们要最后说一说恋情的重要性。通过努力，你可以在情感上成为一个完整的人，但我们认为每个人身上都有一部分东西需要别人的帮助才能完整实现。恋情常常被比作糖霜，这个比喻听起来挺贴切的：没有糖霜，蛋糕也是完整的，如果有了糖霜，蛋糕就要甜很多！恋情不仅仅是糖霜。我们认为，所有的人都需要另一个人的帮助来完全实现自己，让生活更加甜蜜！

变得自由

处在危机深处的时候，你是不会想到将来的计划和目标的。之前处在恋爱关系当中时，你对未来是有规划和目标的，分手后，你失去了这样的未来，你悲伤的部分原因就在于此。但是，等你走出危机，你就会再次着眼未来，再次制定计划了。

厄尼在医院工作，他参加了我们的讨论班。一天晚上，上课的时候，他对大家说：“这就好像是在医院的心理病房区。那里有个手工房间，病人可以在那里消磨时间。病人刚入院的时候，根本没有精神做什么手工。等到他们真的对手工有兴趣的时候，也差不多是他们该出院的时候了。等到我开始筹划将来的时候，我觉得自己就是要走出离婚的深坑了！”

研究表明，刚分居的人，特别是被甩的人，在很大程度上都“生活在过去”，大多数时候，他们想的都是“过去是怎么样的”。随着时间的进程，人们就不会再生活在过去，而是开始思考现在，开始享受日落的景致。我们希望的是，到了现在这个时刻，你已经不再生活在过去，而是生活在现在，已经开始为自己的将来筹划了。

我们又要再次提到：刚分居的人，特别是被甩的人会非常依赖他人。随着个人的成长，他们会更加独立自主。我们希望你们已经在依靠和独立之间找到了良好的平衡。

自由的孩子

孩子们也需要通过重建方块，找到做自己的自由，摆脱不健康的需求，这种需求控制了很多人的生活。未来时机成熟的时候，他们还需要自由地选择婚姻。离异家庭的孩子往往会说将来自己不会结婚，因为他们看到了离婚给父母带来了摧毁性的打击。孩子们需要自由选择自己的生活，而不是跟随父母的脚步，或是刻意反其道而行之。

孩子们各有不同，他们的需求也各有不同。我们在每个重建方块都总结了很多孩子的共同之处，但不要忘了，每个孩子都是独一无二的人，和成年人一样，孩子们也应该得到应有的尊敬和独一无二的对待！年龄，性别，文化背景，家庭中孩子的数量，健康状态，接触到大家庭、朋友和邻居的程度，自然环境，学校的条件，父母分手的根源以及孩子个人的性格特点都会造成孩子不一样的需求。

孩子比你想的要坚强，能够和你一起通过重建方块成长。我们建议你帮助孩子这样做！如果你想认真做这件事，你可以参看附录 A，对你会有帮助。

你现在过得怎么样？

我们觉得你可能想要自我评估一下，看一看自己在个人成长方面的成绩怎么样。以后，你也许也要不时地测试一下自己，比如说一个月一次，或是两个月、半年或是一年一次。下面的内容包括了个人成长的一些重要方面，你应该清楚这些内容，以保持个人成长。大多都是我们在攀登过程中谈论过的领域，也许你也可以翻一翻前面的内容，回顾一下。

1. 我能够用语言表达自己的感受。
2. 我能和别人交流自己的感受。
3. 如果感觉自己“在人生之河中快淹死”了，我至少有一位同性和一位异性救生索式的朋友可以求救。
4. 我能够以一种积极的方式表达愤怒，不会对自己，也不会对周围的人造成破坏性的影响。
5. 在适应离婚的过程中，我一直都在写日志，记录自己的感受和态度。
6. 在过去一个月的时间里，我至少结交了一位新朋友，或是和以前的老朋友重新联系上了。
7. 在过去的一周里，我至少和一位朋友度过了一段有意义的时光。

8. 我找出了那些需要再努力的重建方块，制定出了进一步努力的计划。
9. 在过去的一周中，我在自我成长方面投入了时间，比如说，读一本好书、参加一次教育课程、参观了有趣的展览、听了有意思的演讲、改善了饮食结构、观看了一次电视教育节目、在网上寻找有用的信息、开始了运动计划……
10. 为了加强个人成长，或是为了加快自己的调整进程，我认真考虑了是否应该开始治疗型关系，以及自己是否会因此受益。
11. 这一周，我从朋友那儿得到了足够多的拥抱。
12. 在过去的一周中，我独自祈祷、冥想或是思考。
13. 在过去的一周中，我为自己做了一件好事。
14. 我关注身体的疼痛、紧张和感受，以此更多地了解自己。
15. 我经常锻炼身体。
16. 在过去的一周里，我至少改变了一项日常生活习惯，为此我感觉良好。
17. 健康饮食（低脂、高纤维、新鲜水果和蔬菜、全麦食品），强壮体魄。
18. 在过去一周，我至少和一位朋友在情感上进行过交流。
19. 在过去一周，我在精神成长方面投入了精力。
20. 我喜欢做自己。
21. 我在为自己的未来制定计划。
22. 在过去的一周，我让自己“内心的孩子”开心快乐。
23. 我不再整天压抑自己的愤怒、悲伤、孤独、抛弃感、罪恶感，我已经学会了如何以积极的方式表达自己的情感。

24. 与婚姻结束之初相比，我更能控制自己的生活了。

25. 我感受到了做自己的自由。

26. 我积极地用在本书中学到的概念来加速自己的调整过程。

那么，你现在过得怎么样？自我评估的成绩怎么样，还满意吗？不时地拿出这套测试来做一做，有助于你注意到自己的进步，有助于你记住我们在攀登过程中谈论过的重要概念。

你准备好飞翔了吗？

我们都奔着自由而去，这自由到底是什么？

自由在你的内心中。怎么才能找到内心的这份自由呢？当你有一些需求没有得到满足时，这些需求控制了你，比如说，你不想一个人，你需要内疚感，你想要取悦父母中关键的那一位，或是你还没有摆脱“住在你内心的家长”。

顶峰的蝴蝶象征着飞翔的自由，象征着你要选择的地方。之前你受到了束缚，不能成为自己想要成为的人，现在你摆脱了这些束缚，你成为注定会成为的那个人，成为你能够成为的那个人。

你最强大的敌人就在你内心，你应该摆脱这些恶魔。

当然，你最好的朋友也在你的内心中。攀登这座高山，你不仅有了选择幸福的自由（这种幸福可以是作为单身人士所拥有的，也可以是两个人的），你还有了做自己的幸福感。有了这些，个人成长路上的攀登就是值得的。

到了这里，我们的书也就要结束了，这对我们来说并不容易，因为这对你来说才是开始。攀登这座山意味着什么？成千上万的人经历了这一重建过程，我们从他们身上学到了很多东西。给鲍勃写几句话吧，通过信件也好，电邮也好，请寄给影响出版社，他们会转交给鲍勃。写什么呢？我们很想知道这本书给了你什么样的帮助，还有这本书还有什么可以改进的地方。请原谅，鲍勃不会亲自回复你的信件，但请放心，我们一定会读你的来信，也许在以后的版本中，你的信件就会出现在我们的书中（当然了，我们肯定会用化名）。

读完这本书后，我们希望你不要把它束之高阁，这本书是工具书，有助于你的心理重建，只要你需要，就可以随时读一读。可以借给朋友看看，或是送给朋友一本。

最重要的是，我们祝你在以后的个人成长路上不断取得进步，这是一生的挑战！

附录A

孩子比你想的更坚强
儿童重建方块

布鲁斯·费希尔博士；罗伯特·斯图尔特（Robert Stewart）硕士

“我本以为我已经经历了生活中所有糟糕的事情。但现在我的孩子们也出问题了。我真不知道该怎么办了。”

——科琳娜

“没错，单亲母亲也要工作，她们会有问题，有真正的问题。但那些婚后获得了监护权的父亲又怎么样呢？作为一个男性，你要工作，还带着一个孩子，而且没人帮你。女性跟你在一起就感到不自在：她们要么认为你急于结婚，要么就是在各方面“无微不至”地照顾你和孩子，弄得你连想死的心都有了。你也没法和别的男人交流——他们想着去打高尔夫，或是野营，而你想要谈论孩子的大小便训练，他们会觉得你是个怪胎。

我就是监护孩子的父亲，遇到以下问题，我都不知道该怎么办。

儿子做了噩梦，尖叫醒来，我该怎么办？

怎么样才能找个不错的保姆？

他三岁了，他的生日派对该怎么策划呢？

每周的一日三餐该吃些什么？饼干和蛋糕该怎么烤呢？

儿子问：‘妈妈为什么走了？她在哪里？我还能再见到她吗？她爱我吗？你会离开我吗？为什么我要到保姆那儿去？’这些问题该如何回答。

我们俩心中都有这么多的问题，我们都常常哭。”

——比尔

“爸爸，你还记得以前快乐的日子——就是你离开家之前的日子吗？”

——希拉

孩子的重建过程和成人的类似，但每个重建方块的感受和态度都可能会有些不一样。我们要知道，孩子们也处在重建过程当中，他们面前也有一座高山。

作为家庭治疗师，我们认为自己有责任帮助孩子们调整适应父母的离异，不仅如此，我们还有责任帮助他们适应父母在阅读此书或是在参与费希尔 10 周重建讨论课时出现的变化。

有很多研究调查了父母离异对孩子的影响。有些说，父母离异会给孩子留下终生的伤痕，有些说孩子事实上可以因此而受益。布鲁斯的书籍和工作室支持后一种说法。

那些自我调整做得好的人，做起父母来也要好一些。他们孩子的表现也进一步证实了这一结论——父母调整得好，孩子往往也就调整得好。

孩子和离婚

许多父母离婚后有内疚感，觉得自己伤害了孩子，就想扮演“超级家长”

来弥补。这对孩子而言，往往没有用。

父母陷在了某个重建方块时，孩子往往也陷在了同样的方块中。怎么样做对孩子来说才是最好的呢？振作起来，完成自己的重建方块，这样你就能温暖地鼓励自己的孩子了。

很多时候，孩子们一直保持坚强，一直支持自己的父母，等来了父母振作起来的时刻。当孩子们认为父母足够坚强后，他们就开始经历自己的调整过程。

为什么我们会在此书后面增添关于孩子的附录部分呢？原因很多。首先，我们在几乎所有的讨论班都会遇到这么一个人，他（她）所经历的是自己父母 20 年前甚至是 40 年前的离异。我们希望你的孩子不用等那么长的时间，而是现在就可以开始适应你的离异。

第二个理由是什么呢？作为婚姻和家庭治疗师，我们觉得这个理由也很重要：由于参与为期 10 周的讨论课，个人在成长方面往往会有一个飞跃。成长带来的变化会影响孩子。孩子们不仅要适应父母的离异，还要适应单个家长或是双方可能出现的变化。我们要尽我们所能帮助孩子们适应生活中可能出现的重大变化。

我们希望附录里的材料，再加上每章中关于孩子部分的内容，能够帮助你和你的孩子将这一危机变成创造性的经历。我们也希望附录的内容能够变成大纲，促进儿童讨论班的成立，让孩子们也能像成人一样参加为期 10 周的讨论。

好离婚胜过坏婚姻

70 年代早期，我（布鲁斯）是青少年缓刑监督员，最开始我也认为青少年惹上麻烦的主要原因之一是他们的父母离异了。我们经手的孩子中有48%都来自单亲家庭，这一事实也进一步加强了这一观点。后来，我自己离婚了，我才明白自己对离婚家庭存在偏见。离婚并不是孩子出现问题的主要原因。离婚往往是家庭机能失调导致的。

研究表明，目前离异家庭的孩子中，有1/3在学校和调整方面的表现超过了平均水平，另外1/3处在平均水平，剩下的1/3才在平均水平之下。相比之下，在家庭机能失调的双亲家庭中，几乎所有的孩子都在平均水平之下。

我对离婚法庭的对抗程序也有意见。对抗程序有它的好处，我在少年司法系统工作的时候，目睹了这一程序有助于寻找真相，实现公正。但是，20多年来，我在工作中接触了这么多经历了离婚法庭的人，我发现对抗程序增加了离婚过程中的愤怒和恨意，最终使得离异家庭孩子的调整过程更加艰难，更不要说对父母的影响。

在一个案例中，法官允许了父亲的要求，在两年的时间内对3个孩子举行了5次监护权的听证会。我认为这是法庭在虐待儿童。这种情况下，不是离婚本身造成了孩子调整上的困难，而是法庭对离婚的处理造成了孩子难以调整的情况。如果父母和平分手，孩子在感情和心理上受到的伤害就会比较少。当父母的离婚充满了火药味时，孩子的伤痛就会被放大好几倍。

幸运的是，与40年代的情况相比，如今的父母和孩子所受创伤愈合的概率都高得多。我到图书馆，从1948年《美国周末晚报》(*Saturday Evening Post*)上复印了有关离婚的文章。举个例子，有个大标题是这样的:《父母离异，孩子成了半个孤儿》。也许有一天，孩子有4个父母亲会被认为是一件好事，我希望我们的社会能向着这个方向前进。

父母离异了，孩子们的调整过程是艰难的，我并不想低估这一过程的困难程度。离婚的后果会对孩子造成多年的影响。在孩子的婚礼上，离婚的父母该坐在哪里呢？如果父母的离婚大战还在继续，孩子们该怎么和祖父母建立亲密的关系呢？如果孩子小时候父母就离婚了，等到孩子结婚了，他们离婚的概率有多大呢？

我的看法是：婚姻糟糕，还不如好好离婚，这样对孩子更好。如果父母离婚后能够调整好，孩子调整好的概率也会大大增加。很多人离婚后，还能成为更好的父母，孩子们也会因此受益。父母离异往往是孩子生命中最具创伤性的事件，我们应该尽力将孩子在情感和心理上的痛苦降到最低。

父母调整对孩子的影响

多年来，对于这一现象，我们是既困惑又惊奇：我们成年人处在离婚的困境中了，为什么我们所有的家电、机器都要罢工呢？难道我们的洗衣机和车子知道我们在离婚？我有个朋友，每次用复印机之前，她都会祝福一下机子，免得它出毛病，现在，我再也不嘲笑她了。

我们离婚了，日常用的东西也罢工了，这时我们的孩子在情感上是非常支持我们的，只是我们不愿意承认而已。这时，孩子会乖很多，不会让我们心烦。他们常常替我们把事情做了，而我们离婚前，他们都没有想过要做这些事。他们不让我们知道他们有多么痛苦和愤怒。实质上，他们是暂停了自己的调整过程，不想过多地让我们不安。

做父母的觉得自己调整过来了，觉得自己更为坚强了，已经度过了离婚期，想要舒舒服服地放松一下的时候，就要小心了！往往在这个时候，孩子们在某种程度会感觉到自己可以开始重建过程，不再需要垫着脚尖走路了。科琳娜在讨论班上说："我本以为我已经经历了生活中所有糟糕的事情。但现在我的孩子们出问题了。我真不知道该怎么办了。"我提醒她，也许这是孩子们给她的赞美！孩子们真正想说的可能是：“你已经调整好了，坚强了，现在我可以开始自己的调整过程了。我需要大哭、需要表现愤怒、需要表现出我受到了伤害。我想你已经准备好了，我要解决我的痛苦，现在你可以受得住了。”遇到这种情况，在我解释的时候，我看到做父母的脸色一下就明朗了，我感到很欣慰，因为这就是他们和孩子真实面临的情况。

孩子比你想的更坚强。

这些是孩子攀登路上的绊脚石：

在离婚恢复的山路上，孩子们会遇到七个障碍方块。

你的孩子可能经历的第一个绊脚石会是，“**我不知道离婚是什么。**”孩子不知道的可能是离婚的含义，或是离婚会给你们共同的生活带来什么样的影响。孩子们常常觉得离婚是件神秘的事情，如果不给他们解释什么是离婚，他们就会做出最糟糕的猜想。

第二个绊脚石是，“**我不喜欢自己周围发生的变化。**”离婚让孩子熟悉的生活发生了翻天覆地的变化。也许在很短的时间内，你的孩子就不得不去适应许多生活的变化：住所、邻里、学校、朋友、个人空间等）。

第三个绊脚石会是，“**我心里塞满了各种不同的感受。**”对于离婚，你的孩子很可能会有多种情绪反应。他们可能会感到难过、愤怒、担心、迷惑、轻松以及其他情绪，而且不知道该拿这些感受怎么办。

第四个绊脚石是，“**父母离婚了，我不知道是不是因为我。**”在很多方面，孩子都觉得是自己的错。有的孩子觉得是自己做了什么不好的事情，所以父母才离婚了。有些孩子觉得事情摆在面前，他们有责任做点什么让父母感觉好一点。还有的孩子觉得自己肯定是出问题了，所以他们才不能经常看到没有监护权的父亲或是母亲。

第五个绊脚石是，**“我不知道我们还是不是一家人。”**你的孩子可能不知道该如何与已经离婚的父母相处。面对父母，有的孩子不知道是不是两个都该爱，或是他们应该站在某一方那边。现在大家并不住在一起了，孩子不知道一家人到底是什么含义了。

第六个绊脚石是，**“我好希望父母能够复合。”**面对离婚给自己生活带来的变化，孩子并不开心，他们可能就会心存幻想，想着父母可能复合。看到父母分居，孩子承受着压力，许多孩子在心中点燃希望，来缓解这种压力。有些孩子被其他的绊脚石卡住了，也许就希望事情能发生变化，以改变他们的现状。

下一个绊脚石是，**“如果妈妈或是爸爸再找一个人，那就万事大吉了（或者是全完了）。”**这与孩子对将来的看法有关。有些孩子认为只要你再找一个人，那就万事大吉了：现在这个家多少还是不完整，再有个新爸爸或是新妈妈就好了。有些孩子则认为，如果父母对别人感兴趣了，他们就再也不会复合了。无论孩子的看法是哪一种，他们都会卡在这个方块上。

最后一个绊脚石就是：**“我觉得世界上只有我的父母离婚了。”**在离婚期中，孩子们往往会认为自己孤独无助，觉得自己没有朋友。他们感觉孤单，通常自我价值感都比较低，（他们不知道是不是自己做错了什么，父母才离了婚），他们会不停地寻找新朋友。

孩子的重建方块是什么？

还记得那个摔跤的比喻吗？绊脚石会让孩子摔跤，重建方块就能让孩子重新站起来。重建方块帮助孩子们接受离婚这件事，给孩子们的恢复打下基础。这场危机事实上就变成了促进你孩子成长和成熟的经历。孩子们把一个个的绊脚石变成了重建方块，他们也就越来越坚强了。

第一个重建方块是，“**我知道离婚是什么，也知道离婚对我来说意味着什么。**”在这里，你的孩子对离婚有了清晰的理解和定义。他们也了解到他们的生活会因为离婚发生哪些变化，而哪些东西又是不会改变的。

第二个重建方块是，“**我的生活发生了变化，我在学习如何处理这些变化。**”此时，你的孩子找到了健康处理生活事务的方法。他们可能不喜欢这些变化，但他们找到了非破坏性的处理方法。

第三个重建方块是，“**我用一种不伤害自己，也不伤害别人的方式表达自己的感受。**”你的孩子更加明白自己的感受，找到了表达的恰当方式。要达到这个方块的重建目的，父母中至少要有一方让孩子觉得吐露心声是安全的。

第四个重建方块是，“我明白了，离婚是大人的问题。”在这个阶段，孩子开始明白，父母离婚了，错不在自己身上。你的孩子开始有了良好的界限感，他们学会了自己可控制的东西和不能控制的东西之间是有区别的。

第五个重建方块是，“**我依然可以爱我的爸爸和妈妈。**”你的孩子明白了他们没必要在父母之间选择一位。他们对一家人有了新的理解，就算爸爸和妈妈不在一起了，他们也还是家人。

第六个重建方块是，“**父母不会复合了，我接受这一事实。**”你的孩子慢慢就会接受你和前任不会复合的事实。他们逐渐认识到自己的希望不会实现，同时也学会找到安全感。

第七个重建方块是，“**如果爸爸妈妈再找一个人，那个人身上会有我喜欢的地方，也会有我不喜欢的地方。**”孩子慢慢就不会单纯地把你的约会当作是绝对的好事，或是绝对的坏事了。如果你找到了新配偶，他们就会用一种辩证的眼光来看待其中的好处和挑战了。

下一个重建方块是，**“通过父母的离异，我学会了如何成为自己的朋友。”**如果一个孩子能说出这样的话来，那他就快要到达攀登的终点了。这句话体现了自我价值感，也使攀登变得值得了。在这个阶段，孩子已经结束了孤独期，与自己和别人建立了亲密的情感。

最后一个重建方块并没有与之呼应的绊脚石。这个重建方块是，**“我有了做自己的自由。”**你和你的孩子到达了高山的顶峰，你自己、他人及生命看起来都是非常壮观的。父母和孩子感受到了无与伦比的个人自由和亲密。你和你的孩子一起将这场危机变成了创造性的经历。

每个重建方块代表的是孩子在离婚恢复期各个阶段经历的调整过程。孩子一路攀登到顶峰，他们很有可能会因此收获智慧、力量和成熟。

一起重建

你可以带孩子去远足，象征着体验重建之旅。如果你家靠近大山或是丘陵，那就太好了，你们可以选择一条小路攀登到山顶。一起进行户外活动，真的能增进父母和孩子之间的亲密感。你和孩子都知道适应离婚的过程与攀登非常相像，在远足的过程中，即使不登上山顶，爬上一段距离之后，你们也会对重建之旅有更深刻的认识。如果你们居住在城市，你可以在安全的社区筹划一次挑战之旅，爬楼梯的项目也要包括进去。如果你打算这样体验一下，那你在路上就应该注意自己的情绪变化，这对你会有帮助。远足的哪些方面让你感到兴奋？哪些让你郁闷？你遇到了什么样的挑战？快要到终点的时候，你的感受是怎样的？到达目的地的时候，你的感受又是什么？你和孩子一起远足，感觉怎么样？通过这次远足，你觉得在适应离婚方面该注意什么？你对孩子多了哪些了解？孩子对你又多了哪些了解？

附录B

治愈式分居
离婚的另一选择

布鲁斯·费希尔博士

“我对婚姻的愿景是如此美丽，如此充满了爱。那样的关系真的是成长的实验室，我们可以成长，可以完全做自己，还彼此在一起。我还不是一个特别完整的人，我需要首先跟自己建立更好的关系，这样才能和你建立健康的关系。我觉得我需要和你分开一段时间。我爱你。”

——妮娜

受欢迎的《女性》杂志过去每月都有个专栏，叫作《可以挽救这段婚姻吗？》。这个专栏办了好多年，专门给困境中的夫妇提建议。如今，人们又对拯救婚姻产生了兴趣，现在，我想告诉大家一个非常有用的办法，这个办法拯救了不少婚姻。我们知道现在断言这个办法完全经过测试，被证实有效还为时尚早，但它的确有效。如果你还没有离婚，我强烈建议你认真考虑一下这个办法。

治愈式分居是夫妻在婚姻难以持续下去的情况下，安排双方分开一段时间。即便婚姻没有大的问题，治愈式分居也能够帮助婚姻摆脱感情上的贫困，走向健康模式，给婚姻注入新的活力。治愈式分居的成功，需要夫妻双方在个人成长方面共同进行努力，努力与自己以及对方构建更为健康的关系。在这样的框架下，人们就能开拓出崭新的、更令人满足的婚姻关系。

婚姻出了问题，夫妇基本上有三个选择：1）视而不见，继续生活；2）结束婚姻；3）开拓新的相处方式。如果婚姻已经崩溃，很少有夫妇想要继续这样生活。在这种情况下，就只有第二和第三个选择。他们很有可能没怎么考虑过第三个选择，那看上去似乎也不可能实现。而且，他们也不知道该怎么着手。所以，他们就默认第二个选择是唯一的选择。离婚率也就随之高涨。

这些夫妻是有选择的：他们可以与对方建立新的关系。治愈式分居就是答案。

什么是治愈式分居？

治愈式分居，类似于老式的“临时分居”，是指分开居住一段时间，双方在未来某个时间再决定是否要离婚。不同于那种没有计划的、无建构意义的分居方式，治愈式分居是有的放矢的分居，你和对方都要致力于自我成长。如果你能够与自己建立更好的关系，就能与他人建立起更健康的新关系。在治愈式分居阶段，你或是着手改造“以前的婚姻”，或是着手改造“以前的你”。治愈式分居是一种创造性的方式，能够让双方更坚强，在不结束婚姻的情况下建立新的相处方式。

两人之间的关系就像一座桥。每个人都是一座桥墩，两座桥墩共同担负起这座桥。两个人之间的联系就是这座桥，也就是婚姻本身。治愈式分居给了双方时间，让他们关注自身，关注自己的支撑结构，而不是两人之间的婚姻。这个过程也是触目惊心的，因为这段时间没有人关注婚姻这座桥，这座桥就有可能会垮塌。虽然这样做有风险，但还是值得一试。等到两个桥墩重建之后，你们可能就有了一座新的健康的婚姻之桥，这座桥的两个桥墩也就更为坚固了。

治愈式分居的目的是什么?

治愈式分居的目的不止一个，其目的颇为深远，远不止是否要继续婚姻这么简单。个人成长的多少和治愈式分居是否成功联系紧密。如果双方都想要，并且致力于提高与对方的关系，那他们之间的新关系很有可能就具有持久性。

以下是治愈式分居的目的，据此，你可以判断自己的分居是否成功：

不再给陷入困境的婚姻加压。两个人在情感、社交、身体和精神方面发展自己，两人在变化，两人之间的爱情关系便处在变化中的互动模式。这种变化可能会给婚姻带来各种压力，有可能导致危机出现。在危机中，双方很难就他们的未来做出理性而客观的判断。分开一段时间，推迟做出最后决定的时间，会是个不错的选择，值得考虑。

促进个人成长，有助于你攻克书中提到的各种绊脚石。把绊脚石变为重建方块，可能就是一次成功的治愈式分居的终极目标。

你的婚姻因此而改变，呈现出你想象不到的美好状态。你可能发现自己的婚姻变得如此美好，你不仅可以做自己，自己的个人身份还会因此得到加强，你还得到了更多的爱和快乐。对于什么是爱，你的理解更深刻了，你与对方建立了一种新的恋爱关系，这一关系没有边界、没有局限，可以进一步升华为另一种层面的爱，这种爱往往是与精神层面的爱联系在一起的，就像是神对万物的爱。

以积极的态度结束婚姻，将离婚变为创造性的、有建设性意义的经历。要达到这个目的，也就是说将双方在离婚时的压力、焦虑和法庭争斗都降到最低程度，离婚的处理方式就会让大家都比较满意。健康友好地分手，你们还可能做朋友，还能平和地共同抚养孩子。

什么样的人应该试一试治愈式分居呢？

如果出现下面这些典型的特征，就可以考虑一下治愈式分居。

● 你觉得难过，觉得不开心，觉得喘不过气，感到压力巨大，或是觉得压抑，甚至有自杀的倾向。这时，为了活下去，你需要分居。

● 在婚姻中遇到困难，你的配偶拒绝承担任何责任，而且拒绝参加咨询或是其他的成长性活动。分居就是“给你的配偶当头一棒”，让对方清醒一下。

● 你正在经历我们在第十二章中讨论过的叛逆期。你觉得你需要情感上的空间，要分开一段时间来释放内心的压力。

● 童年受到的虐待和疏忽给你带来了伤害，而现在你处在治愈过程中，需要独处来完成这一过程。

● 你开始了一次重要的个人转变，也许是心理上的，也许是精神层面的，在这一过程中，你需要尽可能地投入自己的时间和精力。你觉得与配偶的相处占用了你的时间和精力，你没有足够的时间独处。

● 在婚姻中，你无法获得足够的情感空间，你需要更多的空间来活下去，来成长，来进化，来转变。

● 你处在矛盾之中：你想要继续这段婚姻，却无法打破这种旧的模式。继续住在一起，旧的互动模式就会延续。你想要“丢掉这种旧的相处关系”，然后再开创新的、在情感上更健康丰富的关系。分开一段时间，通过和自己建立新的关系，你就能建立新的互动关系。

● 你想要明白单身到底是什么样的感觉。你可能直接从父母家踏入了婚姻，没有经历过单身生活。你缺少这个成长和发展的阶段，也就是成为独立的成人的阶段。许多人错误地认为单身生活就是不用负担责任的自由生活，就是逃离了与爱人生活的各种压力。与爱人分开一段时间，你也许就能更现实地明白单身生活的各种难处。

- 也许这是你第一次想要摆脱家庭模式表达自己的独立和自主。你也许建立了与自己父母差不多的婚姻关系。现在你想要摆脱父母的影响，而你和配偶的相处模式又与你在父母那边的经历如此相像，所以你想要与配偶拉开一段距离。

- 你们俩把各自的不幸福感投射在了彼此身上，责怪对方没有给自己“带来”幸福。你还没有学会对自己的情感负责。分开一段时间，制定计划，实现个人成长，有助于双方学会成年人的责任，为自己的生活负责。

又谈到了甩人者和被甩者：二八原则

分居很少是双方的共同决定。在费希尔的离婚课堂，有 84% 的人离婚是由于甩人者决定要分手。我们认为，在治愈式分居这一块，情况也类似；也就是说有 80% 的情况是其中一方主动提出来的，而另一方勉强同意。这听起来像是治愈式分居路上的大障碍，不是吗？如果决定分居的时候，一方主动，而另一方被动，这两个人怎么才能克服彼此在态度、目标和动机之间的不同呢？

首先，双方必须重新思考一个问题：这是谁的错？如果婚姻出问题了，双方应该承担相同的责任。乍一听，即便是对治疗师而言，这句话也不太容易理解，而且还让人觉得难以置信。通过长期分析夫妻问题，我们剥开一层层的痛苦表象，发现问题的核心：双方的责任都是相同的。虽然分居是一方提出来的，但造成分居则是双方共同的责任。凡是出现了问题，双方应负的责任都是相同的，一旦你接受了这个观点，你就给成功的治愈式分居以及成功的新关系打下了基础。

布鲁斯对离婚期的调查显示：与甩人者相比，被甩者经历了更多的愤怒和痛苦。在治愈式分居中，勉强同意的那个人也会经历更多的痛苦。不管是哪一方有什么样的不满情绪，如果希望分居具有治愈性，就一定要克服这种情绪。

治愈式分居中的双方都有了更多的独处时间，你们可以把时间花在自己身上、事业上、计划上和爱好上。这有积极的效果，对双方都有用。有了额外的时间，双方都可以实现个人成长，被动的一方可能也会喜欢上这一点，最终他们也会对治愈式分居的这个决定表示欣赏。

提出分居的人内心有过这么多的痛苦和情感压力，分居对他们而言是生死攸关的问题，被动接受分居的一方只要知道了这一点，就会明白并且接受对方的决定。

在“重建婚姻”的课堂上，通常是做妻子的提出要来参加这门课。大约上了5周的课程之后，丈夫就会坦言：“之前，我并不觉得这门课对我有什么用。我会来都是因为她，我觉得这门课对她有用。可是学了5周后，我发现自己更需要这门课。”教育和意识的提高会帮助被动的一方领会到治愈式分居的好处。

从经验来看，女性更有可能提出治愈式分居的建议。理由：1）调查表明，在婚姻中，女性比男性更不幸福；2）女性更有可能寻找新方法来改善关系；3）经历个人成长和转变的人——有可能是正在治愈过去所受伤害的人，通常都是女性，她们需要个人成长的转变空间和时间；4）经历精神层面转变的人通常也是女性；5）在我们的男权社会中，女性通常都是顺从于对方的那一个，她们更有可能去寻找平等；6）婚姻不能运转时，男性往往会离开，他们不知道或是不相信婚姻有改变的可能。如果做妻子的提出分居，传统的大男子主义者往往不会同意治愈式分居，而会选择离婚。敏感、耐心、有爱心、灵活和对变化持开放态度的男性才会参与到治愈式分居当中。

指导手册：成功的治愈式分居

参照下面的方法，你更有可能成功。这些并不是绝对的原则，但如果你忽略了其中的两三条，你分居的前景就不妙了：

1）对双方而言，也许最重要的要求是：坚定的决心，想要一个成功的治愈式分居。爱和承诺是双方极大的动力。

2）你理想中的爱情关系是怎么样的，列出单子。想一想，你觉得什么方面重要。发挥一下想象力，治愈式分居后，你想要什么样的关系。看一看对方的单子，讨论一下。

一定要以坦诚的方式和对方交流。学会使用“我”字开头的句子，不要用“你”字开头的句子。这样说话：“我认为__________；我觉得__________；我想要__________；我需要__________；我会__________。”学会对自己坦诚，对对方坦诚。学会说真实的话。要做到完全的诚实，你需要承认自己在婚姻问题中应该担负的责任。你是问题的一部分吗？你是解决方案的一部分吗？

3）在治愈式分居的过程中，不要起诉离婚或是启动法庭进程。你必须做到，在没有通知对方的前提下，绝不采取任何法律手段。对抗性的法律体系和治愈式分居的目的完全相反。即使是另一方威胁起诉离婚或是想到另一方要起诉离婚都足以让列车失控，从而驶向彻底分手的结局，所以在制定“分居协议”的时候，就要明确双方都不得采取任何法律手段。除非是一方或是双方都想结束这段关系，并且达成最后的决定，声明离婚。要规定双方一起才可以拿到最后的判决，以免在此过程中出现对抗性的事件。分居可以让对方真正清醒，真正明白你是认真的，真的想要在情感上拉开距离。

4）共同度过一段“宝贵时光”，有助于滋润你们之间的新关系。（参见下一部分。）你可以这样想，你们之间的新关系就像是一株刚刚发芽的幼苗，需要经常悉心照顾，才能茁壮成长，绝对经受不起治愈式分居中的暴风骤雨。

5）保持性关系可能有助于改善你们的关系，但也可能造成伤害。重温第十七章的内容，注意其中的危害。

6）有时，你需要与人交谈，但倾诉的对象不可以是你的配偶。你需要一套良好的支持体系，或是一段治疗关系，或者两者你都需要，这样你就能倾诉，就能解决这些问题，而不是使治愈式分居雪上加霜。

7）这个时候你非常需要写个人日记。这是个困难的时期，你肯定会出现不良情绪，你需要找个地方去表达，去释放。你也需要找个地方来整理心中各种各样的想法和感受。

8）阅读、参加课堂学习、参加讲座和培训班。明白目前的情况是怎么一回事，有助于你控制失控的婚姻。在这一过程中进行阅读和学习，你的分居就更加有利于婚姻，而不是破坏婚姻。

9）照顾自己，避免情感和体力上的消耗。分居的整个过程可能会非常消耗情感，有时你会觉得自己再也没有精力支持下去了，这时，你就想要放弃。怎样做才能恢复自己的体力，避免情感消耗呢？

10）看一看附录C的《治愈式分居协议》，你可以进行改动以适应自己的需求，并用它来约束双方。正式的协议有助于提高治愈式分居成功的可能性。

11）郑重考虑一起去咨询有经验、有资历的婚姻和家庭治疗师或是心理学家。

其他需要考虑的事

共度“宝贵时光”：在分居过程中，你们可以根据感觉定期安排时间见面，这对你们有帮助。这应该是你们双方都同意的“宝贵时光”。在“宝贵时光”里，你们可以进行以下活动：1）互相倾吐，用心倾听，注意交流的方式；2）如果合适的话，可以有语言上的亲密或是性亲密；3）互相鼓励；4）尝试新的互动方式，建立新的关系；5）一起做有趣的事情；6）分享彼此的个人成长。如果你们以前那种有问题的互动方式又出现了，你们需要分开，而不是继续这种无用的行为模式。不要忘了，彼此要坦诚！

分居的时间长短：你可能会问：“我们需要分开多长时间？”分居的目的之一就是要让你尽可能地感受恐惧和不安全！预定分居3个月是件容易的事情，有了这个期限，遇到情感问题，想一想只有3个月，你就不会着手处理这些问题。你的态度就会是：“就3个月，我什么都能忍。”我们的建议是，你应该给治愈式分居设定一个期限，但这个期限要灵活，你们还可以再商量。不知道自己会分居多长时间的话，你就会有一种不安全感，从而会行动起来，利用这种没有时间期限的不安全感来促进自己不断成长。

自己的婚姻到底会怎么样？这种不安全感会让人觉得害怕。你不知道自己需要做出多大的改变，也不知道这段关系要有多大的改变。（如果你想改变的是对方，你婚姻的问题就在于此！）有时，你感觉如履薄冰。好像只要走错一步，你就会掉下去，掉进冰冷的水里，掉进孤独、抛弃、内疚、愤怒和其他各种离婚感受中。

治愈式分居可能会持续一年左右的时间。

搬回来的时机：什么时候搬回来呢？结束分居的时机非常重要。夫妻双方往往不习惯分开住，这种痛苦会促使他们早早地搬回来一起住。其中一方往往会提出早点搬回来。男性通常会想早点搬回来。勉强同意分居的一方往往会想早点搬回来。分居的时间也是因素之一，分居早期，一方或是双方都想搬回来；分居的时间越长，双方的态度就越勉强。

过早搬回来，可能会导致你们重新用旧模式相处，这样做的破坏性非常大。这样做，双方再次分居的可能性就增大了，而分居的次数越多，离婚的可能性就越高。

别着急搬回来。小心“蜜月期”。你可能会感到情感上亲密无间，性生活质量也提高了（或许你已经不对性生活方面抱有期待了）；你们想要再次生活在一起——但这些都不是正确的理由。等一等吧，等到你们双方都认为自己是发自内心地选择和对方继续生活，想要牵手一辈子。这说起来有点矛盾，等到你们真的认为可以独自幸福地生活下去的时候，反而意味着你们已经准备好搬回去，共同生活了。

另外有了恋情：如果在治愈式分居期间，你有了另一段恋情，那你还会改变吗？通常的情况是，你就不太能改善与自己的关系了。你在另一段恋情中投入了时间和精力，花在自我成长上的时间和精力当然就少了。

主动提出分居的一方着眼的是个人成长、治愈或是转变，他们关注自己的个人成长过程，因此往往不会对另外的恋情发生兴趣。他们坚定地执行治愈式分居，愿意承担一切风险，就是希望双方都能成长为完整的个体。

而勉强同意的一方有很多机会另找恋情，但往往发现自己并不是真正的单身。在新恋情中，他们往往发现潜在新配偶身上有很多新问题。约会后，他们往往会变得更专注于治愈式分居的进程了。

无论男女，提出分居的人若是处在叛逆期，他们很有可能会有一段看起来像是外遇的恋情，甚至可能还会发生性关系。他们往往认为这是分居的一部分，其主要目的就是找个人亲密地交谈，他们并不认为这是外遇。这种恋情也可能会变成长期的结合，但成为健康婚姻的概率不大。

有了另外的恋情时，陷入其中的人往往会额外看重这一恋情，治愈式分居会因此受到不良影响。如果一方处在叛逆期，他（她）就会觉得兴奋不已，会认为这段新恋情的前景非常光明。（然而“蜜月期”阶段还没有结束，这种兴奋感往往就消失了。）而另一方就会觉得受了伤害，会感觉被抛弃了，会愤怒，也许会决定结束治愈式分居，完全放弃这段婚姻。

缺少支持：处在治愈式分居中，你所面临的另一个困难是缺少支持体系。在这艰难的时刻，双方都需要情感上的支持体系来处理遇到的压力。问题是：很少有人见过治愈式分居起作用，让双方和好如初。许多朋友和亲戚都认为这段婚姻马上就要到头了。他们不相信治愈式分居这个概念。因此，当你最需要情感支持的时候，你的朋友们都在劝你离婚好了，他们可能会说：“你还处在否认的阶段。难道你不明白这段婚姻已经结束了吗？”“你们还在互相依赖吗？你好像是不能快刀斩乱麻呀。”“你这是在等着狡猾的律师给你发律师函呢。你最好在他 / 她之前起诉。”“你为什么还待在那个监狱里？你得走出来。”“你为什么不甩了那个笨蛋？”

人们无法支持和接受夫妻尝试这种离婚以外的选择，为什么呢？原因就是：治愈式分居的理念与很多人的价值观和信念都是相反的。我们的社会坚信“直至死亡将我们分开”这样的婚礼誓言，而我们却不太能接受治愈式分居，在精神层面上觉得不能接受，觉得这是一种激进行为。

你需要朋友们支持你，但朋友们却告诉你，你的婚姻就要到头了，这往往会给你带来更多的不安全感。没关系，继续建立你的支持体系，不过你要明白他们不一定总能帮助你。你可以把这份附录给他们看看，也许他们会更支持你一些。

治愈式分居中看似矛盾的地方：治愈式分居有很多看似矛盾的地方。其中比较突出的就是：

1）往往是因为需要更多的情感空间，一方才主动提出了分居。但被动的一方同样会因为这一点而受益，甚至是受益更多。

2）想要满足自己的需求，所以一方提出了分居，这看起来是一种自私的行为，但他们往往也给对方提供了满足他们需求的机会。

3）提出分居的人似乎是不想要这段婚姻了，但事实上他们可能比对方还要重视这段婚姻。

4）提出分居的人一旦在情感空间上得到了满足，就会伸出手，想和对方有更多的亲密。

5）提出分居的人想要分居，但他们想要寻找的并不是另一段恋情。对方想要继续双方的关系，而他们却更有可能进入另一段恋情。

6）双方分居了，但他们往往比住在一起的时候更像夫妻。

7）很多夫妻都会把自己的烦恼怪罪到对方身上。一旦分居，你就更容易感觉到自己的这个习惯。双方不住在一起了，这个时候想要怪罪到对方头上就更没那么容易了。

8）一方提出分居，给出的理由之一就是想要促进自己的个人成长。但在分居过程中，对方也能达成同样甚至更多的个人成长。

9）提出分居的人可能会提议通过法律途径解除婚姻关系，这样双方都能重新开始，可以建立不一样的新关系。

10）在外人看来，治愈式分居不会有什么用，事实上，这可能是最健康的一种方式。

11）在寻找更为明确的个人身份的过程中，提出分手的人可能感受到了更为坚定的“关系身份”，个人身份是其中的一部分。

12）提出分居的一方往往会给予对方所需要的，而非他们想要的。

到底是治愈式分居，还是否认？

这是行动的时候，不是许诺的时候。如果双方都不积极地改变自己，都不重建自己的桥墩，那这很有可能就不是治愈式的分居，而是走向婚姻的尽头。

有几个重要的问题。双方都在努力吗？还是只有你一个人在致力于你个人成长？双方都进行咨询了吗？双方都在阅读自我帮助的书籍吗？双方都有独处时间吗？或者双方都继续无助于个人成长的交往？双方都没有滥用药物和酗酒吗？双方的精力和时间是花在自我投资上了，还是花在另外的恋情上了？双方有交流良好的“宝贵时光”吗？婚姻出现了困难，双方都有责任，自己在其中做了什么，你是不是更加明白了？双方是希望对方做出所有的变化来迎合自己，还是关注自己的变化？双方是否都认为另一方有问题，除非另一方做出改变，否则自己就无能为力呢？

回答这些问题后，你的治愈式分居能够评上多少分呢？你们两人都用心吗？如果只有一方用心，那你可能真的处在否认期，你的婚姻到头了。

卷尾语

治愈式分居最初是专门为爱情中的两个人设定的，主要是与他们的需求相关。然而，本附录所讲的内容可以适用于多种关系，包括友谊、家庭关系、同事关系和治疗关系。“暂停一段时间”往往能够让身处其中的人有呼吸的空间，让他们有机会以崭新的视角审视关系内发生的事情，为未来更为坚固的关系建立基础。

治愈式分居的自查表

我们强烈建议双方都读一读治愈式分居的内容，然后完成下面的自查表。

1. 我走进这段恋爱关系的理由，就是我现在需要治愈式分居的部分原因。
2. 为什么我们需要治愈式分居？我是一部分的原因，现在我已经找到了我做得不好的地方，并且承认这一点。
3. 在治愈式分居期间，我要致力于自己的个人成长和发展。
4. 在人生的这个阶段，我知道自己需要更多的情感空间。或者
我知道自己在某种程度上造成了我的配偶需要更多的情感空间。
5. 我努力实现个人成长，这样我就能和自己建立更为健康的关系。
6. 我致力于把这段治愈式分居过程变成创造性的经历。
7. 在这段治愈式分居过程中，我要尽可能多地了解自己的配偶。
8. 我要避免将治愈式分居引向离婚暗礁的行为。
9. 因为内心有各种压力，所以我需要更多的情感空间，现在我在

努力释放这些压力。

10. 我履行了治愈式分居协议中我应该完成的部分。

11. 在恰当的时候，我会与配偶交流结束治愈式分居的事情，或是离婚，或是搬回去继续一起生活。

12. 我要做到不怪罪配偶，不把情绪投射在配偶身上。

13. 我不要扮演“无助的受害者”的角色；我不认为自己“无能为力”。

附录C

治愈式分居协议

（治愈式分居非常具有挑战性，可能会让双方感到更大的压力和焦虑。对分居的建构和认识能提高分居成功的可能性。无计划、无建构的分居会导致双方走向离婚的结局。这份治愈式分居协议旨在提供建构和指导，使分居成为一次建构的创造性经历，促进关系的成长而非关系的终结。）

一、致力于治愈式的分居

我们知道我们的恋爱关系到了关键的时刻，我们选择行之有效的创造性的治愈式分居，目的是更好地审视我们关系的前景。我们选择了治愈式分居，因为无论是对夫妻关系还是对个人来讲，我们关系中的某些方面都具有破坏性的作用。同样地，我们也承认我们的关系中有可以称为财富的，积极、具有建设性的方面，我们想要以此为基础建立一种不同的新关系。本着这样的认识，我们致力于在个人、与人相处、心理和精神方面做出必要的努力，以求分居达到治愈效果。

在将来的某个时刻，我们会在治愈式分居中感受到足够的个人成长和自我实现，然后就能对我们恋爱关系的未来做出更为明智的决定。

二、治愈式分居的目的

双方都同意下列分居目的：

1. 得到更多婚姻外的时间和情感空间，促进自身、社交、精神和情感的成长。

2. 更好地发现自己需要什么，想要什么，对这段关系有什么期望。

3. 有助于探索我的基本关系需求，有助于发现这段关系是否能够满足我的这些需求。

4. 感受与配偶分居之后可能遇到的社交、性、经济和养育孩子的压力。

5. 判断自己在哪种状态能更好地度过这个过程，是分居状态还是婚姻状态？

6. 在婚姻中，我自己的问题和配偶的问题已经错综复杂地纠缠在一起，分居后，我才能区分出哪些是自己的问题。

7. 分居后的环境能够帮助治愈我们的关系，并且转变进化成一种充满爱的、更健康的关系。

三、关于这次治愈式分居的具体决定

1. 分居的时间长短

我们同意于________年________月________日开始分居，于________年________月________日结束分居。

（大多数夫妻都知道他们需要或是想要多长时间。从几个星期，到半年，甚至更长的时间都有。决定好时间后，如果任何一方提出不同意见，任何时候都可以再次协商。分居时间长短就是练习交流的一个不错的话题。）

2. 共同相处的时间

我们同意在双方都觉得方便的时候，花时间在一起相处。这个时间可以用来消遣、交谈、带孩子或是分享个人成长过程。我们同意在第一周见面______次，每次见面______小时，然后再商量下一周见面的时间和次数。共处的时候要不要保持性关系，我们同意讨论后再决定。

（理想的治愈式分居应该包括有规律的“宝贵时光”。有些人分居后，觉得非常自由，就不想要这样的共处时间。另一方面，那些需要更多情感空间的一方分居后，可能反倒想要更多的共处时间。这就让不想分居的一方感到迷惑了。觉得窒息的一方非常想要走出去，但走出这个窒息的空间后，他们对情感空间的需求就大大降低了。

共处应该是共度一段有价值的时光，而且应该用来创造一种新的关系，这一点很重要。如果以前的模式出现了，无论是以何种形式出现的，你们都应该结束这种共处时间，分开为好。那么要不要保持性关系呢？有人赞成，有人反对。理想状态下，性接触可以促进亲密感，减少分居的压力和伤害。然而，性也可能造成我们在第十七章讨论过的问题——甩人者只是想“让对方觉得好受点”，这样的话潜在的被甩者就会迷惑不解。）

3. 个人成长经历

（如果同意某个项目，在它前面的横线上打钩，后文同）

配偶A（________）同意参加________个人咨询，________重建课堂，________重建关系课堂，________婚姻咨询，________其他成长经历，比如阅读自助书籍、记录个人日志、解析梦境、参加运动、控制调整饮食、参加成长小组。

配偶B（________）同意参加________个人咨询，________重建课堂，

________重建关系课堂，________婚姻咨询，________其他成长经历，比如说阅读自助书籍、记录个人日志、解析梦境、参加运动、控制调整饮食、参加成长小组。

（理想状态下，处在治愈式分居状态下时，双方应该尽可能多地参加可行性高的、实际的、有帮助的成长活动。）

4. 婚姻外的各种关系

配偶 A 同意________构建重要朋友组成的支持体系，________多参与社交活动，__________不与潜在的爱情对象约会，__________在感情方面保持配偶的单一性，__________在性方面保持配偶的单一性，________可以参与俱乐部和教堂的单身聚会等等。

配偶 B 同意________构建重要朋友组成的支持体系，________多参与社交活动，__________不与潜在的爱情对象约会，________在感情方面保持配偶的单一性，__________在性方面保持配偶的单一性，________可以参与俱乐部和教堂的单身聚会等等。

（理想状态下，双方共同的决定和承诺应该包括婚姻外社交、浪漫和性关系方面的约定。）

5. 生活安排

配偶 A 同意________留在家里，或是________搬出去，另找一个居住地点，或是________与配偶定期交换居住地点，这样孩子们就能留在家里。

配偶 B 同意________留在家里，或是________搬出去，另找一个居住地点，或是________与配偶定期交换居住地点，这样孩子们就能留在家里。

（经验表明，如果双方进行内部分居，也就是两人还是居住在家里，分居的创造性效果就要差一些。双方居住在不同的地方，效果就要好一些，会经历更多的个人成长。分开居住，需要的一方才能得到足够的情感空间。）

6. 财务安排

配偶A同意________保留双方的联合账户，共同支付账单，________保留联合账户，但分开付账，________开新账户，________支付汽车费用，________支付家庭生活费用，________支付孩子抚养费用每月________元，________支付房屋贷款和水电气费用，________支付医疗和牙医账单。

配偶B同意________保留双方的联合账户，共同支付账单，__________保留联合账户，但是分开付账，____________开新账户，________支付汽车费用，________支付家庭生活费用，________支付孩子抚养费用每月________元，________支付房屋贷款和水电气费用，________支付医疗和牙医账单。

（有些夫妇会决定继续保留联合支票账户和储蓄账户，共同支付账单。有些想要在理财方面完全分开。多年的经验告诉我们，很多情况下，一方会在对方完全不知情或是对方不同意的情况下撤销支票和储蓄账户。如果双方有潜在的分歧，就应该把储蓄拿出来，对分，然后各自开各自的新账户。）

7. 汽车

配偶A同意开________这辆车，配偶B同意开________这辆车。

（在婚姻的最后状态决定之前，关于车辆的具体归属不必做出决定。）

四、有关孩子

1. 我们同意____________共同监护孩子，____________单独将监护权给予____________。

2. 我们同意以下的探视安排。

____

3. 孩子的医疗、牙科和健康保险是配偶____________的责任。

4. 我们同意以下的建议，其目的是让我们的孩子在治愈式分居期间有积极的体验：

1）父母双方要和每一个孩子保持高质量的关系。双方都要继续让每个孩子感到自己的爱。

2）父母双方都要用恰当的方式与孩子坦诚地谈论治愈式分居。

3）父母要帮助孩子明白分居是成年人的问题，父母的关系出了问题，孩子们没有责任。

4）父母双方都不能通过孩子向对方表示愤怒和负面情绪。父母交火，而让孩子身陷其中，这样做的破坏性相当大。

5）夫妻争论中出现不同的态度和观点时，父母双方要避免强迫孩子站队。

6）父母双方都不能让孩子充当间谍，打探报告另一方的行为。

7）父母双方都要在做父母这方面通力合作，尽可能地有效保持做父母的合作关系。

（夫妻处在治愈式分居期间，应该尽可能地减少对孩子的情感伤害，这一点非常重要。）

五、签订协议

我们已经阅读并且讨论了上面协议的内容，我们同意上面的条款。我们双方同意，如果以后哪一方想要对协议进行修改或是终止协议，我们会通知对方。

配偶 A（____________）日期（____________）

配偶 B（____________）日期（____________）

出版后记

很多人都认为结婚的目的是找到理想中的另一半，好让自己成为一个“完整的人”，并想以婚姻这种方式处理自身的不完整和无法独立解决的事情，最终却只能落得不欢而散。其实，婚姻本身是没有错的，出错的是很多人结婚的目的。

本书的作者致力于离异个体自我成长工作已经几十年了，他们将这些年的经验和见闻凝聚在这本书里，同时也告诉我们：婚姻对人的意义并不是雪中送炭，而是锦上添花；夫妻两个人不仅仅可以取长补短，还应当做到强强联合。

这本书详细讲解了走出离婚阴霾，直至获得新生的 19 个步骤，不仅剖析了每个步骤出现的原因和意义，而且提供了切实可行的方法；此外，针对父母离异的孩子，作者也给出了相应的心理成长方案，让孩子受到最少的伤害，获得最多的成长。

最后，就用书中的一句话结束这篇出版后记吧。爱自己不仅仅是可以的，爱自己是人生真意！

服务热线：133-6631-2326　188-1142-1266

服务信箱：reader@hinabook.com

后浪出版公司

2018 年 4 月

图书在版编目（CIP）数据

分手后，成为更好的自己：35 周年纪念版 /（美）布鲁斯 · 费希尔 (Bruce Fisher)，（美）罗伯特 · 艾伯蒂 (Robert Alberti) 著；熊亭玉译 . -- 成都：四川人民出版社，2018.7

ISBN 978-7-220-10750-4

Ⅰ . ①分… Ⅱ . ①布… ②罗… ③熊… Ⅲ . ①恋爱心理学－通俗读物 Ⅳ . ① C913.1-49

中国版本图书馆 CIP 数据核字 (2018) 第 067965 号

四川省版权局
引进版权登记备案号
图字：21-2018-202

分手后，成为更好的自己（35 周年纪念版）

著　　者	[美] 布鲁斯 · 费希尔　罗伯特 · 艾伯蒂
译　　者	熊亭玉
筹划出版	银杏树下
出版统筹	吴兴元
特约编辑	曹　可
责任编辑	林袁媛
封面设计	7 拾 3 号工作室
装帧制造	墨白空间
营销推广	ONEBOOK
出版发行	四川人民出版社（成都槐树街 2 号）
网　　址	http://www.scpph.com
E - mail	scrmcbs@sina.com
印　　刷	北京京都六环印刷厂
成品尺寸	165mm × 230mm
印　　张	23
字　　数	265 千
版　　次	2018 年 7 月第 1 版
印　　次	2018 年 7 月第 1 次
书　　号	978-7-220-10750-4
定　　价	49. 80 元

后浪出版咨询(北京)有限责任公司 常年法律顾问：北京大成律师事务所　周天晖　copyright@hinabook.com